€ 28,90

€ 28,90

THOMAS CHORHERR

WIR TÄTERKINDER

Junges Leben zwischen Hakenkreuz,
Bomben und Freiheit

MOLDEN
VERLAG

Thomas Chorherr

WIR TÄTERKINDER

Junges Leben zwischen Hakenkreuz,
Bomben und Freiheit

MOLDEN VERLAG, WIEN

Die Deutsche Bibliothek – CIP-Einheitsaufnahme
Thomas Chorherr:
Wir Täterkinder – Junges Leben zwischen Hakenkreuz,
Bomben und Freiheit/Thomas Chorherr – Wien
Molden Verlag 2001
ISBN 3-85485-064-6

http://www.molden.at
Umschlagentwurf: Veronika Molden
Lektorat: Franz Schrapfeneder
Herstellung: Alfred Rankel
Druck: Wiener Verlag, Himberg
ISBN 3-85485-064-6

Prolog

Ich bin ein Sonntagskind. Ein richtiges sogar. Man sei ein echtes, wenn man an einem Sonntag das zur Mittagsstunde besonders helle Licht der Welt erblickt habe, heißt es. Im Wort Sonntag ist das Wort Sonne enthalten. Sonntagskinder sind Optimisten, sie freuen sich des Lebens und sind, wenn noch dazu im Zeichen des Schützen geboren, mitteilsam, extrovertiert und Monologen nicht abgeneigt.

Alles das hat mich, scheint es, zum Journalisten befähigt. Aber die Angehörigen dieser Berufsgruppe, hat man mir immer wieder gesagt, sollten zwei Versuchungen widerstehen, mit denen sie immer wieder konfrontiert sind. Sie sollen nicht in die Politik gehen und sie sollen keine Memoiren schreiben. Beides, heißt es, kann häufig schiefgehen. Der sogenannten Quereinsteiger gibt es genug, quereinsteigende Zeitungsleute brechen sich dabei gelegentlich ein Bein – es wird ihnen freilich auch allzu oft gestellt. Memoirenschreiber aus der Zeitungszunft wieder sehen sich gleichfalls mit Problemen konfrontiert. Wenn sie Tatsachen berichten, stoßen sie häufig auf Unglauben, der freilich auch oft der Mißgunst entspringt. Man verlangt von ihnen Konformismus, weil man von ihnen erwartet, daß sie auf den Wogen des Zeitgeistes surfen.

Dieser Zeitgeist schafft an: Wir seien, wie wir wissen sollten, Täterkinder, also Kinder von Tätern, und seien es daher der Geschichte schuldig, aus dieser Geschichte in erster Linie das Negative herauszuklauben. Ich weigere mich, solches zu tun.

Journalisten dürfen, meine ich, dann Memoiren schreiben, wenn sie jenem Prinzip huldigen, das den Anfang jeder Zeitungsstory dominieren sollte, es aber nicht immer tut. Wenn sie sich jener Maxime befleißigen, die im angelsächsischen Raum selbstverständlich ist, im deutschsprachigen aber die Ausnahme eher zu sein scheint als die Regel: nämlich Tatsache und Meinung, Fakten und Kommentare streng voneinander zu trennen. Jedenfalls zu trennen versuchen. Zeitgeist befiel, wir folgen dir? Mitnichten. Einer der Wahlsprüche von Søren Kierkegaard, dem großen dänischen Philosophen, die ich am meisten schätze, behauptet, daß, wer sich mit dem Zeitgeist vermähle, bald Witwer werde. Ich habe die Absicht, in dieser Hinsicht Single zu bleiben.

Vom Jahrgang 1932 sind noch viele übriggeblieben, er war ja ein „weißer" Jahrgang: Wir 1932er waren zu jung für die Deutsche Wehrmacht und zu alt für das österreichische Bundesheer, und ich meine, daß ich besonders im ersten Fall nichts versäumt habe. Aber wir sind in den Kellern gesessen und haben die Bomben erlebt, später haben wir gehungert und gefroren. Wir hatten weder Lust noch Zeit, uns mit Existenzlügen zu befassen. Wir waren zufrieden damit, daß wir existierten.

Ich glaube, daß gerade einer von diesem Jahrgang 1932 schreiben darf, wie es wirklich war, in seiner Erinnerung und diktiert von der Überzeugung, die Wahrheit zu erzählen. Der Bogen dieser Erinnerung reicht von der Agonie des Schuschnigg-Regimes bis zu jenem Tag, da ein junger Lokalreporter im Park des Belvedere stand und ein rot-weiß-rotes Fähnchen schwenkte. Was ich, ein 1932er, dazwischen erlebte, ist Inhalt dieses Buches.

I

Es hat viel geregnet im November 1932. Fast soviel wie im Juli. Das Jahr schien meteorologisch aus den Schienen geraten. Wann regnet es schon 64 Millimeter pro Quadratmeter im Hochsommer? Aber 1932 war nicht nur in dieser Hinsicht ungewöhnlich. Die Erdäpfel kosteten 20 Groschen pro Kilo, und das war um einiges weniger als 1931. Das Rindfleisch bekam man um 3,20 Schilling – auch das war fast sechs Prozent billiger als im Vorjahr. Milch war billiger, die Eier, 12 Groschen pro Stück, blieben im Preis gleich. Rund 23.000 Personenautos rollten über Österreichs Straßen, und 3.195 fabrikneue wurden 1932 neu zugelassen. Anno 2000 waren es 401.000 Neuzulassungen, und der PKW- und Kombibestand insgesamt betrug knapp über 4 Millionen – bei einer Bevölkerungszahl von rund 8 Millionen nicht schlecht, oder? Der Vergleich macht Sie sicher. Es geht uns – Binsenweisheit! – heute besser.

Ich bin, wie gesagt, ein Kind des Optimismus. Also ein Optimist? Auch das. Aber am Höhepunkt der Weltwirtschaftskrise gezeugt und geboren worden zu sein, zeigt doch, daß das Vertrauen in die Zukunft nicht völlig geschwunden war. Ich war einer von den 102.277 lebendgeborenen 32ern. Wie viele von denen, die im selben Jahr auf die Welt kamen, heute noch leben, weiß ich nicht. Ich weiß auch nicht, ob jenes Jahr starke Männer hervorgebracht hat. Einem meiner Jahrgangskollegen hatte ich, als er von einer schweren Krankheit genesen war, geschrieben, daß die vom Jahrgang 1932 doch nicht so kräftig gewesen seien, als wir geglaubt hätten – auch mir hat im höheren Alter das Schicksal zu einer unerwünschten Zäsur verholfen. Der Jahrgangskollege hat mir später geantwortet, ich hätte unrecht gehabt. Wir beide seien ein Beweis dafür, daß in diesem Jahr kräftige Leute geboren worden seien. Der Jahrgangskollege heißt Thomas Klestil, von Beruf Bundespräsident.

Ein Kind des Optimismus? Es wird später noch viel davon zu erzählen sein. Aber bleiben wir beim Geburtsjahr. „ Die Wahrheit der Woche“ stand als Titel über einem großen Inserat in der „Arbeiter-Zeitung“ des 27. November 1932. Und dann hieß es: „Die Sorgen des Volkes: Arbeit für die Arbeitslosen, Brot für die Kinder, keine Aussteuerung, keine Kürzung mehr!“ Weiter unten konnte man dann lesen: „Weiß die Regierung wirklich nicht, was in den Massen der Arbeitslosen vorgeht?“ Aussteuerung – das hieß, daß Arbeitslose keine Unterstützung mehr bekamen. Sie lebten buchstäblich von der Hand in den Mund, nur daß in der Hand kein Brot war: „Ist es kein Recht des Staatsbürgers, nicht zu verhungern?“

Wir sind nicht verhungert, damals nicht und auch 1945 nicht – auch davon will ich später erzählen. Vorerst aber darf angemerkt werden, wie sehr die politischen Bilder in mancher Hinsicht einander gleichen, jene von 1932 denen von 2000. Die Rede ist von der Abschiedsfeier im Wiener Rathaus für den Finanzstadtrat Dr. Hugo Breitner, die am 26. November stattfand und bei der dessen Nachfolger Dr. Robert Danneberg aus diesem Anlaß bemerkenswerte, anscheinend ewig gültige und trotzdem bis heute nicht eingelöste Worte sprach, soll heißen: Feststellungen ohne jeden Anspruch auf Wahrheitsgehalt – damals wie heute – traf. Wenn man Dannebergs Worte heute liest, kann man nur ein französisches Sprichwort zitieren: „Plus ça change, plus c‘est la même chose.“ Ist das wirklich in dem Jahr gesagt worden, in dem ich auf die Welt kam? Hat sich wirklich so wenig geändert seither? Daß solches ausgerechnet der damalige neue Wiener Finanzstadtrat sprach, verdient ausnahmsweise zitiert zu werden:

> „Verwalten heißt, die Angelegenheiten der Gesamtheit im Dienste des Volkes führen. Dazu ist natürlich ein bestimmter Wille notwendig, und diesen Willen bestimmt das Volk alle paar Jahre. Der Wille soll aber seinen Ausdruck finden nicht nur an dem Tage, an dem das Volk ihn kund gibt, sondern es muß nachwirken für die Jahre, bis das Volk Gelegenheit hat, seinen Willen wieder kund zu tun.
> Dieser Wille muß sich nicht nur in der Gesetzgebung ausdrücken, er muß auch seinen Ausdruck finden in der Führung der ganzen Verwaltung. Dessen wollen und müssen wir immer eingedenk sein.
> Wir müssen immer eingedenk bleiben, daß nicht die Bevölkerung wegen der öffentlichen Verwaltung da ist, sondern daß die öffentliche Verwaltung, daß wir alle wegen der Bevölkerung da sind und ihr zu dienen haben. Wir wissen, daß Verwalten nicht heißt, den Menschen nur als eine Aktennummer zu betrachten oder als einen Geldautomaten zu nehmen, sondern daß Verwalten heißt, verstehen, was notwendig ist, und verstehen, daß die scheinbar kleinsten Dinge für einen anderen lebenswichtig sein können, daß sich in den Ämtern manchmal auch das Schicksal eines Menschen entscheidet."

Goldene Worte, ist man versucht zu sagen. Je mehr sich die Zeiten ändern, desto mehr sind sie gleichgeblieben.

Goldene Worte? Immerhin ist anno 1932 bereits Engelbert Dollfuß Bundeskanzler gewesen. Daß das Volk auch weiterhin alle vier Jahre Gelegenheit haben werde, sein Urteil über die Verwaltung zu sprechen, blieb demnach, wenngleich die autoritäre österreichische Verfassung erst 1933 verkündet und beschlossen wurde, ein frommer Wunsch. Die freilich, die Arbeit hatten, einen Job, wie man heute sagt, kümmerte das wenig. Sie gingen ins Kino: Der deutschsprachige Film, der deutsche zumal, hatte einen Höhepunkt nach dem anderen. Sie lasen Bücher: Josef Roths „Radetzkymarsch“ erschien 1932 und bewies, wie sehr in diesem klein gewordenen Österreich, im Rest der Monarchie, die Nostalgie, die Sehnsucht nach der alten Zeit einen Schriftsteller zum Bestseller-Autor werden ließ. Auf den deutschen Markt kam im selben Jahr Hans Falladas „Kleiner Mann, was nun?“ Diese Frage bewegte auch die Österreicher. Was nun in diesem, mit diesem Land?

Noch einmal 1932. Mein Vater war am Anfang das, was man auch später noch „Marineur“ nennen sollte. So hießen die Angehörigen der k. u. k. Kriegsmarine. Er wäre, hätte es nicht den Ersten Weltkrieg gegeben, wahrscheinlich sein Leben lang ein solcher Marineur, ein aktiver Matrose der Kriegsmarine geblieben. Was heißt Matrose? Er hatte die sogenannte Maschinenschule in Pola absolviert, war sogar als Jahrgangs-Erster ausgemustert worden. Jahrgangs-Erster: das hieß im Ausmusterungszeugnis vom Juli 1912 lauter „sehr gut“ in der langen Liste der Unterrichtsgegenstände, die von „Konduite“ über „Geographie und Vaterlandskunde“, „Dienstreglement“, „Waffenlehre“, „Truppenexerzieren“, „Schiffsmaschinenkunde“ und „Schiffsmaschinendienst“ bis zu „Handwerk“ reichte. „Wurde belobt, ist ganz besonders brav, fleißig und anständig, wird ein vorzüglicher Maschinenunteroffizier werden“, stand da zu lesen. Drei Jahre dauerte damals die Ausbildung im wichtigsten Kriegshafen der Monarchie, jenem Hafen an der Küste Istriens, der heute als Pula zu Kroatien gehört.

Im Internat scheint strenge Zucht geherrscht zu haben. Ich fand unter den Dokumenten meines Vaters ein „Circulare“ des k. u. k. Maschinenschulkommandos, offenbar aus dem Jahr 1910, in dem darauf aufmerksam gemacht wurde, es häuften sich „die Fälle, daß den Jungen seitens ihrer Angehörigen Geldstücke in verschiedenerlei Eßwaren eingebacken werden, oder daß Geldbeträge an andere Personen geschickt werden mit dem Auftrage, dieselben in einem unbewachten Momente dem betreffenden Jungen auszufolgen“.

Die Maschinenjungen erhielten ein entsprechendes Taschengeld. Es wurde „von dem als Jungendabteilungskommandant fungierenden Seeoffizier verwaltet und dem I. Jahrgange wöchentlich 50 Heller, dem II. Jahrgang 1 Krone ausgefolgt, während der III. und letzte Jahrgang, da ihm das Recht des freien Ausganges zusteht, nach eigenem Gutdünken mit dem Gelde wirtschaften kann, wobei aber gleichfalls besonders auffallend große Beträge reduciert werden“. Einer der Gründe dieser strengen Zuteilung von Geldbeträgen: „Der Besitz von überflüssigem Gelde ist für die Jungen gesundheitlich sehr nachteilig, da sie sich durch den Genuß von Obst, Getränken aller Art, übermäßigem Rauchen etc. den Magen verderben und durch andauerndes Kranksein den Unterricht versäumen“. Jederzeit, heißt es in dem „Circulare“, stehe es den Jungen frei, in ganz speziellen Fällen, „z.B. Photographieren lassen“, um die Ausfolgung „des erforderlichen Geldes bittlich zu werden und wird einer solchen begründeten Bitte stets Folge gegeben. Andererseits aber führt der Mehrbesitz von Geld des einen zu Unzufriedenheit und Neid bei all jenen armen Jungen, deren Eltern nicht in der Lage sind, ihm welches zu senden“. Zwei volle Seiten füllte das den Eltern zugeleitete Schreiben, gestempelt vom k. u. k. Marineschulkommando und nicht zuletzt wegen der Höhe des sogenannten Taschengelds der Marinejungen interessant: 50 Heller? 50 Heller, das ist eine halbe Krone und diese nach heutigem Geld ca. 54 Schilling.

Nicht er, mein Vater, hat mir alles das später erzählt, sondern seine Mutter. Sie war stolz darauf, daß die Eltern des besten Absolventen auf ärarische Kosten nach Pola reisen und an der Ausmusterungsfeier teilnehmen durften.

Ich habe mich eigentlich nie gefragt, was ein junger Wiener auf einem k. u. k. Kriegsschiff zu suchen hatte. War es der Drang nach dem Meer, der von jeher die europäischen Binnenvölker dazu getrieben hatte, nach dem Süden zu wandern? War es die unbewußte Sehnsucht, diesen, wie immer wieder gesagt wurde, „silbernen Spiegel" zu erleben, der nur den Küstenbewohnern alltäglich war? Nicht von ungefähr hat mich als Bub die Geschichte von jenen Griechen besonders fasziniert, die auf dem Rückweg von einem Kriegszug im ersten Augenblick der Begeisterung, als sie die See sahen, freudig „Thalatta, Thalatta" riefen – das Meer, das Meer! Als ich selbst, damals sechs Jahre alt, zum ersten Mal einen Adriahafen sah, roch ich dieses Gemisch von Seewasser, Fischen, Algen, Öl – und habe es bis heute nicht aus der Nase verloren. Immer wieder muß ich ja feststellen, daß Gerüche, in der Kindheit aufgenommen, länger im Gedächtnis bleiben als vieles andere, das die Erinnerung zutage bringt. Am Gesicht meines Vaters sah ich damals, daß er sich am Meer fast wie zu Hause fühlte: Thalatta, Thalatta!

In einem Buch aus der elterlichen Bibliothek, das meinem Vater gehört hatte und das offenbar von einem Marineur geschrieben worden war, habe ich später gelesen, was offenbar auch die halbwüchsigen Zöglinge der Maschinenschule in Pola trieb und was sie – mein Vater war wohl einer von ihnen – dachten, als sie sich mit der Eisenbahn dem k. u. k. Kriegshafen näherten, quer durch Istrien. In pathetischer Sprache stand es im erwähnten Band:

„Und dieses Istrien ist jenes andere Land, durch das der Zug nächtlicherweile rollt. Immer näher dem Süden, den Grenzpfählen Österreich-Ungarns zu. Grenzpfähle?

Aber nein! Hier sind keine Grenzpfähle. Hier ist Meer, blau und seidig wie der Himmel, der über ihm lastet. Es läßt frohe Weltenweite und Wunder ahnen. Die drinnen im eisernen Gefährt, das durch die Nacht donnert, wissen nichts von der Landschaft, die finster, aber friedlich zu rechter und linker Hand liegt. Was schert sie auch die Landschaft? Sie wollen das Meer, die weite, freie See! 72 junge Burschen, nein, Kinder sind es. Aus den deutschen Kronlanden der Monarchie. Kaum vierzehnjährig! In ihre heißen Schulbubenträume schlichen sich einst bunte Bilder von Meer, Schiff und Sturm, von Matrosenleben und Abenteuern. Der Traum ist ausgeträumt, die Wirklichkeit beginnt: Die 72 Knaben werden Maschinenjungen der stolzen Kriegsmarine des Vaterlands."

Heute nicht mehr zu ertragen, dieses Pathos! Allein, das Buch interessierte mich deswegen, weil es, wenngleich 1934 erschienen, offenbar die Motive jener angehenden Jungmatrosen aufzeigte. Vielleicht auch animierte sie – und meinen Vater – ein Spruch im Lesebuch der Bürgerschule (dieses Vorläufers der heutigen Hauptschule): „Glänzend, ruhig, ahnungsschwer liegst du vor mir ausgebreitet, altes, heil'ges, ew'ges Meer."

Auch wieder das unerträgliche Pathos. Es hat trotzdem gewirkt. Immer dann, wenn mein Vater später mit mir das Heeresmuseum besuchte, führte er mich in den Marinesaal.

Und wir gehen oft ins Arsenal. Nicht nur in die Räume, die im Marineur Erinnerungen wach werden lassen. Alles das, was mit dem Ersten Weltkrieg zusammenhängt, wird mir gezeigt, und die Riesenmörser – „Dicke Berta" heißt einer von ihnen – interessieren mich besonders. Noch länger freilich stehe ich immer wieder vor dem Auto, in dem Franz Ferdinand und seine Gemahlin am 28. Juni 1914 nach dem Attentat des Serben Gavrilo Princip verbluteten. Sind die Löcher im Wagen wirklich die Einschußöffnungen? Und das längst eingetrocknete Blut an der Uniform des Thronfolgers, die in einer Vitrine aufbewahrt wird, stammt es wirklich aus der tödlichen Wunde?

Meinen Vater zieht es aus begreiflichen Gründen zu den Schiffsmodellen, die auch mich immer wieder begeistern. Am längsten stehe ich jedes Mal vor der „aufgeschnittenen" Nachbildung des gewaltigen Schlachtschiffs Österreich-Ungarns, der „Viribus Unitis". Jedes Detail ist da zu sehen, von den Maschinenräumen bis hin zu den Quartieren und natürlich den Geschützen dieses schwer bewaffneten Kriegsschiffs, das nach dem Waffenstillstand im Hafen von Pola gesunken ist, ohne daß es ein einziges Mal in ein Seegefecht verwickelt war. Mein Vater erzählt mir alles das und noch viel mehr. Einmal Marineur, immer Marineur.

Nach der Ausmusterung machte er im Maschinenraum eines k. u. k. Torpedoboots Dienst. Zwei Jahre lang durchpflügte es, wie es so schön heißt, die Adria und das Weltmeer. Mein Vater hat das Schiff gemalt, Jahre später, aus dem Gedächtnis. Auch ein anderes Aquarell, einen Küstenort in Istrien zeigend (ist es Rovigno?), beweist die Liebe zum Meer.

Stolze Kriegsmarine – vor fast hundert Jahren. Auf einem vergilbten Foto, sichtlich nach der Ausmusterung aufgenommen, ist mein Vater, den besagten Stolz im Gesicht, nach der Ausmusterung in schneeweißer Marineuniform allein an Bord „seines" Torpedoboots zu sehen, mit übergeschlagenen Beinen, sichtlich frisch gewichsten Halbschuhen und mit jener Frisur, die damals augenscheinlich bei den jungen Matrosen Mode war: an den Kopf geklatschtes Haar mit Mittelscheitel.

Und dann: Krieg, auch Seegefechte, schließlich Zusammenbruch. Hans Fallada vorweggenommen: Kleiner Mann, was nun? Was nützte die Aussicht, vom Kommandanten der k. u. k. Maschinenschule, dem Instruktionsoffizier und dem Unterrichtsleiter (er trug den k. u. k. Namen Nawratil) bestätigt zu erhalten, besonders brav, fleißig und anständig gewesen zu sein und ein vorzüglicher Maschinenunteroffizier zu werden? Kleiner Mann, was nun? Kleiner Maschinenmaat, was nun? Was nutzte es auch, vom „Österreichischen Staatsamt für Heereswesen" (Abt. I, Zahl 22.611 von 1920) eine Bescheinigung erhalten zu haben, daß er zwar „aufgrund des § 3 des Militärabbaugesetzes vom 17. März 1920" mit Beibehalt der Charge aus dem aktiven Dienst ausgeschieden worden sei, aber „bis zur definitiven Regelung der Adjustierungsfrage" berechtigt sei, „Uniform zu tragen"?

Irgendwie und irgendwann, so genau ist es mir nie erzählt worden, hat mein Vater, anstatt in der Uniform einer nicht mehr existierenden Kriegsmarine zu paradieren (daß Ungarns Staatschef Horthy, Admiral dieser k. u. k. Marine, die Uniform bis zu seinem Tod trug, ist eine andere Geschichte), ein Parfümeriegeschäft aufgemacht. Es ließ auf die Seifen, die dort verkauft wurden, mit offizieller Genehmigung die Marke „Zum Seehund" prägen. Der Markenname war das einzige, was von den einst hochfliegenden Marineplänen geblieben war.

Warum ich das alles so ausführlich beschreibe? Weil mir eigentlich nie zu Bewußtsein gekommen ist, was es für die Eltern der noch lebenden und die Großeltern und Urgroßeltern der jungen Generationen bedeutet hat, ein Reich in Trümmer fallen zu sehen, das multikulturell war wie kein zweites, und sich danach in jenem Land wiederzufinden, das, wie Clemenceau sagte, „der Rest" geworden war: „L'Autriche - c'est ce qui reste". Und was sich in der Geschichte dieses Landes daraus ergab.

Ich habe mich eigentlich auch nie gefragt, warum mir mein Vater nicht viel von dem Krieg erzählte, in dem er als junger Mensch hatte kämpfen müssen. Vielleicht, weil es nicht am Isonzo war, auch nicht in den Dolomiten, sondern auf dem Meer? Vielleicht auch, weil ich mich nicht so sehr dafür interessierte und mir lieber die Geschichte von Robinson Crusoe anhörte, immer und immer wieder, weil Papa die Nebelhörner im Hafen von Hull so trefflich nachahmen konnte? Erst viel später gestand er mir, daß es damals, zu Zeiten Robinsons, weder Dampfschiffe noch Nebelhörner, sondern nur Segler gab. Aber außer dem „Seehund" zeigte sich wahrscheinlich seine Liebe zum Meer bis zuletzt wohl auch darin, daß er Robinson Crusoe auf einem Schnelldampfer zur einsamen Insel fahren ließ.

Nach dem Krieg trafen einander die einstigen Marineure monatlich in einem Restaurant. Aber es war, wie ich annahm, eher ein freundschaftliches Rendezvous, keines, das dazu diente, Kriegsabenteuer voreinander auszubreiten. Auch mein Onkel, der Bruder meiner Mutter, war kein „Kriegsberichterstatter", obwohl er viel zu berichten gehabt hätte als Leutnant der Kaiserschützen, der an der Südtiroler Front eingesetzt war. Er wurde dort mit der Großen Silbernen Tapferkeitsmedaille ausgezeichnet. Ich habe immer gehört und gelesen, daß es jüdische Offiziere gab, die, als sie von Nazischergen abgeholt wurden, dies nicht begreifen konnten, besaßen sie doch hohe Auszeichnungen aus dem Ersten Weltkrieg. Mein Onkel war nur – nur! – Halbjude. Seinem Vater, dem Vater auch meiner Mutter, blieb erspart, was später gewiß sein Schicksal gewesen wäre. Er starb 1936. Auch er hätte es nicht begriffen. Hatte er doch, was mir meine Mutter immer wieder erzählte, stets und gerne die blaue Kornblume getragen, zu Beginn des Jahrhunderts das Zeichen der Großdeutschen! „Tut nichts, der Jude wird verbrannt", sagt der Patriarch in Lessings „Nathan der Weise". Mein Großvater mütterlicherseits war Jude ...

II

Robinson Crusoe statt Weltkrieg I. Wieso eigentlich? Gulliver statt Torpedoboot und Zusammenbruch. Die Erzählungen der Eltern, vorzugsweise meiner Mutter, klammerten aus, was den Buben offenbar nicht interessierte. Ich muß gestehen, daß ich auch nicht gefragt habe. Erst dann, als Alter und Politik einander näher rückten, als sich gleichsam eine Konvergenz ergab zwischen Interesse und Ereignis, begannen die Erkundigungen, die dann auch beantwortet wurden. Besser: Berichte für das Kind, die zu Fragen führten.

Zwischenschnitt: Meine Mutter erzählte mir, daß sie als kleines Mädchen jedes Mal am Straßenrand gestanden sei und geknickst habe, als der alte Kaiser seine tägliche Fahrt von Schönbrunn in die Hofburg unternahm, begleitet von einem Adjutanten und mit zwei Lakaien auf dem Kutschbock. Niemand sonst, keine Geheimen, keine Wächter. Die Männer zogen ihre Hüte, die Polizisten auf der Straße legten grüßend die Hand an den Pickelhelm, erzählte meine Mutter. Das war alles.

Zweiter Zwischenschnitt: Ich glaube, daß keine Generation so viel erlebt, gehört, geschaut hat wie die, der auch meine Mutter angehörte, die im letzten Jahr des neunzehnten Jahrhunderts geboren wurde. Meine Mutter hat, wie gesagt, vor dem alten Kaiser geknickst und dann im Fernsehen miterlebt, wie ein Mensch die ersten Schritte auf dem Mond tat. Ihr Lebensbogen war gewaltig.

Erfuhr ich eigentlich als Kind von den politischen Turbulenzen, von denen Österreich in der Zwischenkriegszeit heimgesucht wurde? Aus dem Langzeitgedächtnis dämmert ein Flaggenmeer. Nicht das Hakenkreuz war zu sehen, sondern ein anderes Zeichen, das Kruckenkreuz – jenes Emblem, das in Österreich bewußt als christliches Symbol dem heidnischen entgegengesetzt wurde. Ich erinnere mich: Die Mariahilfer Straße voll von rot-weiß-roten Fahnen. Jene Mariahilfer Straße, die in der jüngeren Geschichte dieser Stadt immer schon eine historische Rolle gespielt hat. Im Memoirenband Ernst Rüdiger Starhembergs, des Heimwehrführers, lese ich im Zusammenhang mit einer großen Veranstaltung im Schönbrunner Schloßpark aus Anlaß des 250-jährigen Gedenkens der Türkenbelagerung:

> „Der Aufmarsch wurde ein voller Erfolg. Ich hatte mit einer Beteiligung von rund 20.000 Mann gerechnet, nahezu 40.000 Mann marschierten auf meinen Ruf in Wien auf. Dollfuß stand neben mir auf der Rednertribüne und war selbst vom Anblick des kampfbereiten, bodenständigen Österreich stark beeindruckt. Hier stand Österreich und hier spürte man auch die Entschlossenheit, für Österreich mit der Waffe in der Faust zu kämpfen. Dröhnend marschierten nach der Kundgebung in Schönbrunn die genagelten Schuhe unserer alpenländischen Formationen durch die Mariahilfer Straße in die Stadt. Wutschnaubende Nazis, faule Äpfel werfend, standen Spalier. Bald aber verging ihnen die Lust, zu stören und zu stänkern. Ich glaube, niemals, seit dem es Nationalsozialisten auf der Welt gibt, haben diese solche Prügel bekommen, wie an diesem Tage."

Mariahilfer Straße. Vom Kaiser hat mir meine Mutter erzählt, vom Aufmarsch des Heimatschutzes nicht. Was nachher kam? Auch davon ist zu berichten. Aber später. Als die „genagelten Schuhe" über das Pflaster donnern, bin ich gerade ein Jahr alt. Als die rot-weiß-roten Fahnen mit dem Kruckenkreuz an jedem Haus zu sehen sind, bin ich schon in jenem Alter, da erste Eindrücke sich im Gedächtnis festklammern. Als es in Wien Bürgerkrieg gibt, bin ich zwei. Meine Mutter – mater semper certa est, heißt es – ist später jene, die mir das allererste politische Wissen vermittelt. Vorerst freilich wieder durch Erzählungen.

Dem Buben, der gespannt lauschte, berichtete sie vom Brand des Justizpalastes am 27. Juli 1927. Nicht die Ursache des Feuers war Gegenstand der Erzählung – ich hätte das alles nicht verstanden. Aber daß Polizisten, die Karabiner im Anschlag und auf die Fenster zielend, in Schützenlinie durch die Siebensterngasse zogen (die Gasse hat ein paar Jahre später durch den Naziputsch auf unrühmliche Weise historische Bedeutung erlangt, aber davon später), fesselte mich. Meine Mutter hatte damals mit meinen Großeltern in dieser Straße gewohnt, in meiner Kindheit und Jugend war ich häufig dort zu Besuch. Immer wieder mußte sie es daher erzählen: Wenn man das Fenster geöffnet und sich am Ende noch hinausgelehnt hätte, wäre ein Kopfschuß wahrscheinlich gewesen. Warum? Weshalb? Was war die Ursache, daß die Polizei in Wien auf Menschen schoß?

Die erste Erklärung gab mir dann meine Großmutter – auf gleichfalls fast geschichtsträchtigem Boden, dem Zentralfriedhof. Am Weg zum Grab ihres Mannes (er trug den gleichen Namen wie ich, weshalb die Tafel auf dem Grabstein mit der Inschrift „Thomas Chorherr“ mich auch heute noch sonderbar berührt), sah ich immer zwei Grabstätten, die ich stets aufmerksam betrachtete. Eine, mit einer großen Zahl gleich aussehender Gräber, war den Märzgefallenen 1848 gewidmet, die andere den Todesopfern des Juli 1927. Vom März ’48 wußte meine Großmutter nichts zu berichten, der Juli ’27 war ihr in verhältnismäßig frischer Erinnerung.

Es hätte freilich das Verständnis des Fünfjährigen überfordert, zu begreifen, daß die Menschen damals und dann auch noch ein paar Jahre später aufeinander losgegangen waren und es Tote, viele Tote, gegeben hatte. Tote? Menschen, die dann auf dem Friedhof lagen? Damals – und auch später, bis in die Mittelschulzeit hinauf – war mir das alles fremd. Gewiß, auch mein Vater war „Frontkämpfer" gewesen. Auf der Mitgliedskarte dieser Vereinigung stand „Allgemeines Volkswohl geht vor kleinliche Parteipolitik". Aber waren die Frontkämpfer, Menschen, die im Weltkrieg gedient hatten, Mörder? Daß sich diese Frage viele Jahrzehnte später noch einmal stellen sollte, ahnte niemand.

Das Kind sah damals nur Gräber, in denen Menschen lagen, die erschossen worden waren. Der Fünfjährige fragt und erhält nur sporadisch Antworten. Warum hätte man ihm erzählen sollen, daß im kleinen burgenländischen Schattendorf friedlich marschierende Schutzbündler von Frontkämpfern beschossen worden waren und zwei der Marschierenden, ein Kriegsinvalide und ein zehnjähriger Bub, tödlich getroffen wurden?

Wieder ein Zwischenschnitt: Viele Jahr später erzählte mir der alte und angesehene Rechtsanwalt Dr. Heinrich Foglar-Deinhardstein nicht nur, daß er im Weltkrieg I. als Ballonbeobachter eingesetzt worden war. Er schilderte auch den Schattendorf-Prozeß, in dem er als Advokat auftrat, und das, was nach den Freisprüchen der Angeklagten folgte: daß er, weil er einen dieser Beschuldigten verteidigt hatte, nachher eine Zeitlang in den Untergrund hatte gehen müssen. Die Erregung in der Arbeiterschaft war wegen der Freisprüche so groß, daß er glaubte, um sein Leben fürchten zu müssen.

Neuer Zwischenschnitt: Bruno Kreisky, Bundeskanzler und sozialdemokratischer Parteivorsitzender, hat mir geschichtlichen Nachhilfeunterricht gegeben. Es sei leicht, erbitterte Menschen auf die Straße zu bringen, sagte er im Hinblick auf einen Leitartikel in der Arbeiter-Zeitung, den ihr Chefredakteur Austerlitz geschrieben hatte und der unter anderem von „feilen Geschworenen" sprach. Es sei aber sehr schwer, die Menschen dann wieder heimzuholen, meinte Kreisky. Das Jahr 1927 war ein Paradebeispiel dafür: Streik, Belagerung des Justizpalastes, Brand, Polizeiaufgebot, Schüsse in die Menge, Tote.

Und dann die Schützenlinie in der Siebensterngasse. Und dann – da war ich anderthalb Jahre alt und wurde (auf Fotos ist es noch zu sehen) in einem jener alten schwarzen Kinderwagen mit Speichenrädern geschoben, die sich neben den hypermodernen Gefährten von heute ausnehmen würden wie kostbare Oldtimer – das Jahr 1934. Das Bundesheer, das auf Gemeindebauten schießt. Der sozialdemokratische Schutzbund, der sich einer Waffensuche im Linzer Hotel „Schiff" widersetzt hatte, wie die Geschichtsbücher lehren. Die schließliche Niederlage dieses militärisch organisierten Schutzbundes. Die vielen Todesurteile, die vielen Galgen.

Und dann, nochmals 1934: die illegalen Nazis, der Versuch, die Macht in Österreich an sich zu reißen, der Überfall auf das Bundeskanzleramt. In der Siebensterngasse, „unserer" Siebensterngasse, sammelten sie sich damals, die Männer der SS-Standarte '89, in einer Turnhalle, die (heute gibt es sie nicht mehr) zur Stiftskaserne gehörte. Am Ballhausplatz ein Mord, der erste von Nationalsozialisten an einem Regierungschef verübte. Bundeskanzler Engelbert Dollfuß wurde damals erschossen. Und wieder Todesurteile, wieder der Galgen.

Aber auch das erfahre ich nicht. Besser: Auch das erfahre ich erst später, als die Siebensterngasse plötzlich Straße der Julikämpfer heißt und an der Turnhalle eine Nazi-Gedenktafel prangt. Die Zehnjährigen konnten dann in ein Album Fotos jener Männer kleben, die nach dem Mord an Bundeskanzler Dollfuß hingerichtet worden waren, allen voran Otto Planetta, der eigentliche Mörder. Nun gelten sie als Helden – und ich glaube es.

Zu bemerken ist freilich, daß dieser Juli-Putsch der Nazis und der Mord an Bundeskanzler Dollfuß vor allem den Sozialdemokraten begreiflicherweise weit weniger wichtig erscheint als das, was sich im Februar 1934 tat. Im Gegenteil: Ein Arbeitermörder ist erschossen worden. Er hat mit Kanonen auf Arbeiter schießen lassen. An der Stelle, wo Engelbert Dollfuß im ersten Stock des Kanzleramts starb, steht auch heute noch eine Kerze. Furchtbar! Im ÖVP-Klub des Parlaments hängt ein Bild des Ermordeten. Darf man das? Im Klartext: Eines der unheilvollsten Kapitel unserer Geschichte wird noch immer teilweise einäugig gesehen.

Zurück zur Kindheit. Das Bundesheer? Männer mit Stahlhelmen und Gewehren. Sie stehen in Reih' und Glied vor der Elisabethkirche im vierten Wiener Gemeindebezirk. Die Fronleichnamsprozession beginnt. Plötzlich heben die Soldaten in ihren grauen Uniformen die Gewehre hoch und schießen. Das Kind erschrickt, zuckt zusammen. Aber die Schüsse gehen nur in die Luft, als Ehrenbezeugung für das Allerheiligste. Österreich ist ein christlicher Staat. So sagt die neue Verfassung. Und ein deutscher Staat. Aber das war mir damals egal, es machte für mich keinen Unterschied, dem Kind gefielen die Soldaten, auch wenn es erschrak, als die Salve krachte.

Das Kind war unbekümmert, es freute sich daran, daß ein Werkelmann (es gab damals noch viele in Wien, die Drehorgeln betätigten und um Münzen baten) gegenüber unserem Wohnhaus jeden Sonntag das gleiche Repertoire abspulte, das mit dem „Penzinger Kircherl“ endete: „Secht's Leitln, so war's Anno dreißig in Wien“. Das

Lied meint, wohlgemerkt, das Jahr 1830. Das Kind war auch nicht überrascht, wenn aus dem Hof Gesang tönte: es kannte die Straßensänger, die darauf warteten, daß in Papier gehüllte Groschenstücke hinuntergeworfen würden. Secht's Leitln, so war's – die Jahreszahl darf ad libitum eingesetzt werden.

Zu diesen Erinnerungen, die ich heute noch pflege, gehören auch die stets sehnsüchtig erwarteten Besuche des alten Wurstelpraters an der Hand meines Vaters, das Staunen über den großen Chinesen, den „Calafati“ (der alte ist, wie alles rundherum, 1945 ein Opfer der Flammen geworden), die Fahrten mit der Grottenbahn, deren erster Waggon ein riesiger Drache war und von deren Attraktionen mir zwei lebhaft im Gedächtnis blieben: das „Erdbeben von Messina“, wo kleine Häuser scheppernd in sich zusammenfielen, und der „Brand der Rotunde“, dieses Überbleibsel der Weltausstellung, wo plötzlich papierene Flammen aus dem Dach des gewaltigen Rondeaus schlugen und die Feuerwehr mit großem Trara aus der Kulisse „raste“. Die Geisterbahn freilich durchfuhr ich nur mit geschlossenen Augen. Die Angst vor ihr habe ich sonderbarerweise bis heute nicht losbekommen. Vielleicht haben sich die Erinnerungen aus der Kindheit bis ins Gesellschaftlich-Politische der Gegenwart fortgesetzt.

III

Am 13. März 1938 war ich sechs Jahre alt. Ich stand mit meinen Eltern auf dem Balkon eines Hauses gegenüber der Staatsoper. Die Wohnung gehörte einem ihrer Freunde, einem jüdischen Zahnarzt namens Reisberg. Er stand mit seiner Frau neben uns. Der Arzt war in ganz Wien bekannt, seit sein Gutachten zur Aufklärung eines spektakulären Mädchenmords im Lainzer Tiergarten beigetragen hatte. Unten drängte sich das Spalier der Massen. Die Gedanken der vier Erwachsenen konnte ich nicht ahnen, ich war ein Kind. Das Schicksal des Zahnarztes konnte ich nicht voraussehen; er hat in Auschwitz geendet, seine Frau hat das Inferno überlebt und blieb bis zu ihrem Tod in den siebziger Jahren eine der besten Freundinnen meiner Mutter.

Woher meine Eltern den Zahnarzt Reisberg und seine Frau kannten, weiß ich nicht. Ich weiß freilich, daß wir, und ich durfte schon mit dabei sein, immer wieder bei Leuten zu Besuch waren, die mich stets als „herzigen Buben" bezeichneten. Sie lebten in großen Wohnungen, die Männer waren Freunde meines Vaters, während die Damen – ich kann mich genau erinnern – mir imponierten, weil die Gesichter einen so angenehmen Duft verströmten. Ich merkte es, wenn ich zum Kuß herumgereicht wurde. „Haute Juiverie" hat Bruno Kreisky später diese Teile der Wiener Gesellschaft genannt, von der etliche weibliche Mitglieder Schulkolleginnen meiner Mutter waren. Ich dachte an sie, als eine Ausstellung im Wiener Jüdischen Museum zeigen sollte, wie schlecht die aus dem Osten zugewanderten Juden in Wien, wo vermeintlich der Antisemitismus grassierte, schon vor dem Ersten Weltkrieg und dann auch in der Zwischenkriegszeit behandelt worden seien. Daß auch die „Haute Juiverie" von ihnen nichts wissen wollte, wurde nicht angeführt. Im Lyceum, wie damals offenbar die Mädchengymnasien hießen, gab es in der Klasse meiner Mutter, wie sie später berichtete, weniger als die Hälfte „Arierinnen".

Der erste Posten, den meine Mutter nach der Matura ergatterte, war übrigens der einer Hauslehrerin bei der Familie Schumpeter in Schloß Schrattenthal in Niederösterreich. Familienoberhaupt war der berühmte Sozialwissenschaftler Joseph Schumpeter und erster Präsident der Econometric Society, bekannt nicht zuletzt durch seine „Theorie der Wirtschaftlichen Entwicklung". Daß sie sich in seinem Haus mit den Kindern zu befassen gehabt hatte, hat mit meine Mutter immer wieder stolz berichtet.

Zurück zum Balkon der Reisbergs. Der Fünfjährige stellte sich auf die Zehen, um über die Brüstung blicken zu können. Er hörte zuerst und sah später: ein undefinierbares Geschrei, das von der Mariahilfer Straße her kam und sich über den Ring fortsetzte. Der Fünfjährige sah dann eine Kolonne offener Autos. Das waren sie für ihn: Autos. So wie jener Wagen, mit dem meine Mutter aus der Sommerfrische abgeholt wurde, um zur Geburt meines Bruders nach Wien zu fahren. Das Auto gehörte einem Zuckerlhändler aus der Mariahilfer Straße. Immer wieder: Mariahilfer Straße.

Autos wieder, Autos. Viele Autos. Offene große Mercedes. Aber die einzelnen Marken und Typen konnte ich damals noch nicht unterscheiden. In einem Auto stand ein Mann mit brauner Uniform und brauner Kappe. Er hatte den rechten Arm zum Gruß erhoben, und als er vorbeifuhr, brüllten die Menschen im Spalier wie besessen. Ich konnte hören, was sie schrien: „Heil, Heil, Heil!“ Das Ehepaar Reisberg und meine Eltern zeigten hinunter: „Das ist er!“ Das „er“ klang nicht so, als ob es ehrfurchtsvoll groß geschrieben wäre.

So erlebte ich den Anschluß.

„Anschluß“ hieß es freilich erst später, soweit ich mich erinnern kann, „Umbruch“ sagten meine Eltern und deren Freunde. Das Wort „Umbruch“ hörte ich damals immer wieder, und auch der Name Schuschnigg war mir, dem Fünfjährigen, zum Begriff geworden. Schuschnigg – das mußte ein wichtiger Mann sein, dachte ich. Papa sprach viel von ihm. Papa hatte viele Funktionen.

Er war Präsident der „Gilde des Parfumerie- und Haushaltungsartikel-Detailhandels für alle Bundesländer“, was nach heutigen Begriffen einem Kammer-Fachverband entspricht. Er war „Stellvertreter des Ältesten der Kleinkaufmannschaft für die Stadt Wien“ – die Bestellungsurkunde, ausgestellt am 27. Dezember 1935, trägt die Unterschrift des Bürgermeisters Schmitz. Er war Obmann der Fachgruppe der Haushaltungsartikelhändler. Er war Mitglied des Geschäftsführenden Ausschusses der Kammer für Handel, Gewerbe und Industrie in Wien. Er war Beisitzer des Schiedsgerichts der Gewerblichen Sozialversicherung. Zudem hatte ihm Bundespräsident Miklas – auch diese Urkunde fand ich später unter seinen Dokumenten – die „Große Silberne Medaille für Verdienste um den Bundesstaat Österreich“ taxfrei verliehen.

Und dann Umbruch. Das Ende der Systemzeit, wie die Leute damals auch sagten. Das „System“, von dem ich immer reden hörte – was verstand man eigentlich darunter? Welches System war es? Was der Ausdruck bedeutete, autoritär, totalitär – heute spricht man gerne von „Austrofaschismus“ -, davon hatten Kinder in meinem Alter keine

Ahnung. „Anschluß", das war schon klarer. Auch wenn ich nicht wußte (und auch die Erwachsenen erfuhren es erst viel später), welcher militärischen Erpressung die österreichische Regierung damals ausgesetzt gewesen und schließlich erlegen war. Ich erfuhr auch nicht, was in dem Brief stand, der in diesem Frühjahr 1938 („Datum des Poststempels") an meinen Vater gerichtet war und in dem man ihm mitteilte, daß man ihn sämtlicher Ämter entkleidet habe. „Die jüngsten Tage der Befreiung unseres Vaterlandes Österreich und der nationalen Erhebung und Wiedervereinigung mit dem deutschen Reiche haben grundlegende Änderungen auf allen Gebieten der öffentlichen Verwaltung und des öffentlichen Lebens mit sich gebracht", hieß es. Alle Funktionen, die aufgrund der Regierungstätigkeit des vergangenen Systems erteilt wurden, seien erloschen, was bedeutete, daß alle Funktionäre und Vorstandsmitglieder von Kammerorganisationen „von ihrem Dienste und Amt enthoben sind und keinerlei Mandate mehr auszuführen haben". Dies sei, hieß es in dem Brief, „keine persönliche Note über Wertung oder Mißtrauen; sie erweist sich jedoch im Sinne der Totalität der nationalen Erhebung als notwendig". Der Brief schloß mit „Heil Hitler", er war von einem „kommissarischen Sachwalter" namens Heinrich Schwara gezeichnet.

Vaterland Österreich. Hätte ich damals lesen können, wäre mir diese Bezeichnung viel eindrucksvoller in den Monaten und Jahren vor 1938 erschienen. Es war jene Zeit, da Patriotismus und Österreichertum, Heimat und Vaterland plötzlich wieder ganz groß geschrieben worden waren. Da gab es die „Vaterländische Front", die an die Stelle der politischen Parteien getreten war. In der „Amtlichen Wiener Zeitung" erschien im Mai 1933 ein großes Inserat, das von Österreichertum triefte. „Hinein in die vaterländische Front", hieß es. „In der vaterländischen Front sollen sich alle vereinigen, die bewußt und überzeugt österreichisch gesinnt sind, die Vaterland und Heimat lieben!“ Und am Schluß: „Heil Österreich! Heil Dollfuß, dem Führer!“

Dieser Appell an Patriotismus und Rot-Weiß-Rot war, wie die Geschichtsschreibung bestätigt, nicht vergebens. War dies der Grund, warum auch mein Vater der „Vaterländischen Front“ beitrat – oder war es Heimweh nach jenem „Rot-Weiß-Rot“, das ja als Flagge von allen Kriegsschiffen der Monarchie geweht hatte? Jedenfalls galt die „Vaterländische Front“ in der Tat als das, was auf den Mitgliedskarten ihr zugesprochen wurde, als „unzerreißbarer Schutzdamm, gegen den alle Feinde unseres Vaterlandes machtlos sind“. Und weiter: „Bekenne Dich stets und überall als Österreicher! ‚Österreich‘ sei Dein Gruß! Trage mit Stolz Dein Abzeichen Rot-Weiß-Rot, es sind Österreichs Farben.“

Wer die „Feinde des Vaterlands“ damals waren, war allen klar: die Nationalsozialisten. Das Datum des Beitritts meines Vaters war jedenfalls ein fast schicksalhaftes: Die Mitgliedskarte zeigt den 12. Juli 1934, knapp vierzehn Tage vor dem Nazimord an Bundeskanzler Dollfuß.

Immer wieder habe ich mich in späteren Jahren davon überzeugen können, daß es dann, wenngleich begleitet vom Heil-Geschrei eines Teiles der Bevölkerung, nichts anderes als ein militärischer Überfall war, der Österreich auslöschte. Mit Gewalt auslöschte.

Viele Jahre später habe ich einen Text in die Hand bekommen, der von Josef Friedrich Perkonig stammt, dem „nationalen“ Kärntner Schriftsteller, der ein illegaler Nazi und vor dem Anschluß „volkspolitischer Referent“ der NSDAP in Österreich war. Mag sein, daß das, was dieser Dichter damals von sich gab, heute als Versuch gewertet werden kann, eine Gemütserregung zu verarbeiten, die er als „namenloses Glück“ bezeichnete. Für mich ist dieser Erguß eines Mannes, der ursprünglich Professor an der Lehrerbildungsanstalt in Klagenfurt gewesen war und der natürlich auch nach dem Krieg noch fleißig publizierte („Patrioten“ 1950, „Maturanten“ 1951 etc. etc., seine „Ausgewählten Werke“ erschienen ab 1965), für mich ist Perkonigs Prosa ein Beweis dafür, wie häufig, nun, sagen wir Verblendung in Österreich in jener Zeit grassierte. Sie näherte sich der historischen Verleumdung. Etwa, wenn Perkonig im Zusammenhang mit der „Vaterländischen Front“ über den 11. März 1938 schrieb:

> „Die verflossene Nacht – so erzählte man mir – war überall im Lande unruhig gewesen, und man sagte, die ‚Kommune‘ sei auch jetzt am Tage noch unterwegs, und wirklich sah ich Grüppchen von fragwürdigen Gestalten auf Straßen und Plätzen, auch das Haus der Vaterländischen Front war voll von ihnen, und ich fragte mich vergebens, warum sie gerade hier dem lieben Herrgott den langen Tag stahlen; die Herren Amtsverwalter der Front, die jetzt hinter verschlossenen Türen so unschuldig taten, die mir nicht glauben wollten, daß ich Stahlruten in den Händen der finsteren Leute gesehen hätte, die von Herrn Schuschnigg wohl einen geheimen Brief empfangen hatten, sie wußten gewiss um den Sinn dieses Aufgebots; die Garde war ihrer würdig“.

Ich habe von alldem nichts gehört.

Es ist fast eine Umkehr der Tatsachen, die sich der Kärntner Heimatdichter Perkonig damals zuschulden kommen ließ, wenn er dann schrieb:

> „Während ich den Abend hineinwartete, von dem Minister Seyß-Inquart (auf Hitlers Wunsch Innenminister und damit auch Chef der Polizei. D. Verf.) durch den Draht einen Befehl erhielt, mit anderen

darüber zu wachen, daß das Land an diesem Abend ruhig bleibe, marschierten draußen die johlenden Garden der Vaterländischen Front durch die Straßen, sie schrien zu verschlossenen Fenstern empor – denn die Nationalsozialisten waren, wie es ihnen angeheißen worden war, folgsam heimgegangen –, sie drohten mit Tod und Vernichtung, sie schossen auch in die Auslage eines Geschäftes, die Leute benahmen sich wie am Vorabend einer Revolution. Es hatte aber der Spuk nur einen kurzen Atem."

Der Spuk. Welcher Spuk? Sind da nicht die Begriffe vertauscht worden? Johlende Garden, die sich wie am „Vorabend einer Revolution" benahmen: ist da nicht ein Irrtum bezüglich der handelnden Personen passiert? Und haben die Österreicher wirklich alle, eine „schweigende Minorität" ausgenommen, „Heil" geschrien? Nach 1945 – ich muß vorwegnehmen, was ich erst später erlebte – hat man uns Buben davon eigentlich wenig erzählt. In den achtziger Jahren hat man dafür den Österreichern, glaube ich, zu viel davon berichtet.

Ich möchte einen objektiven Zeugen zitieren – objektiv vor allem auch deshalb, weil er Sozialdemokrat war, Engländer und Berichterstatter führender englischer und amerikanischer Blätter in Mitteleuropa. Er hieß G.E.R. Gedye, erlebte den Untergang Österreichs und dann auch den der Tschechoslowakei als Korrespondent mit und hat seine Eindrücke in einem Buch niedergeschrieben, das er „Fallen Bastions" nannte. Ein in der Wolle gefärbter „Roter", es ist dem Autor dennoch gelungen, die Ereignisse des März 1938 so unabhängig zu schildern wie kaum einem „Linken" vor und nach ihm. Das Buch, das 1946 erschien, ist vom Wiener sozialistischen Journalisten Walter Hacker (übrigens später mein Chefredakteur, als ich eine Zeit lang in der damals gleichfalls sozialistischen „Weltpresse“ arbeitete) übersetzt worden; die deutsche Ausgabe brachte der indessen längst nicht mehr existierende Danubiaverlag heraus. Ich habe den Band mit seinem primitiven Einband und den schnell vergilbenden Seiten immer und immer wieder gelesen; es war für mich eigentlich die erste Schilderung von Details der jüngsten österreichischen Geschichte.

Gedye erzählt da etwa, daß er einem Landsmann gegenüber seine Sorge ausgedrückt habe, die englische „nationale“ Regierung werde „den Raub Österreichs ohne ein Wort des Protests hinnehmen“. Der Gesprächspartner entgegnete: „Da wir dies nun einmal schlucken müssen, so hoffe ich, daß wenigsten Ihr Journalisten es uns so leicht wie möglich machen werdet. Ihr könnt zum Beispiel auf die Begeisterung hinweisen, mit der die Wiener sich nun auf die Ankunft Hitlers vorbereiten (...)“. Und Gedye erwiderte: „Ja, und keine Erwähnung machen von der bitteren Demütigung, der Wut und Verzweiflung, die achtzig Prozent der Wiener empfinden, die lieber sterben würden, als sich heute auf der Straße zu zeigen!“ Bemerkenswerte Feststellung eines Parteijournalisten, der eigentlich keinen Grund gehabt hätte, die Haltung der Wiener zu beschönigen. Er hat indes von einem Faktum gesprochen.

„Umbruch.“ Anschluß. Immer dann, wenn ich heute von der angeblichen Lebenslüge der Österreicher höre, nehme ich eines jener Bücher zur Hand, denen Objektivität zugeschrieben werden kann. Etwa solche, in denen der Wortlaut der Telefonate akribisch genau aufgezeichnet ist, die der deutsche spätere Reichsmarschall Hermann Göring mit dem von Hitler gewünschten, von diesem frech designierten neuen Bundeskanzler Seyß-Inquart geführt hat, mit jenem Mann, der – auch das wußte ich nicht, ich kannte ihn ja nicht – im Auto des „Führers“ an „unserem“ Balkon vorübergefahren war.

Göring hatte damals, am 11. März, Seyß-Inquart am Telefon in Bezug auf den österreichischen Bundespräsidenten Miklas folgendes mitgeteilt:

> „Wenn er nicht unverzüglich die Forderungen – Sie kennen sie – annimmt, dann erfolgt heute Nacht der Einmarsch der bereits auf der Grenze aufmarschierten und anrollenden Truppen auf der ganzen Linie, und die Existenz Österreichs ist vorbei! ... Sagen Sie ihm, es gibt keinen Spaß jetzt. ... Der Einmarsch wird nur dann aufgehalten, und die Truppen bleiben an der Grenze stehen, wenn wir bis 19.30 Uhr die Meldung haben, daß der Miklas die Bundeskanzlerschaft Ihnen übertragen hat. Verfügen Sie sofortige Wiederherstellung der Partei mit allen ihren Organisationen (Anm.: die NSDAP war in Österreich verboten) und lassen Sie dann im ganzen Land jetzt die Nationalsozialisten hochgehen. Sie dürfen überall jetzt auf die Straße gehen. Also bis 19.30 Meldung! ... Wenn der Miklas das nicht in vier Stunden kapiert, muß er es jetzt eben in vier Minuten kapieren!"

Seyß-Inquart quittierte den Befehl mit einem knappen „Na gut!".

Wie gesagt: Erst viel später sind diese Protokolle (ich habe sie einmal in einem Buch „Des Teufels Telefon" genannt) veröffentlicht worden. Daß sie auch heute noch viel zuwenig bekannt sind, ist mit Schuld an den, nun, sagen wir „Mißverständnissen" hinsichtlich des Umbruchs oder Anschlusses.

Nicht weniger deutlich ist das Protokoll einer kurzen telefonischen Unterredung, die Göring mit dem deutschen Militärattaché Muff geführt hat, gleichfalls am Abend des 11. März:

„Göring: ‚Am besten – der Miklas tritt zurück!‘
Muff: ‚Ja, das tut er nicht! Es war sehr dramatisch. Ich habe etwa eine Viertelstunde mit ihm gesprochen. Er hat erklärt, daß er unter keinen Umständen der Gewalt weiche, und er ernenne keine neue Regierung.‘
Göring: ‚So! Und er weicht nicht der Gewalt?‘
Muff: ‚Er weicht nicht der Gewalt!‘
Göring: ‚Na, was heißt das? Dann läßt er sich also ausheben?‘
Muff: ‚Ja, er bleibt also dort sitzen.‘“

Miklas will der Gewalt nicht weichen. Er muß es schließlich doch tun.

Und Bundeskanzler Schuschnigg – der Mann, von dem ich soviel im Radio gehört hatte – verabschiedete sich in einer längst Geschichte gewordenen berühmten Radiorede von den Österreichern mit Worten, die auf einer historischen Schallplatte erhalten geblieben sind:

„Die deutsche Reichsregierung hat dem Herrn Bundespräsidenten ein befristetes Ultimatum gestellt, nach welchem der Herr Bundespräsident einen ihm vorgeschlagenen Kandidaten zum Bundeskanzler zu ernennen und die Regierung nach den Vorschlägen der deutschen Reichsregierung zu bestellen hätte, widrigenfalls der Einmarsch deutscher Truppen für diese Stunde in Aussicht genommen wurde. Ich stelle fest, vor der Welt, daß die Nachrichten, die in Österreich verbreitet wurden, daß Ströme von Blut geflossen seien, daß die Regierung nicht Herrin der Lage wäre und aus eigenem nicht hätte Ordnung machen können, von A bis Z erfunden sind.
Der Herr Bundespräsident beauftragt mich, dem österreichischen Volk mitzuteilen, daß wir der Gewalt

weichen. Wir haben, weil wir um keinen Preis, auch in dieser ernsten Stunde nicht, deutsches Blut zu vergießen gesonnen sind, unserer Wehrmacht den Auftrag gegeben, für den Fall, daß der Einmarsch durchgeführt wird (Anm.: und jetzt kam ein bemerkenswerter, fast Freudscher Versprecher Schuschniggs), ohne wesentlichen – ohne Widerstand sich zurückzuziehen und die Entscheidungen der nächsten Stunden abzuwarten. Der Herr Bundespräsident hat den General der Infanterie Schilhawsky, den Generaltruppeninspektor, mit der Führung der Wehrmacht betraut. Durch ihn werden weitere Weisungen an die Wehrmacht ergehen.
So verabschiede ich mich in dieser Stunde von dem österreichischen Volk mit einem deutschen Wort und einem Herzenswunsch: Gott schütze Österreich!"

... daß wir der Gewalt weichen.

Mutti, warum weinst du? Keine Antwort. Papa, was ist los? Keine Antwort. Nur Stille, Betretenheit, Betroffenheit. Gott schütze Österreich! Josef Friedrich Perkonig hat über die letzte Rede dieses Bundeskanzlers an die Österreicher freilich eine andere Meinung gehabt:

> „Ich kam gerade rechtzeitig in mein Haus, um den Abgesang des Herrn Schuschnigg zu hören, jene kleine, klägliche letzte Rede, die hinter seine große Schuld einen winzigen Punkt setzte. Und es war mir dann, da ich auf die Straßen hinaushorchte, als spränge das dunkle Land in die Sterne hinein. Ich spürte beinahe körperlich das Glück dieses Abends."

In Klagenfurt wird Perkonig heute durch eine Gedenktafel geehrt. Die Zeit, scheint mir, heilt alle Wunden – offenbar auch die ideologischen.

Ich habe Schuschniggs letzten Satz, den Wunsch – auch daran kann ich mich genau erinnern – dann noch oftmals gehört, von Freunden, von Verwandten zitiert, und ich habe damals nicht verstanden, wie der liebe Gott Österreich schützen könne. Nach vielen, vielen Jahren ist mir der Wunsch dann noch ein paar mal deutlich in Erinnerung gekommen. Einmal, als ich Kurt Schuschnigg bei einem seiner Besuche in Österreich in den frühen fünfziger Jahren – er war damals Hochschulprofessor in den USA – kurz interviewen wollte. Ich hatte vor dem Hotel Bristol, in dem er wohnte, auf ihn gewartet, hatte ihn gleichsam „abgepaßt". Er grüßte freundlich, lehnte es aber ab, irgend etwas auch nur eine Spur Relevantes zu sagen. Nach wenigen Minuten lüftete er den Hut und zog sich zurück.

Ein zweites Mal tauchte der März '38 aus meinem Gedächtnis auf, als am Abend des 15. Mai 1955, nachdem der österreichische Staatsvertrag endlich unterzeichnet worden war und das Land seine volle Freiheit und Souveränität wiedererhalten hatte, im Wiener Stephansdom ein Tedeum gefeiert wurde. Da wurde ein gebrechlicher alter Herr in die erste Bank geführt. Es war Wilhelm Miklas, der Mann, der sich standhaft geweigert hatte, der Gewalt zu weichen und seinen Platz zu räumen. Er hatte, ebenso wie Schuschnigg, den Krieg überlebt. Und ein drittes Mal dachte ich an die Telefonate und Reden in den Märztagen 1938, als wieder einmal eine Debatte darüber entstand, ob der Anschluß Österreichs denn wirklich mit Gewalt herbeigeführt worden sei.

Als Gegenbeweis wird immer das Spalier begeisterter Menschen von der deutschen Grenze bis zum Hotel Imperial angeführt, das den Einzug Adolf Hitlers gesäumt und begleitet hat. Als Beweis für den Wankelmut des Volkes kann ich da Karl Renner anführen, den „Mann für jede Jahreszeit", der den Anschluß gleichfalls begrüßte, und anderseits die vielen Österreicher, die damals zu Hause blieben – oder auf Balkonen standen und verzweifelt schwiegen. Und wenn man immer wieder auf die Massen auf dem Heldenplatz hinweist, die dabeiwaren, als Hitler „die Heimkehr seiner Heimat in das deutsche Reich" verkündete, dann darf auch darauf hingewiesen werden, daß es trotz der ungeheuren Beteiligung eine schreiende Minderheit gewesen ist, was sich schon aus „bevölkerungs-arithmetischen" Gründen ergibt. Wer will G.E.R. Gedye Lügen strafen, der die Meinung vertrat, achtzig Prozent der Wiener Bevölkerung seien nicht im Spalier gestanden, sondern betroffen zu Hause geblieben?

Von denen, die es nicht taten, haben Augenzeugen Dinge berichtet, die mich heute noch immer tief beschämen. Es muß ein Hexensabbat gewesen sein, von dem ich nichts ahnte – ob es meine Eltern ahnten, weiß ich nicht. Nicht nur Gedye hat davon geschrieben, auch Carl Zuckmayer in seinen Erinnerungen „Als wär's ein Stück von mir":

> „Die Unterwelt hatte ihre Pforten aufgetan und ihre niedrigsten, scheußlichsten, unreinsten Geister losgelassen. Die Stadt verwandelte sich in ein Alptraumgemälde des Hieronymus Bosch: Lemuren und Halbdämonen schienen aus Schmutzeiern gekrochen und aus versumpften Erdlöchern gestiegen. Die Luft war von einem unablässig gellenden, wüsten, hysterischen Gekreische erfüllt, aus Männer- und Weiberkehlen, das tage- und nächtelang weiterschrillte. Und alle Menschen verloren ihr Gesicht, glichen verzerrten Fratzen: die einen in Angst, die andren in Lüge, die andren in wildem, haßerfüllten Triumph."

Mag sein, daß in Zuckmayers Erinnerung die Emotion überbordet und sich in die Diktion flüchtet. Mag sein, daß er übertreibt, wenn er schreibt: „Hier war nichts losgelassen als die dumpfe Masse, die blinde Zerstörungswut, und ihr Haß richtete sich gegen alles durch Natur oder Geist Veredelte." Mag sein, daß sein Urteil eine undifferenzierte Verdammung ist, wenn er von einem „Aufstand des Neids, der Mißgunst, der blinden böswilligen Rachsucht" spricht und dabei doch zugibt, daß „alle anderen Stimmen zum Schweigen verurteilt" gewesen seien. Ich konnte mich damals nicht schämen, weil ich nichts sah und nichts hörte. Aber immer dann, wenn ich das bekannteste aller Bilder von damals sehe, Juden beim Waschen des Straßenpflasters, läuft es mir kalt über den Rücken. Ein Mann in Knickerbockern, mit Hut und Hakenkreuz-Armbinde, steht wachend hinter ihnen. Er sieht so aus, als hätte er sie am liebsten noch mehr gedemütigt, als sie es in diesem Augenblick schon waren. Als Journalist frage ich mich übrigens heute, was mit diesem Menschen später geschehen ist, dessen Gesicht man ja deutlich erkennen konnte.

Habe ich mich als Kind gefragt, was da passierte, was da über meine Heimatstadt hereinbrach? Habe ich – noch oft werde ich dies im Verlauf dieser Geschichte fragen – davon gewußt, hat man mir davon erzählt, haben mir meine Eltern davon gesprochen? Sind sie den Szenen, mehr noch: den Ereignissen aus dem Weg gegangen? Haben sie bewußt die Augen geschlossen?

Gelegentlich habe ich den Eindruck, man müsse sich heute gegen den Vorwurf wehren, man hätte bereits im Vorschulalter wissen müssen, was geschah. Man hätte es sehen müssen oder jedenfalls erfahren. Denn, so sagen die Nachfahren, es wären ja „die Wiener" gewesen, die das alles getan hätten.

Allein, was Zuckmayer schilderte, hätte meine Vorstellungskraft, die eines Fünfjährigen, überstiegen. Waren das Menschen, die vielleicht noch tags zuvor beim

Greißler vis-à-vis oder bei der Milchfrau eingekauft hatten, die mir vielleicht die Wange getätschelt hatten? Ist wahr, daß es ein „Begräbnis aller menschlichen Würde“ gewesen sei? Ich tröste mich heute mit dem Bewußtsein, daß nur ein kleiner Prozentsatz der Wiener an diesem Teufelstanz teilgenommen hat.

Aber „Heil!“ haben mehr gebrüllt. Dennoch: Ich meine, den Wienern wie auch allen Österreichern, die damals jubelten, ist neben anderem ein Faktum ganz besonders mildernd anzurechnen: Zwei Männer, die aus völlig verschiedenen Lagern kamen, sind, wie die Menschen fälschlich gemeint hatten, mit „gutem Beispiel“ vorausgegangen: Dr. Karl Renner und Dr. Theodor Innitzer. Der eine wurde später Bundespräsident, der andere war Kardinal, und beiden könnte vorgeworfen werden, „Wendehälse“ gewesen zu sein.

Bleiben wir bei Karl Renner, dem prominenten Sozialdemokraten, der nach dem Zerfall der Donaumonarchie die österreichische Delegation bei den Friedensverhandlungen von St. Germain führte, einer der drei Parlamentspräsidenten war, die 1933 zurücktraten und damit Dollfuß die Möglichkeit gaben, autoritär zu regieren, und der im Unterschied zu den meisten seiner Schicksalsgenossen nach dem Bürgerkrieg 1934 unbehelligt blieb. Renner hat am 3. April 1938 im „Neuen Wiener Tagblatt“ empfohlen, bei der vom Hitlerregime organisierten Volksabstimmung, die den Anschluß legitimieren sollte, mit „Ja“ zu stimmen. Dieses berüchtigte Interview, das Renner sogar plakatieren lassen wollte, was selbst den Nazidienststellen zu viel war, ist nichts weniger als unter Druck zustande gekommen. Vielmehr (O-Ton Renner) habe er aus Überzeugung gehandelt.

Kardinal Theodor Innitzer wiederum, aus Südböhmen stammend, hatte namens der österreichischen Bischofskonferenz erklärt, seine Amtskollegen und er stimmten freudig mit „Ja“ – und dann: „Heil Hitler.“ Ihm wurde sein damaliger und schnell bereuter politischer Fehltritt lange Zeit negativ angerechnet, wogegen Karl Renner sich, wie es so schön heißt, „abputzen“ konnte. Nicht zuletzt deswegen, weil er 1945 einen Brief an den „Genossen Stalin“ richtete.

Dieser Brief, der das spätere Staatsoberhaupt endgültig zum „Wendehals“ zu stempeln schien, wurde ihm später nicht weniger angekreidet als seine Freude über den Anschluß. Im Brief an Stalin rühmte sich Karl Renner nämlich unter anderem, daß er 1917 Lenin kennengelernt habe, „mit Trotzki verkehrte ich durch die Jahre seines Wiener Aufenthaltes ständig“, und „viele vor dem Zarismus geflüchtete Genossen wohnten oder nächtigten wenigstens in meiner Wohnung auf der Durchreise in die Schweiz, manche von mir mit einem Paß ausgestattet“.

Mag sein, daß Renner übersah, wie Trotzki dann auf Befehl Stalins geendet hat: ermordet in Mexiko. Aber die Anbiederung geht weiter. Bei Kriegsende 1945 habe er „vertrauensvoll die Besetzung abgewartet“, und die zuständigen Kommandanten „haben mich sogleich auf das achtungsvollste in Schutz genommen“, schrieb er an Stalin. Renner offerierte sich dann als „berufen, für das österreichische Volk zu sprechen“, und fügte hinzu, ohne die Rote Armee sei „keiner meiner Schritte“ möglich gewesen. Dafür seien „die künftige Zweite Republik Österreichs“ und ihre Arbeiterklasse „Ihnen, Herr Marschall, und Ihrer siegreichen Armee für alle Zukunft zu Dank verpflichtet.“ Die Österreicher seien

> „voll Bewunderung für die gewaltige Leistung der Sowjets. Das Vertrauen der österreichischen Arbeiterklasse insbesondere in die Sowjetrepublik ist grenzenlos geworden. Die österreichischen Sozialdemokra-

ten werden sich mit der Kommunistischen Partei brüderlich auseinandersetzen und bei der Neugründung der Republik auf gleichem Fuß zusammenarbeiten. Daß die Zukunft des Landes dem Sozialismus gehört, ist unfraglich und bedarf keiner Betonung. Ihr ergebener Karl Renner".

Den Brief hat Renner freilich erst sieben Jahre nach dem „Anschluß" verfaßt. Vorerst bleibt das Faktum bestehen, daß das Oberhaupt der Katholischen Kirche in Österreich und ein Führer der österreichischen Sozialdemokratie öffentlich aufgerufen haben, Österreich aufzugeben. Allein, ich wußte damals noch nichts von alledem. Ich hörte nur immer wieder aus dem Radio das „Große niederländische Dankgebet" tönen: „Wir treten zum Beten vor Gott, den Gerechten". Ich wußte auch nicht, was mir meine Mutter nach dem Krieg immer wieder erzählen sollte: Daß ein jüdischer Freund meiner Eltern, gleichfalls Inhaber einer Parfümerie und Generalvertreter der Kosmetikfirma Helena Rubinstein, Wien verließ und nach Australien emigrierte. Er wollte, daß meine Eltern mit meinem kleinen Bruder und mir das gleiche tun sollten. Mein Vater lehnte ab: So arg, meinte er, werde es nicht werden, und er halte es für fast unmöglich, seine Wurzeln aus der österreichischen Erde zu reißen. Irgendwie hat meine Mutter dann aber doch den Entschluß bereut – sie schwärmte uns nach dem frühen Tod unseres Vaters immer wieder vor, wie schön und friedlich es doch in Melbourne gewesen wäre.

Viele Jahre später war ich Mitglied einer Kommission, die Stipendiaten für das Fulbright-Programm in USA aussuchen sollte. Vorsitzende war eine Amerikanerin, und sie fragte einen der Prüflinge, einen jungen Technikstudenten, woran er denke, wenn er das Wort „Anschluß" höre. Der Jüngling dachte kurz nach und meinte dann, er denke an eine Party, in der er sich sofort wohl fühle, weil er schnell Anschluß finde. Die Amerikanerin war verblüfft und wollte wissen, ob ihm bei diesem Wort nicht noch was anderes einfalle. Die Antwort kam gleichfalls nach kurzem Überlegen: Wenn er ein Elektrogerät benützen wolle, benötige er einen Anschluß, eine Steckdose, die ihm Strom spende.

Ich glaube mich zu erinnern, daß der junge Mann trotzdem sein Stipendium bekam. Die Vorsitzende aus den USA lächelte verständnisvoll. Heute wäre die Sache, meine ich, anders verlaufen.

IV

Nimm, heißt es bei Shakespeare, nimm vor des Märzens Iden dich in acht! *Beware the ides of March!* Was der Wahrsager dem Julius Caesar sagt, hat meine Mutter an den Iden des März 1938 immer wieder zitiert, in jenen Tagen um die Monatsmitte, da politische Dolchstöße ein Land zerfleischten. Für mich war Adolf Hitler freilich, wenn man von dem Mann im offenen Mercedes absah, der die linke Hand im Gürtel hatte und die rechte zum Gruß erhoben – für mich war Hitler vorerst nur eine Stimme. Sie klingt aus den Lautsprechern entlang der Straße und aus den Radioapparaten, immer wieder, laut, bellend, heiser. Im Kino ist die Wochenschau für einen Fünfjährigen keine Quelle der Information. Ich bete Shirley Temple an, den amerikanischen Kinderstar, und ihr deutsches Pendant Traudl Stark, und ich lache über Popeye the Sailor, die Trickfilmfigur mit ihrem Spinat aus der Dose, der ihr schier übermenschliche Kräfte verleiht.

Nimm vor des Märzens Iden dich in acht! Sie waren grausam – und sind doch an mir vorübergegangen, spurlos vorerst. Da waren immer noch Besuche bei den Freunden meines Vaters und den Freundinnen meiner Mutter, da war immer noch der Duft des Parfums, ich bin immer noch geküßt worden – daß es jüdische Freunde waren, die mich küßten, wußte ich nicht, sagte mir nichts – und daß sie immer weniger wurden, weil viele von ihnen emigrierten, solange sie es noch konnten, fiel mir nicht auf. Eines freilich fällt mir auf: Daß mein Vater immer dann, wenn wir sie besuchen oder sie bei uns zu Besuch sind, sich mit den Herren in eine Zimmerecke zurückzieht und diskutiert; „Sie politisieren“, sagt dann meine Mutter jedes Mal. „Politisieren“, das war ein Wort, das mir schon als Fünfjährigen vertraut wurde, ohne daß ich wußte, was es bedeutete. „Politisieren“ – das war freilich auch eine Umschreibung dessen, was man vor meinen Ohren nicht diskutieren wollte, die Frage etwa, was mit den Juden jetzt geschehe oder geschehen werde, mit den Juden und dann mit den Halbjuden und vielleicht auch noch mit den Vierteljuden.

Ich sollte noch lange nicht wissen, daß ich auch dazugehörte. Im Gegenteil: Mich interessiert als Buben alles das Neue, das da in Wien passiert. Etwa, daß die Briefträger jetzt teilweise neue Uniformen tragen. Die Briefträger hatten mich immer schon interessiert – sie hatten mir nämlich geholfen, Zählen zu lernen. Wenn sie am Morgen aus dem nahegelegenen Verteilerpostamt kamen und zu dritt, zu viert oder gar in größeren Gruppen durch die Schönbrunner Straße wanderten, bevor sie sich zerstreuten, lehnte ich mit meiner Großmutter auf dem Fensterpolster (Wo gibt es ihn heute noch?) und sollte herausfinden, wie viele Briefträger gerade mit Kappe und Umhängtasche vorbeimarschierten.

Vielleicht hat mir dieses Vortraining geholfen, jene Prüfung zu bestehen, zu der ich in Begleitung meiner Mutter antreten mußte, um die sogenannte Altersdispens zu erlangen und ein Jahr früher in die erste Klasse der Volksschule eintreten zu dürfen. Ort der Handlung war das Stadtschulratsgebäude neben dem Naturhistorischen Museum an der Ringstraße – der Platz hieß damals wie heute aus Gründen, die mir damals unerfindlich schienen, „Bellaria“. Später einmal, während der Besatzungszeit, sollte dieses Haus die sowjetische Kommandantur beherbergen, Riesenporträts von Lenin und Stalin tragen und Schauplatz von Ereignissen sein, die Menschen in den Tod trieben: Nicht nur einmal kam es vor, daß ein vom Verhör Gepeinigter in die Tiefe sprang.

Im Sommer 1938 saß ich in diesem Gebäude einem strengen Herrn gegenüber, der ein Abzeichen trug, das damals viele trugen (es sei ein „Parteiabzeichen", erfuhr ich nachher) und der mir relativ einfache Fragen stellte. Er wollte dadurch erkunden, ob ich „reif" sei für den vorzeitigen Schulbesuch. Ich hatte, soweit ich mich erinnern kann, keine Schwierigkeiten. Nur bei einer Frage verweigerte ich, weil ich sie nicht verstand, die Antwort. „Wie grüßt man den Führer?" wollte der Prüfer wissen. Ich blieb stumm. „Na, wie grüßt man den Führer?" wiederholte der strenge Herr und wies auf das Hitlerbild an der Wand. Ich entsann mich der Rufe, die den „Führer" an der Mariahilfer Straße begrüßt hatten, und sagte: „Sieg Heil!" Der Herr schüttelte mißbilligend den Kopf und besserte mich aus: „Heil Hitler! Weißt du das nicht? Hast du das nie gehört?" Noch bevor meine Mutter zum Versuch ansetzte, die Unwissenheit des Fünfjährigen zu erklären, stand der Prüfer auf, notierte etwas im Akt und erklärte mich als für die Altersdispens geeignet. Ob die richtigen Antworten auf die übrigen Fragen oder die falsche Antwort auf die letzte den Ausschlag gegeben hatten, weiß ich nicht.

Viele Jahre später kam mir ein Buch in die Hand, das Erika Mann, die Tochter des berühmten Thomas, in der Emigration geschrieben hatte und in dem sie über die Erziehung der Jugend im Dritten Reich berichtete. Das Buch war im Mai 1938 geschrieben worden, kurz nach dem Anschluß Österreichs.

> „Während der erwachsene Deutsche", lese ich da, „zwar erstens Nationalsozialist zu sein hat, zweitens aber doch vorläufig Ladenbesitzer oder Fabrikant sein mag, ohne daß sein Laden oder seine Fabrik verstaat-

licht worden wären, ist das deutsche Kind schon heute ein Nazi-Kind und nichts weiter."

Hatte der gestrenge Herr vom Stadtschulrat gemerkt, daß ich kein Nazi-Kind war? Denn:

> „Die Kinder sagen ‚Heil Hitler' fünfzig bis hundertfünfzig Mal am Tag. Die Grußformel, die Gesetz ist, wird unvergleichlich öfter ausgesprochen als jedes neutrale oder religiöse ‚Guten Tag' oder ‚Grüß Gott' je vorher. Man grüßt mit ‚Heil Hitler' die Kameraden auf dem Schulweg. Mit ‚Heil Hitler' schließt und beginnt jede Unterrichtsstunde ... Mit ‚Heil Hitler' wird auch das kindliche Abendgebet schließen, wenn das Kind seine Verpflichtungen irgend genau nimmt."

Ich aber, ich habe nicht einmal antworten können, als ich nach dem „deutschen Gruß" gefragt wurde.

Es war dies im übrigen die erste von zwei „politischen" Prüfungen, mit denen ich im Volksschulalter konfrontiert wurde. Die zweite kam zwei oder drei Jahre später und war wesentlich strenger.

Ich besuchte die Volksschule der Lehrerbildungsanstalt (wie sie damals hieß) in der Hegelgasse, in die mich meine Mutter allmorgendlich an der Hand von unserem Wohnhaus in der Schönbrunner Straße aus führte. Im dritten oder vierten Schuljahr erschien plötzlich ein Mann in der braunen Uniform eines sogenannten politischen Leiters und suchte Anwärter für die damals in Traiskirchen untergebrachte „Napola", die Nationalpolitische Erziehungsanstalt der Partei, die für den Nachwuchs von Funktionären sorgte. Jene Buben, die von der Direktion der Volksschule als möglicherweise „würdig" bezeichnet worden waren, wurden von dem Herrn in Braun geprüft, und wer die mündliche Prüfung bestanden hatte, wurde in den Turnsaal kommandiert, weil die Leibesübungen offenbar ein wichtiger Punkt des Erziehungsprogrammes waren.

Aufgrund der mündlichen Prüfung wurde ich als für die Napola „würdig“ erkannt; daß ich rassisch unwürdig war, wußte damals noch niemand außer meine Eltern, und die verschwiegen es. Im Turnsaal mußte sich das halbe Dutzend kleiner Buben, die „gesiebt“ worden waren, splitternackt ausziehen (was mich überlegen ließ, welchen Grund dies wohl gehabt haben mochte – heute weiß ich es!), und dann ließ uns der Herr in Braun mit gegrätschten Beinen stehen, um uns in Augenschein zu nehmen. Erst dann wurden wir auf ein Seil, über die Sprossenwand, auf ein Reck und einen Bock getrieben. Ich versagte in allen Disziplinen. Ich fiel durch. Der Herr in Braun sagte dem Direktor vor meinen Ohren, ich sei zwar geistig, aber keineswegs körperlich für die Napola geeignet. Immer wieder habe ich mich in späteren Jahren gefragt, was wohl passiert wäre, wären die Herrschaften dahinter gekommen, wen sie da „eingekauft“ hätten. Einen „Hitlerjungen Salomon“?

Ehrlich gesagt: Ich war damals enttäuscht. Man hatte immer wieder von dem tollen Leben erzählt, das die Buben in der Napola erwartete, man hatte immer von den Freuden einer „verschworenen Gemeinschaft“ berichtet, vom Singen und vom Spielen und natürlich auch vom Lernen, aber in Uniform! Und für mich sollten die Türen zu solch freudvoller Zukunft verschlossen sein?

Tief betrübt berichtete ich es meinen Eltern. Ich wußte damals ja noch nicht, welcher wirkliche Ausschließungsgrund eigentlich existierte, und wunderte mich deshalb, daß meine Mutter die Erzählung ihres älteren Buben mit einem tiefen Seufzer der Erleichterung quittierte. Ich selbst habe viele Jahre später seelische Erleichterung verspürt, als ich meinen halbwüchsigen Sohn in den Film „Hitler – eine Karriere" führte, gedreht nach dem Buch des F.A.Z.- Herausgebers Joachim C. Fest, und als Christoph nachher angesichts der riesigen Aufmärsche von Hitlerjungen, der Segelflieger, der Motor-HJ und ähnlicher Verführungen meinte, er wäre damals im Alter von heute wahrscheinlich auch dabeigewesen.

In der neuen Zeit, die die Systemzeit abgelöst hatte, war für die Kinder, die keine Ahnung hatten, was dahintersteckte, alles imposant. Riesengroß. Alles klappte, der österreichischen „Schlamperei", die diesem Volk immer wieder vorgeworfen wurde (und noch wird), stand deutsche Exaktheit gegenüber. Diese sollte sich nach dem Willen der neuen Machthaber auch im Straßenverkehr auswirken. Der hatte vor 1938 nach heutigen Begriffen gleichsam von Natur aus für ein Durcheinander gesorgt, das allerdings von den österreichischen Kraftfahrern offenbar klaglos bewältigt wurde. Schon in den frühen dreißiger Jahren herrschte in einem Teil Westösterreichs aus fremdenverkehrstechnischen Gründen ein Rechtsfahrgebot, während in den anderen Bundesländern links gefahren wurde. Später wurde der Rechtsfahrbereich auf die östlichen und südlichen Länder ausgedehnt, und erst im Sommer 1938 durfte man auch in Wien und Niederösterreich – „Niederdonau", wie es dann hieß – nicht mehr auf der linken Straßenseite fahren. Damit die Umstellung den Wienern eingebleut werde, fuhren tage- und nächtelang durch Wiens Straßen Lastautos, auf deren Ladeflächen Uniformierte standen. Sie sangen markige Lieder, deren Worte ich nicht verstehen konnte, und brüllten zwischendurch immer wieder im Chor: „Mensch, fahr rechts!" Dann sangen sie wieder. Gleichzeitig meldeten die Zeitungen, daß jeder, der sich gravierend gegen die „Verkehrszucht" vergehe – so nannte man damals preußisch direkt das, was man heute unter

Verkehrsdisziplin versteht –, am Sonntag „nachsitzen" müsse.

Mensch, fahr rechts! Die Autofahrer stellten sich verhältnismäßig schnell um. Es waren allerdings nicht sehr viele; deswegen gelang es offenbar auch, sie von einem Tag auf den anderen „umzufunktionieren", von links auf rechts. Über Nacht, einfach so. Mensch, fahr rechts! Das „Mensch" klang wie ein Mittelding zwischen Aufforderung und Befehl, der zu befolgen war. Das Chaos blieb aus.

Chaotische Zustände aber müssen auf jenen Straßen geherrscht haben, über die an den „Iden des März" die deutsche Wehrmacht nach Österreich einrückte. Wir wußten es nicht, keiner wußte, daß selbst ein Vormarsch, der nicht auf Widerstand stieß, zu einem solchen Debakel führen könnte. Die deutschen Soldaten waren – nun, eben deutsch. Und das konnte ja nur ein anderes Wort für „Präzision" sein. Erst viel später, als Erwachsener, las ich von den Pannen des deutschen Einmarsches. „Dies läßt den Schluß zu, daß im Falle einer festen österreichischen Gegenwehr die deutsche Okkupation zumindest im Anfangsstadium in ernsthafte Schwierigkeiten geraten wäre", schreibt der Zeitgeschichtler Norbert Schausberger in seinem Buch „Der Griff nach Österreich". Daß die deutschen Panzerverbände weder entsprechendes Kartenmaterial noch die notwendigen Treibstoffvorräte besaßen, war da noch das geringste Übel. Die Kommandanten mußten sich mit dem Baedeker aushelfen, berichtet Schausberger, und sie mußten sich an österreichischen Tankstellen versorgen. Zeitweilig mußten auch die Straßenkarten von Freytag & Berndt herhalten. Dazu der Autor: „Was im Falle eines österreichischen Widerstandes mit den Panzertruppen geschehen wäre, läßt sich leicht vorstellen." Dreißig Prozent der Panzer blieben unterwegs mit Motorschaden liegen.

Schausberger zitiert dann aus den Gesamtberichten über den Einsatz der 8. Armee im März 1938. Ich führe sie hier an, weil ich mich als Mittelschüler später oft gefragt habe, was denn gewesen wäre, wenn ... wenn Österreich sich gewehrt hätte. Wenn das Bundesheer, das entgegen der landläufigen Meinung (landläufig? Was heißt hier landläufig?) keineswegs naziverseucht war, jenen Widerstand geleistet hätte, den die deutsche Wehrmacht gefürchtet hatte. „Wo österreichische Truppen Widerstand leisten, ist dieser mit Gewalt zu brechen", hieß es in einer Anweisung. Und in einer anderen vom 11. März: „Es liegt in unserem Interesse, daß das ganze Unternehmen ohne Anwendung von Gewalt in Form eines von der Bevölkerung begrüßten friedlichen Einmarsches vor sich geht. Daher ist jede Provokation zu vermeiden. Sollte es aber zu Widerstand kommen, so ist er mit größter Rücksichtslosigkeit durch Waffengewalt zu brechen."

Waffengewalt? Mit einer Armee von Fußmaroden? Laut einem Bericht der „Heeresversorgung" hatte „die Ausrüstung mit neuer, noch nicht eingelaufener Fußbekleidung einen erheblichen Ausfall von Marschkranken zur Folge".

Noch deprimierender für die Heeresleitung muß freilich der erwähnte Bericht der 8. Armee gewesen sein, der bei Schausberger zu lesen ist und in dem es unter anderem heißt:

> „Alles hastete auf dem kürzesten Weg nach Wien! Dieser Weg aber war durch das XIII. Korps und das noch weit nach der Tiefe auseinandergezogene Panzerkorps belegt. Über diese Truppen ergoß sich von rückwärts her wie eine Sturzsee der Strom vieler Hunderter vorwärts jagender Fahrzeuge. Und in diese Bewegung hinein marschierten die Kolonnen der

Bodenorganisationen der auf Befehl des Oberkommandos der Wehrmacht nach Wien vorgeworfenen und dem Befehl des Armeekommandos entzogenen Teile der Luftwaffe. Die unausbleiblichen Verstopfungen wurden durch eine erhebliche Zahl auf der Straße liegengebliebener Fahrzeuge der Panzerdivision, zusammengebrochener kriegsunbrauchbarer Aushebungsfahrzeuge, und durch das Tanken zahlreicher Militär-, Polizei- und Zivilfahrzeuge an den öffentlichen Tankstellen vermehrt ...
Als diese Lage erkannt wurde, war es schon zu spät. Der Versuch, durch Sperrlinien den Nachstrom aufzuhalten, mißlang, weil die Mittel dazu, die Ordnungsdienste der Korps, noch nicht im Aufmarschgebiet eingetroffen waren. Es blieb nichts übrig, als die Korps immer wieder zu scharfer Verkehrsregelung mit ihren unzureichenden Mitteln anzuhalten. Der vom Armeeoberkommando hierzu eingesetzte General konnte trotz großer Energie nur sehr allmählich bessernd eingreifen. Wenn die Entwirrung der Verhältnisse schließlich gelang und die Truppe die befohlenen, weitgesteckten Marschziele doch erreichte, so ist das der Tatkraft der Korpskommandos und Divisionen und nicht zuletzt der Truppe selbst zu danken, die oft ihren Weg neben der zugefahrenen Straße suchen mußte. Es steht außer Zweifel, daß bei feindlicher Gegenwehr von der Erde und namentlich aus der Luft die Ereignisse auf der Straße Passau-Linz-Wien zu einer Katastrophe hätte führen können."

Katastrophe? Die Offenherzigkeit dieses freilich geheimen Berichtes ist erstaunlich. Man denkt über das „Was wäre gewesen, wenn" nach, in der Stunde Null, von der ich später noch ausführlich erzählen werde. Und man schlägt sich diese Gedanken aus dem Kopf. Was wäre gewesen, wenn – das ist unwissenschaftlich, unhistorisch. Als Kind sah ich nur die andere Seite, ohne zu ahnen, was sich ein paar Dutzend Kilometer weiter auf den Straßen abgespielt hatte.

V

Juli 1938. Ein herrlicher Sommer – für Kinder im Vorschulalter zumal. Wunderschöne Ferienzeit! Von Ferien konnte freilich noch nicht die Rede sein. Der letzte Sommer vor dem „Ernst des Lebens“, in den man, wie von Eltern und Großeltern immer wieder behauptet wird, nun hineintreten muß. Hineingetreten wird. Hineingestoßen. Ein letztes Mal unbeschwert. Wir bezogen eine Sommerwohnung in Gießhübl. In der Gegend eines benachbarten Steinbruchs üben deutsche leichte Panzer. Allabendlich kehren sie heim. Allabendlich sehe ich die jungen Männer in den schwarzen Uniformen und mit den Baretten, einer steht im Panzerturm. Sie singen. Unbeschwert das Ganze, irgendwie fröhlich, jedenfalls für die Kinder. Sie haben keine Ahnung, was sich indessen auf der europäischen Szene tut. Daß das sudetendeutsche Problem immer brennender wird, daß es Truppenkonzentrationen in Deutschland und daraufhin eine Mobilmachung in der Tschechoslowakei gibt. Die Panzersoldaten von Gießhübl üben weiter. Was sie üben, wissen die Kinder nicht.

Ich weiß es auch später noch nicht. Aber irgendwie muß ich es geahnt haben. Waren da nicht wieder – ich hörte zu, wenn die Erwachsenen redeten – diese „Iden des März“, diesmal im März 1939, als die Tschechoslowakei, die schon vorher die Sudetengebiete und Südmähren hatte abtreten müssen, endgültig zerschlagen wurde? War es damals oder schon im Herbst zuvor, daß wir, wie viele andere Wiener auch, in die Znaimer Gegend pilgerten, um die nun verlassenen, weil unnütz gewordenen tschechoslowakischen Grenzbefestigungen in Augenschein zu nehmen? Bunker waren es und Maschinengewehrstellungen, und am liebsten wäre ich mit Gleichaltrigen über die mit Tarnanstrich versehenen Betonmauern geklettert, gekraxelt, nicht wissend, welchem Zweck sie gedient hatten. Was ist Politik? Was ist Wehrpolitik? Aggression? Für die Kinder ein Steinhaufen.

Politik. Politisieren. Ein Fremdwort für den Buben, der unterwegs war in die erste Volksschulklasse. Noch einmal: Politik. Was ist ein SA-Mann? Er hatte eine braune Kappe, trug ein braunes Hemd mit schwarzem Riemenzeug und eine schwarze Hose – die Stiefel nicht zu vergessen, und die Armbinde mit dem Hakenkreuz.

Als ich zum ersten Mal das Klassenzimmer meiner Volksschule betrete, sitzt am Katheder der Klassenlehrer in solch einer braunen Uniform. Er wollte nicht beeindrucken, er wollte auch nicht imponieren, meine ich heute. Er wollte nur zeigen, daß jetzt auch für die ABC-Schützen eine neue Zeit, „die“ neue Zeit angebrochen sei. Er war, hörte ich später, vorher ein „Illegaler“ gewesen. Viele waren „Illegale“ und jetzt offenbar stolz darauf. Über diesen und jenen, über diese und jene munkelte man es damals, und ich hörte es mit gespitzten Ohren: „Der war ein Illegaler.“ Also einer, der sich keinen Deut darum gekümmert hatte, daß die NSDAP in Österreich verboten war. Einer, der sich hatte ausrechnen können, wie lange es dauern werde, bis es kein Österreich mehr gab.

Viele Begriffe stürmen auf mich ein, wollen verstanden werden und sind doch vorerst nur Schall und Rauch. Da ist Onkel Gabi, der Mann einer Schwester meines Vaters, wohlbestallter Schneidermeister und politisch aktiv. Er ist „Legitimist“, einer von vielen, die meinen, der Sohn des letzten Kaisers sollte in Österreich wieder die Monarchie errichten – so erklären mir es meine Eltern.

Die Legitimisten sind, wie Fritz Molden, eine der Schlüsselpersonen des österreichischen Widerstandes, in seinem 1988 erschienenen Buch „Die Feuer in der Nacht“ schreibt,

> „die einzige nicht kommunistische Widerstandsgruppe in der ersten Phase des Widerstandes von 1938 bis 1944, die während der Zeit ihres Bestehens ständig mit dem Ausland in Verbindung stand und vor allem im Ausland eine mit ihr kooperierende Parallel-Organisation hatte. Die ausländischen Vertrauensmänner waren neben Otto von Habsburg selbst der junge Diplomat Dr. Martin Fuchs, bis 1938 Presseattaché in Paris, und der ehemalige Botschafter in London, Dr. Georg Franckenstein. Darüber hinaus gab es auch Verbindung über Rom, Istanbul und – solange es die Entwicklung zuließ – Prag sowie teilweise Zürich. Unermüdlich fanden die Legitimisten neue Auslandskontakte.“

Das Ende dieser legitimistischen, sprich: monarchistischen Gruppen, die stets einen österreichischen Patriotismus hochgehalten hatten, der dem nationalsozialistischen Gedankengut diametral entgegengesetzt war – das Ende also dieser Widerstandsvereinigungen kam mit jener Brutalität, mit der die Nazis alles zerschmetterten, was ihrer Ideologie nicht konform war. Dazu Molden:

> „Die Überlebenschancen dieser monarchistischen Untergrundgruppen der ersten Stunde – und solche blieben sie auch, selbst wenn es ihnen gelang, bis 1942 durchzuhalten – waren sehr gering. Sie waren besonders nach Kriegsbeginn völlig auf sich selbst gestellt,

hatten aber verschworene Freunde und Verbündete in der Bevölkerung, denn die monarchistische Bewegung war von einer unglaublich starken Loyalität zueinander beseelt – ähnlich wie die Kommunisten. Mit Ende des Jahres 1942 war diese Periode der legitimistischen Untergrundtätigkeit beendet. Es dürften insgesamt etwa 4000 bis 4500 Monarchisten in dieser Zeit verhaftet worden sein; nach vorsichtigen Schätzungen wurden zirka 800 bis 1000 von ihnen hingerichtet oder sonst von der Gestapo oder in Konzentrationslagern umgebracht."

Onkel Gabi also ist Legitimist. Auch er wird, so wie viele seiner Gesinnungsgenossen, schon kurz nach dem Anschluß verhaftet. Man bringt ihn, sagen meine Eltern und sagt schluchzend seine Frau, in ein Konzentrationslager. Genauer: er kommt nach Dachau.

Konzentrationslager. Die Abkürzung „KZ" kenne ich noch nicht. Ich weiß nur, daß es ein solches Lager in Dachau gibt. „Er ist nach Dachau gekommen", höre ich immer wieder. Was ist das – Dachau? Ein Lager, weiß ich bald. Ein Lager? Was ist ein Lager? Ein Ort, wo Menschen leben müssen, denen man ihre Wohnung weggenommen hat. Warum? Ich möchte Näheres wissen, aber es wird mir nicht gesagt. Weder erfahre ich, wer nach Dachau kommt, noch, weshalb. Sind es Verbrecher? Ist Dachau ein Gefängnis? Wo ist es denn überhaupt? Nein, es sind keine bösen Menschen, wird mir erklärt. Es sind Leute, die den Regierenden nicht passen. Die irgendeine Schuld auf sich geladen haben – in den Augen derer, die jetzt das Sagen haben. Aber das wird mir zugeflüstert. So, als ob man es nicht hören sollte.

Auch Onkel Gabi kommt, wie gesagt, nach Dachau – als Monarchist, als Legitimist. Ich sehe ihn ein letztes Mal, als er in der Strafanstalt Mittersteig, damals auch für politische Häftlinge „reserviert", von einem Fenster herunterwinkt. Unten auf der Straße steht der Rest der Familie und winkt zurück. Es wird ihm schon nichts passieren! Er hat ja nichts getan! Für ihn war Otto von Habsburg eben ein Kaiser. „Kaiser Otto" hat er vor dem Anschluß immer gesagt. Ist das ein Verbrechen?

Auch ich winke zu Onkel Gabi hinauf. Er sei eingesperrt, sagt meine Mutter. Seine Frau, Tante Elli, hat den Hund mitgebracht. Ob er zu seinem Herrl hinaufgebellt hat, weiß ich nicht mehr.

Und dann: Dachau. Ein paarmal gehen Postkarten von Hand zu Hand. Ich kann die Bleistiftschrift, in Kurrent geschrieben, nicht lesen, sehe nur, daß die Karten mit einem Vordruck versehen sind. Sie sehen amtlich aus, ein Platz ist für persönliche Mitteilungen vorgesehen. Wenn Tante Elli die jeweilige Karte herzeigt, die ganz normal mit der Post gekommen ist, obzwar der Stempel kein gewöhnlicher ist, sondern einen Adler trägt, ist sie traurig. Aber immerhin: es sind Lebenszeichen, die Onkel Gabi gibt. Sie werden immer seltener und hören schließlich ganz auf. Onkel Gabi gibt es nicht mehr. Er schwindet aus meiner Erinnerung. Er ist, wie ich später erfahre, ermordet worden. Erschossen? Erhängt? Verhungert? Wir haben nie wieder etwas von ihm gehört.

Seinen Platz im Gedächtnis nimmt Tante Betty ein, die Frau meines Großonkels, des Bruders meines Großvaters Thomas Chorherr. Wie diesen habe ich auch Großonkel Franz nie erlebt. Er war Dirigent und spielte anfangs in der Kapelle Carl Michael Ziehrers, bevor er sich selbständig machte, sein eigenes Salonorchester gründete und schließlich die Leitung des Orchesters der K.K. Staatsbahnen übernahm. Seine Frau, die ihn um viele Jahre überlebte, ist das einzige Parteimitglied unserer Familie gewesen. Stolz hat sie immer das Abzeichen getragen; wir haben sie trotzdem geliebt, und diese Liebe hat allen Abstammungsproblemen zum Trotz auf Gegenseitigkeit beruht.

Tante Betty reist mit, als wir im Sommer 1939 nach Dalmatien fahren. Mein Vater besaß damals einen Steyr 100, ein Produkt der weithin berühmten Steyr-Werke. Schon Monate vorher hatte ich meine Mutter immer gebeten, mir von dieser bevorstehenden Reise zu erzählen. Sie tat es, während sie mich in die Schule führte, immer und immer wieder, ich konnte nicht genug davon hören. Im Juli werde es soweit sein, sagt sie. Im Juli 1939. Nach der ersten Klasse. Von Gewitterwolken am politischen Horizont weiß der Sechsjährige nichts. Auch nicht – noch nicht – am 20. April 1939.

Daß er mit erhobenem rechten Arm inmitten seiner Klassenkameraden stehen mußte und dann dem Lehrer zuhörte, der ein Loblied auf den Führer sprach – das war ihm egal. Daß an diesem Tag das Klassenzimmer, ja die ganze Schule mit Hitlerbildern und Hakenkreuz-Fahnen geschmückt war, schien ihm selbstverständlich. Immerhin war es ja der 20. April 1939, da hat, wie der Lehrer ausführlich erzählt, Hitler seinen fünfzigsten Geburtstag. In Berlin ist das Anlaß für die größte Truppenparade des Dritten Reiches. In Wien stehen Sechsjährige in der Klasse und singen das Deutschlandlied. Später singe ich es noch oft. Aber ob ich es das erste Mal an jenem 20. April singen mußte, weiß ich nicht mehr.

Und außerdem: Was ist schon der 20. April? Der Bub freut sich auf die erste Fahrt ins Ausland. Das ganz große Ferienerlebnis soll sie sein. Ausland – das klingt nach Abenteuer. Geheimnisvoll irgendwie, unbekannt, fremd.

Als dann die Grenze überquert wird, ist nichts als Verwunderung. Wiesen, Bäume, Häuser wie bei uns! Gar nichts Fremdes, keine Wüste, kein Urwald, alles fast wie im Wienerwald. Das soll Ausland sein?

Und dann kommt die erste Konfrontation mit der politischen Wirklichkeit des Juli 1939. Irgendwo – es muß wohl Jugoslawien gewesen sein –, wird übernachtet, bevor die Fahrt weitergeht in das damals italienische Istrien, weil mein Vater wieder einmal Pola, den Ort seiner Ausbildung als Marineur, besuchen wollte, bevor wir in den dalmatinischen Badeort Makarska weiterfuhren. Auf dem Kotflügel des Steyr-Autos hatte er eine Flagge des deutschen Touring-Clubs befestigt; eine Hakenkreuz-Flagge wehen zu lassen, wollte er nicht. Aber das Auto trug als internationales Kennzeichen das deutsche D. Am nächsten Tag war der Flaggenständer abgebrochen und das D rundum zerkratzt.

Was soll's? Das Meer lockt. Thalatta, Thalatta! Als wir über einen Hügel fahren, liegt es plötzlich vor uns. Ich merke, daß es auf meinen Vater die gleiche Anziehungskraft ausübt wie in seinen Erzählungen von früher. Das Meer: Ich sehe es zum ersten Mal, im Sonnenlicht gleißend. Jetzt verstehe ich.

In Pola Übernachtung bei einem Freund meines Vaters aus der Marinezeit. Meinem Bruder und mir wird das römische Amphitheater gezeigt. Es interessiert uns mehr als der Kriegshafen, und vor allem die Erzählungen vom seinerzeitigen Zweck des großen Rundbaus faszinieren uns. Aber mehr bleibt in Erinnerung, daß ich zum ersten (und einzigen) Mal mit dem italienischen Faschismus in Berührung komme.

Nicht direkt, versteht sich. Aber der Sohn unseres Quartiergebers muß wohl ein Schwarzhemd, ein Mussolini-Anhänger gewesen sein. Während wir in Öl gebackene kleine Fische verschlingen („Ährenfische" heißen sie bei uns, und seither zählen sie zu einer meiner Leibspeisen), fragt mich der junge Mann, ob ich schon einmal Adolf Hitler gesehen habe. Von seinem Gesichtsausdruck kann ich Spannung ebenso wie Begeisterung ablesen. Habe ich Hitler gesehen? Beim Einzug in Wien. Im Auto stehend, vom Spalier umjubelt. Ich habe ihn gesehen, als ich auf dem Balkon des Zahnarztes Reisberg stand. Das erzähle ich dem Jüngling, den die Tatsache fasziniert, daß ein Kind den von ihm angebeteten Führer hat sehen dürfen, während er, der Italiener, mit dem Duce Vorlieb nehmen muß. „Hast du ihn wirklich gesehen?“ fragte er mit jenem Akzent, der mir noch heute ihm Gedächtnis haftet. Ich nicke mit vollem Mund – die Ährenfische schmecken gut. Der junge Mann, seinen Namen habe ich längst vergessen, schaut mich mit glänzenden Augen an. Warum wohl? denke ich.

Dann Makarska. Ein Fischerort mit einigen Pensionen. Heute ist er nicht mehr wiederzuerkennen, damals war er ein kleines Seebad zumeist für Gäste aus dem Norden. Es sind viele in diesem Sommer 1939. Das Wetter ist heiß, Tag für Tag scheint die dalmatinische Sonne vom Himmel. Der Küstenstreifen gehörte früher zur Monarchie, Dubrovnik hieß Ragusa und Split wurde Spalato genannt. Ist die Atmosphäre in den Unterkünften, den Speisesälen, am Strand so drückend wie die Witterung? Dem Kind fällt nichts Außergewöhnliches auf.

Im Gegenteil. Als wir mit dem Küstendampfer nach Ragusa fahren, werden für die Passagiere, deren Vorlieben der Besatzung offenbar bekannt sind, Backhendeln serviert. Die Stühle haben rote Plüschbezüge. Das Schiff scheint noch aus der k. u. k.-Zeit zu stammen. Auch an einen Ausflug nach Mostar kann ich mich erinnern. Die Brücke über die Narenta, die alte Römerbrücke, imponiert uns besonders. Vor allem deswegen, weil Buben unseres Alters vom höchsten Punkt der Brücke in den Fluß springen, um sich ein paar Münzen zu verdienen.

Die zweite Hälfte der Ferien wird in Altenmarkt im Ennstal verbracht, in einem Bauernhof. Kühe gibt es und Schweine, einen großen Heuboden und zudem ein Erlebnis besonderer Art. Zu jeder Mahlzeit setzen sich der Knecht und die Mägde um eine große hölzerne Suppenschüssel, und dann wird daraus gelöffelt, gemeinsam, mit dem Eßgerät, das jeder bei sich trägt.

Ein erlebnisreicher Sommer, der von anno 1939. Auf dem Hauptplatz von Altenmarkt spurtet mir mit flatternden Flügeln, gerecktem Hals und wütendem Geschrei ein Gänserich nach und zwickt mich ins Hinterteil. Ich dürfte ihn vorher sekkiert haben – ich weiß es nicht mehr. Meine Mutter hat mir jedenfalls den Zwischenfall immer wieder bis in ihr hohes Alter hinein erzählt.

Spätsommer 1939. Ein schöner Sommer. Dann auf einmal höre ich immer wieder das Wort Krieg. Was heißt das, was ist das? Die Bauersleute, das Gesinde, die Sommergäste sitzen plötzlich Tag für Tag vor dem Radioapparat. Namen, die ich früher nie gehört habe, hängen sich ins Gehirn: Chamberlain, Halifax, Daladier. Ich weiß nicht, warum ich mich noch heute immer wieder daran erinnere, daß ich damals ständig den Namen Daladier, den des französischen Ministerpräsidenten, hörte. Vielleicht deshalb, weil er in einem Brief an Hitler die französische Verständigungsbereitschaft betonte und deshalb immer wieder genannt wurde? Dazwischen: der Führer, der Führer, der Führer. Polen, England, Frankreich.

Krieg? Betretenheit ringsum, Spannung, die auch auf den Sechsjährigen übergreift, ohne daß er weiß, worum es geht. Er versteht die Nachrichtensendungen nicht. Er weiß nichts von Friedensbemühungen in letzter Minute und vom „Wir wollen den Krieg“, das der deutsche Außenminister Ribbentrop seinem italienischen Kollegen Ciano anvertraute. Er weiß nur, daß immer wieder auf Reden, auf Mitteilungen, auf Kontakte gewartet wird. Er weiß es, weil er hört, was die Erwachsenen sagen.

Nur einmal, das letzte, das wichtigste Mal, höre ich dem Radio zu. Wieder sitzen alle um den Apparat. Ich merke, daß etwas Bedeutendes, etwas ganz Wichtiges gesprochen wird. Eine ganz wichtige Rede ist es, wie ich erfahre. Später weiß ich es: Hitler hat vor dem deutschen Reichstag und dem Volk den Ausbruch des Krieges verkündet:

> „Polen hat nun heute nacht zum ersten Male auf unserem eigenen Territorium auch durch reguläre Soldaten geschossen. Seit 5.45 Uhr wird jetzt zurückgeschossen, und von jetzt ab wird Bombe mit Bombe vergolten."

Der Krieg. Jetzt ist er da. Ich weiß nicht, was Hermann Göring zwei Tage später, als England und Frankreich ihren Bündnisverpflichtungen folgen, in einer Minute der Besinnung sagt: „Wenn wir diesen Krieg verlieren, dann möge uns der Himmel gnädig sein". Ich weiß nur, daß der Krieg etwas ganz Böses sein muß. Das lese ich aus den Mienen der Erwachsenen. Etwas ganz Böses, etwas Fürchterliches.

Und deshalb beginne ich zu weinen. Ich weine, ohne zu wissen, was der Krieg mir, meiner Familie, meinem Land bringen sollte. Das Kind weiß nur, daß es nie wieder so werden wird, wie es war. Es weiß nichts vom Ausspruch des englischen Außenministers Grey, der im August 1914 gesagt hat: „In Europa gehen die Lichter aus." Sie würden, fügte er hinzu, zu seinen und der Europäer Lebzeiten nicht mehr angehen. Das Kind weiß nichts von Weltgeschichte. Wenn ich mich heute an die ersten Septembertage 1939 erinnere, ist es vor allem die Erinnerung an die Tränen, die ich als Sechsjähriger vergossen habe, ohne zu ahnen, was sie bedeuteten.

VI

Die Schule. Schule in der Nazidiktatur. Erika Mann schreibt – wohlgemerkt im Jahr 1938, jenem Jahr, da ich mit der Volksschule begann – von der Indoktrinierung der Kinder:

> „Dem Schulkind wird beispielsweise die Frage vorgelegt, was es sich unter einem ‚pflichtgemäßen Kampf für ein gemeinsames Reich' vorstelle. Da meint das Mädchen Theodore noch ein wenig vag: ‚Mein Gewissen sagt mir, was ich tun soll.' Der Schüler Heinz umreißt es schon genauer: ‚Man muß den Arbeitslosen wieder zu Brot verhelfen und die Juden entfernen. Wo hundert Juden Arbeit haben, da sind bloß zwölf Deutsche beschäftigt.' Jetzt fordert der Lehrer die Klasse auf, an die Auslandsdeutschen zu denken, und so heißen die Antworten, die er sich erträumt: ‚Wir müssen den Deutschen in Rußland helfen.' ‚Wir müssen den Deutschen Briefe schreiben, daß sie ihr Blut nicht aufgeben sollen.' ‚Wir müssen zuerst kämpfen, daß Deutschland stark wird, und dann den Auslandsdeutschen helfen.'"

Unsinn heute, Glaubenssatz gestern. Auch für Volksschüler von 1938? Ich kann mich nicht erinnern.

Für uns Sechsjährige, Siebenjährige, Achtjährige hatte sich nichts geändert. Da wurde nichts verdrängt, da war auch (mit Ausnahme der mißglückten Erprobung für die Napola) keine Erinnerung an Indoktrinierung. „Man grüßt mit ‚Heil Hitler' die Kameraden auf dem Schulweg", schreibt Erika Mann. War das wirklich wahr? „Die Kinder sagen ‚Heil Hitler' 50 bis 150 Mal am Tag." Stimmte das? Ich entsinne mich: Der Lehrer betrat die Klasse, erklomm das Podium mit dem Katheder und rief den „Deutschen Gruß". Wir antworteten im Chor, aber ohne erhobene Arme. Ansonsten hätten wir den Vordermann ins Genick gestoßen.

Die Bewußtseinsbildung erfolgte subtiler. Ich kam in die zweite Klasse, als der Krieg begann. Die Tränen hatte ich hinuntergeschluckt, die Eltern versuchten, die Kinder von der Härte dieses Teils des Lebens fernzuhalten. Ein Klassenfoto zeigt uns Buben in den Schulbänken von anno dazumal mit dem Lehrer im Hintergrund. Er trägt einen schwarzen Mantel, die Wände zieren Plakate mit Szenen aus dem alten Wien, Vorlagen für Bildbeschreibungen. Im Hintergrund ist eine große Hakenkreuzfahne befestigt.

Krieg? Vorerst merken wir nichts. Mein Vater wird zur Polizei eingezogen, bleibt aber in Wien, weil nicht jung genug für den Fronteinsatz (oder wehrunwürdig, weil mit einer Halbjüdin verheiratet?) und zeichnet Verkehrssicherheits-Plakate. Meine Mutter will mir ein Abzeichen kaufen, rautenförmig, mit einem Hakenkreuz in der Mitte. Dem Buben soll nichts passieren – obwohl solche Befürchtungen vorerst unnötig sind. Das Abzeichen wird ihr – und mir – verweigert. Nur wer beim deutschen Jungvolk ist, darf ein solches Abzeichen tragen, sagt die Dame im Laden, und dafür sei ich noch zu jung. Meine Mutter zuckt zusammen. Weiß die Verkäuferin? Sieht sie? Ich selbst weiß noch nichts, erfahre es erst später.

Indessen siegt Hitler an allen Fronten. Ab Juni 1941 auch an der Rußland-Front. Ich merke den Beginn neuer Feldzüge, die Tatsache, daß etwas politisch oder militärisch Wichtiges geschehen ist, stets daran, daß die

Verkehrsposten der Polizei statt ihrer regulären Kappen Stahlhelme tragen. Auch am 22. Juni 1941 tragen sie Helme. Im Rundfunk klingt immer wieder das „Rußland-Lied“, den Vorstoß der deutschen Truppen im Osten besingend.

Und dann hören wir Kinder in der Schule auf einmal, daß wir Wollsachen sammeln, verpacken und „an einen Soldaten der Ostfront“ abschicken sollen. Die Pullover, Socken, Unterhemden würden gebraucht, weil der Winter dort bitter kalt sei. Daß die Jahreszeit der Heeresleitung einen Strich durch die bereits erwartete Siegesrechnung gemacht hat, wissen wir nicht, ebenso wenig wissen wir, daß die Winterausrüstung der Truppe völlig unzureichend ist.

Auch meine Familie schickt ein Paket ab, an einen unbekannten Soldaten. Einige Wochen später kommt ein Feldpostbrief. Ein Gefreiter dankt herzlich für die Kleidungsstücke, meint aber, daß seine Abteilung gut ausgerüstet sei und daß er die Wintersachen weitergegeben habe. Es ist dies der vorerst einzige Kontakt, den ein Neunjähriger mit der Front hat.

An der Heimatfront aber macht sich Sorge breit, im Norden, im „Reich“, wie bei uns immer noch gesagt wird, sogar Angst. Die Städte liegen in der Reichweite der englischen Bombengeschwader. In Sonderzügen werden Kinder aus Hamburg in die Ostmark gebracht, in den „Luftschutzkeller des Reiches“, vor allem auch nach Wien. Unsere Tante Betty, das Parteimitglied, nimmt einen Buben aus Hamburg auf. Wir freunden uns schnell mit ihm an, verbringen auch die Ferien mit ihm.

Ferien im Krieg. Da ist nichts mehr von Dalmatien, da ist das Burgenland. Für sechs Jahre ist Loipersbach, der Zwillingsort von Schattendorf dicht an der ungarischen Grenze, unser Sommeraufenthalt. Schattendorf: Wieder wird mir von dem schicksalsträchtigen Dorf erzählt mit seiner Geschichte und dem, was sich dort abgespielt hat. Interessanter sind für mich die französischen Kriegsgefangenen, die auf den Feldern arbeiten. Die Männer sind entweder im Feld oder sie dienen als Grenzer. Die Franzosen, erkenntlich an ihren dunkelbraunen Uniformjacken und den Armeekappen, leben in den Höfen wie Familienmitglieder, essen am gemeinsamen Tisch, fühlen sich sichtlich wohl fernab vom Kanonendonner. Viele Jahre später sind auch sie gelegentlich als „Zwangsarbeiter" bezeichnet worden. Sie haben, meine ich, jedenfalls damals den Zwang nicht als solchen betrachtet, haben ihn auch nicht gespürt.

Meine Mutter unterhält sich mit ihnen auf französisch; das darf man, solange der Ortsgruppenleiter nicht zuhört. Die Frage einer der heimischen Bäuerinnen an sie ist mir immer wieder erzählt worden: „San Se leicht a Krowotin, daß Se mit de Franzosn Englisch redn?"

De Franzosn. Es sind gefangene Feinde. Feinde? Sie lachen und sehen so aus, als ob sie sich wohl fühlten, könnten sich jederzeit in die Wälder schlagen und tun es doch nicht, obwohl eine Bewachung praktisch nicht vorhanden ist. Sind sie wirklich Feinde? Für mich sieht ein Feind anders aus. Wie denn? Doch nicht wie einer von diesen vergnügten Männern, die da auf burgenländischen Feldern arbeiten, an burgenländischen Tischen essen und in burgenländischen Betten schlafen? Daß sie es gelegentlich auch mit burgenländischen Frauen tun, ahnt der Neunjährige nicht. Er steht nur oft am Rain und versucht, mit den „Gefangenen" zu plaudern.

Noch einmal: Kann ich mir vorstellen, daß so die Feinde aussehen? Sie sind doch, denke ich, Menschen so wie wir, zivilisiert wie wir, freundlich wie wir, friedlich wie wir. So ist es ja auch gewesen, als ich die bisher einzige Auslandsreise antreten durfte – damals, als wir mit dem Auto über die jugoslawische Grenze fuhren. Auch damals hatte mich ja sonderbar berührt, daß es auf der einen Seite genauso aussah wie auf der anderen.

Ferien im Krieg. Die Bäuerinnen fahren aufs Feld, Kühe ziehen die Heuwagen, oben sitzen die Buben. Nicht an Uniformen, sondern an Sommerhitze erinnere ich mich. Bisweilen denke ich auch noch daran, wie es war, als wir noch mit dem Auto fahren konnten. Fahren durften. Einen „roten Winkel" gibt es für meinen Vater nicht. Der rote Winkel auf dem Nummernschild zeigt an, daß das Kraftfahrzeug als „kriegswichtig" für den Verkehr freigegeben ist. Die anderen Autos müssen in der Garage bleiben, werden der Reifen entkleidet, weil man den Gummi braucht, und harren aufgebockt des „Endsiegs".

Ich glaube an ihn. Meine Eltern lassen mich in dem Glauben. Nur nichts sagen oder tun, was die Buben gefährden könnte, meinen Bruder und mich. Sogar vom Ministrieren wird mir jetzt abgeraten. Bis 1942 bin ich immer wieder vor dem Altar gestanden in der Pfarrkirche unweit unseres Wohnhauses in der Schönbrunner Straße. Ich weiß noch, daß einer der Geistlichen seine Kasel, das Meßgewand, über der Fliegeruniform trug, wenn er zelebrierte. Ich erinnere mich auch, daß das Wasser in den Kännchen bisweilen gefroren war und ich es erst mühsam auftauen mußte – die Kirchen durften nicht geheizt werden. Schluß damit! Der Ministrant zieht das Rochet, das weiße Hemd, aus, und legt den roten Kragen ab.

Er zieht ein braunes Hemd und eine schwarze Hose an. Gemäß den Anschlägen an den Litfaßsäulen ist nunmehr der Jahrgang 1932 aufgerufen, sich an den Meldestellen des Deutschen Jungvolks einzufinden, der DJ – De Jot, wie man sagte. DJ – heute die Abkürzung für Disc Jockey ...

Jetzt darf der Mischling, der noch nicht weiß, daß er einer ist, endlich das Abzeichen tragen, das ihm früher verweigert wurde. Er darf über dem Braunhemd einen „Überschwung“ tragen, einen dünnen schwarzen Riemen quer über die Schulter. Er darf am Ärmel das Dreieck tragen, das die Aufschrift „Südost Wien“ zeigt, und „Bann 603“, dem man zugehört. Nur zu, war das Motto meiner Eltern. Nur nichts tun, was auffallen würde. Mitmachen, wenn es ans Exerzieren geht. Dem Jungenschaftsführer und natürlich auch der nächsthöheren Charge, dem Jungzugführer mit seiner grünen Schulterschnur, auf Kommando gehorchen.

Irgendwann versuche ich auszubrechen. Nicht buchstäblich, versteht sich. Aber da gibt es die Rundfunkspielschar – und ich kann ganz gut singen. Wie ich schließlich zu dieser Gruppe der DJ gekommen bin, weiß ich nicht mehr. Habe ich deshalb ein düsteres Verständnis für Kurt Waldheim, der sich an manche Details seiner Biographie nicht erinnern konnte? Faktum ist, daß ich „Dienst“ im großen Sendesaal des „Reichssenders“ Wien mache und nicht mehr auf der grünen Wiese. Daß ich mit den anderen Mitgliedern der Rundfunkspielschar Lieder singe, darunter natürlich auch solche der „Bewegung“, und daß ich mich mit den anderen dann sogar im Radio hören kann.

Aber da weiß ich längst, daß ich „M 2“ bin. Jüdischer Mischling zweiten Grades. Ich weiß nicht, ob es die anderen wissen, die mich vor das Mikrophon stellen. Ich weiß nur, daß ich erst dann von meiner „Abstammung“ erfuhr, als der Ariernachweis auch mir zur Kenntnis gebracht werden mußte. Der kleine Nachweis, denn der große Ariernachweis ist nur notwenig, wenn man eine Parteikarriere anstrebt oder zur SS will.

Mischling zweiten Grades. Ich erfahre es von meiner Mutter – auch eine Art Aufklärung! Bis jetzt sind Juden für mich, der ich von der Schule und der Propaganda indoktriniert worden bin, eine hassenswerte Menschengattung. Jetzt auf einmal zählen auch meine Vorfahren dazu. Im ersten Augenblick bin ich starr. Daß meine Mutter mir unter Tränen erläutert, was das alles bedeutet, kann ich verstehen. Ich soll es niemandem sagen, meint sie.

Mischling zweiten Grades also. Wieso? Warum? Wie? Weil meine Mutter Halbjüdin ist. Weil mein Großvater mütterlicherseits Jude war. Weil sein Vater, mein Urgroßvater, Jude war. Später sehe ich Fotos. Mein Urgroßvater hieß Nathan. Der Weise? Er hat, den alten Fotos zufolge, weise ausgesehen: weißer Backenbart, Stehkragen, schwarze Masche, Gehrock, Spazierstock. Nathan der Weise. Die Bilder haben jenen Ockerton, wie sie alten Fotografien aus der Familienchronik eigen sind. Urgroßvater Nathan hat lange gelebt. Es hat damals weder Auschwitz noch Birkenwald gegeben. Noch einmal: Nathan der Weise? Ich habe ihn nur aus Erzählungen gekannt. Auch an seinen Sohn Berthold, meinen Großvater, kann ich mich nur dunkel erinnern – er starb 1936. Juden alle. Muß man deshalb weinen? Gotthold Ephraim Lessing:

> „Denn gründen alle sich nicht auf Geschichte? Geschrieben oder überliefert! – Und Geschichte muß doch wohl allein auf Treu und Glauben angenommen werden? – Nicht? – Nun, wessen Treu und Glauben zieht man denn am wenigsten in Zweifel? Doch der Seinen? Doch deren Blut wir sind? Doch deren, die von Kindheit an uns Proben ihrer Liebe gegeben? Die uns nie getäuscht, als wo getäuscht zu werden uns heilsamer war? Wie kann ich meinen Vätern weniger als du den Deinen glauben? Oder umgekehrt. – Kann ich von dir verlangen, daß du deine Vorfahren Lügen strafst, um meinen nicht zu widersprechen? Oder umgekehrt. Das Nämliche gilt von den Christen. Nicht?"

Und Sultan Saladin spricht daraufhin zu sich selbst: „Bei dem Lebendigen! Der Mann hat recht. Ich muß verstummen."

In der Schule steht Lessing nicht auf dem Lehrplan des Deutschunterrichts. Wir wären auch, mag man gedacht haben, zu jung für die Toleranzgedanken dieses Dichters. Josef Goebbels, der für uns ein Begriff ist, soll gesagt haben: „Wenn ich das Wort Toleranz höre, entsichere ich meinen Revolver." Oder war es ein anderer Obernazi, der das gesagt hat? Ist dieser Satz nur sinngemäß gemeint? Für uns Buben in der ersten und zweiten Klasse des Gymnasiums ist Toleranz ein Fremdwort in jeder Beziehung. Wir wissen nicht um seine Bedeutung. Die Frage bleibt: Warum weinen angesichts des Ariernachweises mit seinen schwarzen Punkten?

VII

Mischling zweiten Grades. Unter diesem Titel ist 1979 ein Buch erschienen, das eine 1958 in die USA übersiedelte, aus einer linkssozialistischen Familie stammende deutsche Autorin namens Ilse Koehn in englischer Sprache verfaßt hat und das, als halbdokumentarische Erinnerung mit dem Untertitel „Eine wahre Geschichte" versehen, Wahres mit augenscheinlich Halbwahrem vermengte. Wahr ist jedenfalls, was Frau Koehn – sie starb 1991 – über jene Gesetze schrieb, die auf einem Parteitag am 15. September 1935 von Hitler verkündet worden waren: die sogenannten „Nürnberger Gesetze", die im Lauf der Zeit dreizehn Zusatzverordnungen erhielten; die letzte am 1. Juli 1943. Ich lasse im Folgenden Ilse Koehn zu Wort kommen:

> „Diese Gesetze betrafen Millionen von Deutschen. Die grundlegende Definition, die festlegte, wer als Jude galt, wurde am 14. November 1935 veröffentlicht. In den späteren Verordnungen wurden die verschiedenen Kategorien der Mischlinge definiert, der Nachkommen von Deutschen und Juden. Die drei grundlegenden Bezeichnungen waren: (1) Jude, (2) Mischling ersten Grades, (3) Mischling zweiten Grades.
>
> Ein Jude war jeder mit drei reinrassigen jüdischen Großelternteilen oder eine Person, die der jüdischen Religionsgemeinschaft angehörte oder nach dem 15. September 1935, dem Tag, an dem das Gesetz in Kraft trat, dort eintrat. Ebenfalls als Jude klassifiziert wurden alle, die mit einem Juden verheiratet waren oder einen Juden nach dem 15. September 1935 heira-

> teten. Nachkommen aus solchen Ehen, einschließlich der unehelichen Nachkommen beider Personen, fielen ebenfalls in die Kategorie Jude.
> Ein Mischling ersten Grades war jeder, der zwei jüdische Großelternteile hatte, unter der Voraussetzung, daß diese Person nicht dem jüdischen Glauben angehörte oder mit einem Juden verheiratet war. Ein Mischling zweiten Grades war jeder, der ein jüdisches Großelternteil hatte, unter der Voraussetzung, daß diese Person nicht dem jüdischen Glauben angehörte oder mit einem Juden verheiratet war. Das Gesetz stellte als unwiderlegbare Tatsache fest, daß ein Großelternteil Jude war, wenn er/sie von der Rasse her jüdisch war, auch wenn dieses Großelternteil nicht jüdischen Glaubens war und der jüdischen Religionsgemeinschaft nicht angehörte."

Wie mir meine Mutter erzählte, hatte sich ihr 1936 verstorbener Vater taufen lassen, als er meine Großmutter heiratete. Na und? Es änderte – siehe die Nürnberger Gesetze – nichts an der Tatsache der „rassischen" Zugehörigkeit. Kann sich jemand den Schock eines Buben ausmalen, der in der Rundfunkspielschar singen darf und plötzlich von seiner Abstammung erfährt? Der den Film „Der ewige Jude" (für Jugendliche zugelassen, und dies aus guten Gründen) sieht und der dann darüber belehrt wird, daß sein Großvater „einer von diesen" war, der, wäre er noch am Leben, den gelben Judenstern hätte tragen müssen?

Ich soll es niemandem sagen. Wem? Wer weiß es, wer weiß es nicht? Ich weiß, daß es meine Mittelschule weiß, das „Akademische Gymnasium" – jene Schule, die sich noch im Jahr 1938 rühmen konnte, die „Entjudung" der Schülerschaft abgeschlossen zu haben und „judenrein" zu sein.

Die Aufnahmsprüfung bestehe ich trotzdem recht gut. Als ich von diesem Examen heimkomme, hängt ein Plakat an der Wohnungstür: „Ein Hoch dem Primaner". Offenbar hat mein Vater, der Zeichner, schon angenommen, daß ich durchkommen werde. Das Plakat verdeckt eine Zeitlang eine brozene Plakette, die außen an der Tür befestigt ist: „NSV" steht darauf.

Nationalsozialistische Volkswohlfahrt. Die Sozialorganisation der Nationalsozialisten. Nichts Ideologisches, sondern eine Art Gewerkschaft. Das Schild an der Tür war so etwas wie ein Schutzschild für die Familie Chorherr: Seht, wir sind ohnehin brav! Die NSV war die harmloseste der NS-Organisationen. Man konnte ihr offenbar beitreten, ohne vorher den Beweis erbringen zu müssen, daß man rein deutschblütig sei.

Gymnasium 1942. Ich weiß heute nicht mehr, was wir in Geschichte durchgenommen haben, außer daß natürlich die Germanen eine große Rolle spielten. Ich kann mich deutlicher an die Luftschutzübungen erinnern und auch daran, daß jeder Schüler ein kleines Paket mit dauerhaften Nahrungsmitteln in den Keller mitnehmen mußte – Survival Kit würde man heute sagen. Im Turnen werden wir, etwas Außergewöhnliches in einer Bubenschule, von einer jungen Frau unterrichtet. Sie hat langes blondes Haar, und wir bewundern sie – vor allem dann, wenn wir zum Schwimmen im Dianabad aufmarschieren.

Wie oft gibt es in dieser Zeit Appelle im Schulhof? Wie oft müssen wir aus welchem Grund auch immer antreten, um mit erhobenem Arm das Deutschland- und das Horst-Wessel-Lied zu singen? Man wird immer müde vom langen Halten des erhobenen Armes. Aber das dürfte auch als Training gemeint sein.

Der Klassenvorstand heißt Richter, nomen est omen. Natürlich trägt auch er das Parteiabzeichen. Der Fairneß halber muß gesagt werden, daß er volle zwei Jahre lang, bis die Schule temporär aufgelöst wurde, mich sein Wissen um meine Abstammung nie hat spüren lassen. Mit Ausnahme eines einzigen Mals. Ich muß ihn als Schwätzer bis aufs Blut geärgert haben, laut ermahnt er mich und setzt dann leiser hinzu: „Sonst müßte ich etwas sagen." Etwas? Was denn? Ich weiß, was er meint. Aber er sagt es nicht. Professor Richter hat sich im übrigen bei Kriegsende umgebracht. Mir gegenüber hat er sich nichts zuschulden kommen lassen.

Habe ich mich in diesen Jahren irgendwie belastet gefühlt? Jedenfalls nicht, bis ich erfuhr, daß ich ein „Judenstämmling" sei. Und auch nachher habe ich mich verhältnismäßig schnell an den Gedanken gewöhnt, weil ich, wie ich mich entsinne, darunter anscheinend nicht gelitten habe. Die Kindheit, die erste Jugendzeit ließen vergessen, was meine Eltern bedrückte.

Und ich wehrte mich nicht gegen die Indoktrinierung, weil ich nicht wußte, daß wir indoktriniert wurden. Das Schlagwort auch für die Kinder war „Endsieg". Wir sammelten die Fotos von deutschen Fliegerhelden – Werner Mölders, Adolf Galland, Hans-Joachim Marseille und Konsorten. Wir klebten sie in „Kriegstagebücher"; als Mölders, zuletzt Inspekteur der Jagdflieger, im November 1941 bei Breslau tödlich abstürzte, umrandete ich sein Bild mit einem schwarzen Rahmen und malte ein großes Kreuz daneben. Heute frage ich mich, ob dieser Absturz nicht ähnliche Gründe hatte wie der Tod Ernst Udets, des Generalluftzeugmeisters der deutschen Luftwaffe. Er endete gleichfalls 1941 – durch Absturz, der in Wirklichkeit ein Selbstmord war. Carl Zuckmayer hat ihn in seinem Stück „Des Teufels General" verewigt.

Idol Nummer Eins aber war Major Walter Novotny, der 1920 in Gmünd geborene Österreicher, der als einziger Fliegeroffizier der deutschen Luftwaffe 250 Luftsiege errungen hatte und Träger der höchsten deutschen Auszeichnung, des Goldenen Eichenlaubs mit Schwertern und Brillanten zum Ritterkreuz, war. Als er am 8. November 1944 abgeschossen wurde, trauerten wir Buben. Nicht um einen Nationalsozialisten (war er einer?), sondern um das, was wir uns unter einem Helden vorstellten. Walter Novotny liegt übrigens in einem Ehrengrab des Wiener Zentralfriedhofs, auch heute noch, und die frischen Blumen, die es immer wieder schmücken, stammen nicht von Neonazis. Ein alter Freund hat mir jüngst erzählt, daß in einem Führer durch die Ehrengräberreihen das Novotny-Grab nicht vorkommt. Er hat sich darüber sehr gewundert.

Es gibt Idole für die Kinder in diesen Kriegsjahren. Jugend braucht Idole, heißt es immer wieder. War der junge Major Nowotny so etwas wie der „Herminator" Hermann Maier heute? Es wird uns 1943 und 1944 nicht bewußt, daß auch die Luftwaffe im Grunde für das Überleben des Nationalsozialismus kämpft; das ist uns egal. Für uns sind die deutschen Fliegerasse Einzelkämpfer, so wie sie, wie wir immer wieder hören, solche Einzelkämpfer auch im Ersten Weltkrieg gewesen waren – Manfred von Richthofen war da nur ein Beispiel, und siehe, sogar Hermann Göring ist einer von ihnen gewesen und hat dafür sogar den Orden „Pour le Mérite" bekommen. Für uns sind die Fliegerhelden Ritter, die im ritterlichen Kampf, gleichsam Mann gegen Mann, ME 109 gegen Spitfire, durch den Himmel kurven. Es kommt uns dies vor wie ein Turnier, oder auch wie ein Kampf in längst vergangenen Zeiten. Vor angetretenen Heerscharen kämpfen zwei einzelne, sie machen sich die Sache gleichsam untereinander aus.

Nicht nur die Flieger sind es, auch die U-Boot-Fahrer. Kapitänleutnant Günter Prien zum Beispiel, der am Ankerplatz der britischen Kriegsflotte in Scapa Flow, zu dem er sich unter Wasser „geschlichen" hatte, eines der größten Schlachtschiffe der Engländer, die „Royal Oak", versenken konnte. Es ist die Faszination des Abenteuers weit mehr als jene der Ideologie, die mich begeistert – M2 hin oder her.

Hat irgend jemand von uns mit dieser Ideologie des Nationalsozialismus überhaupt etwas „am Hut"? Es sind sonderbare Jahre, die vom Kriegserleben markiert sind. Natürlich hoffen wir Buben, daß der Krieg bald enden werde – daß es so etwas wie Frieden gibt, wissen wir ja kaum mehr. Natürlich glauben wir auch ganz fest daran, daß er mit einem deutschen Sieg enden werde. Alle glauben es – aber etwas zu glauben heißt nicht unbedingt, darauf zu hoffen. Räder, so schreit es von großen Plakaten, müssen rollen für den Sieg. Sieg, immer wieder Sieg, Endsieg, immer wieder Endsieg. Was dann kommt, kommen soll, wissen wir nicht, es übersteigt auch unsere Vorstellungskraft. Vielleicht können wir wieder Bananen und Schokolade essen, wenn der Krieg aus ist. Für uns ist der Endsieg dementsprechend etwas Banales. Zudem sieht man in der Wochenschau immer nur tote Feinde und keine toten deutschen Soldaten – die zu zeigen, hat Goebbels streng verboten.

Trotzdem fasziniert uns das Wort „Sieg". Wer siegt, hat gewonnen. Und wer will nicht gewinnen – auch beim Spielen? Das hat, wie gesagt, nichts mit Ideologie zu tun. Wir wollen nicht, daß die Ideologie gewinnt, sondern Deutschland. Wer anderes behauptet, sagt die Unwahrheit.

Ich bin zu jung dafür, zu klein, um erstens zu wissen, was Ideologie überhaupt ist, und um zweitens mich von ihr und einer allfälligen Begeisterung für sie und um sie hinwegtragen zu lassen. Da lasse ich mich viel eher unbewußt von der Massenhysterie mitreißen – ich, der Bub, der tagtäglich auf das blickt, was man mit einer überaus trivialen Metapher das Ziffernblatt der Weltgeschichte-Uhr nennen könnte.

Irgendwann einmal ist – ich weiß nicht mehr, wann es war, ich weiß nur den Ort des Ereignisses – Adolf Hitler über die Ringstraße zum Schwarzenbergplatz und dann weiter durch die Prinz-Eugen-Straße, wahrscheinlich ins Belvedere, gefahren. Ich stehe inmitten einer „Heil" rufenden Menschenmenge an jener Ecke des Schwarzenbergplatzes, wo die Autokolonne des Führers vom Ring her einbiegt. Bin ich hingeführt worden? War es ein „Schulausflug"? Die Volksschule Hegelgasse ist ja kaum hundert Meter entfernt. Die Menschen drängen sich im Spalier. Hat Hitler im Hotel Imperial Quartier genommen? Ich weiß es nicht mehr. Ich weiß nur, daß ich – ich muß damals acht oder neun Jahre alt gewesen sein – in der ersten Reihe stehe, umdrängt von Erwachsenen, die von Polizisten, sie tragen die längst gewohnten „reichsdeutschen" hohen Helme, mühsam zurückgehalten werden. Die Heil-Rufe werden lauter, die Begeisterung droht in Hysterie und diese in Besinnungslosigkeit umzuschlagen. Irgendwie gleicht die Szene dem Einzug des Führers in Wien, den ich auf dem Ringstraßenbalkon des jüdischen Zahnarztes miterlebt habe, nicht wissend, was bevorstehe.

Dann tritt plötzlich etwas ein, das möglicherweise als psychologisches Phänomen erklärt werden kann. Als Auswuchs einer Massenhysterie, die wie eine Flut alles und alle mitreißt. Man kann sich nicht wehren, man ist willenlos. Man ahmt nicht nach, sondern wird von irgendwelchen inneren (soll ich sagen: dunklen?) Kräften und Gewalten getrieben. Niemand kann sich dem entziehen, auch nicht die Kinder.

Ich stehe in der Lederhose da und habe einen kleinen Steirerhut auf dem Kopf. Einen, wie ihn die Buben tragen, wenn sie vom Land in die Stadt kommen. Die Heil-Rufe werden zum Orkan, ein Wald von ausgestreckten Armen umgibt mich – und da reiße ich unwillkürlich das

Hütel vom Kopf, schwenke es, brülle mit: „Heil, Heil, Heil!“ Was ist das, was war das? So etwas wie Gruppendynamik? Oder hat der Mann in der braunen Uniform mit der Schirmkappe, der da – ich habe es, wie gesagt, schon einmal gesehen – aufrecht im offenen Mercedes steht, mit erhobener Hand, aber nicht mit ausgestrecktem, sondern mit abgewinkeltem Arm, hat also der Mann doch das, was man Charisma der Dämonie nennen könnte? Noch einmal: Die Ideologie ist mir wurscht. Es ist die Gruppendynamik, die wirkt.

Im Jahr 1987 erschien ein Buch, dessen Herausgeber ich war und das den Titel „1938 – Anatomie eines Jahres“ trug. Unter anderen Zeitzeugen hatte ich damals auch einen Beitrag von Hans Dichand, dem Chef der „Kronen Zeitung“, erbeten. Er schrieb über den Anschluß, wie er sich in Graz abgespielt hatte, und ließ erkennen, wie sehr auch er der Magie dieses Führers zu erliegen schien:

> „Am 3. April ist Hitler in Graz. Auch ich will ihn sehen und stehe über vier Stunden lang im Landhaushof, bis er nach einer Triumphfahrt eintrifft: das dumpfe Brausen der Heil-Rufe kündigt sich schon von weitem an, verstärkt sich, je näher er kommt, orkanartig. Als er den altehrwürdigen Hof betritt, herrscht totale Stille – nur seine Schritte hallen auf den steinernen Platten. Er ist schlanker, als ich ihn mir vorgestellt habe. Seine marmorne Blässe fällt mir auf und sein scharfer Blick. Ein unheimlicher Ernst umgibt diesen Mann, der sich ganz offensichtlich dazu auserwählt fühlt, in die Geschichte einzutreten. Wie ein Magier wirkt er – vielleicht hätte man im gottnahen Mittelalter das Dämonische an ihm früher erkannt ...“

Hans Dichand war siebzehn, als ihn Hitler beeindruckte. Ich war acht. Hat er auch mich beeindruckt? Es war, glaube ich, in meinem Fall nur das Mitgerissenwerden, dieses Schwimmen im Mainstream, in den ich kopfüber hineingeworfen wurde, das Ursache meiner Heil-Rufe gewesen ist. Muß ich mich deshalb schuldig fühlen?

Zugleich gibt es indes auch junge Menschen, samt und sonders älter als ich, die mit ihrem Gewissen nicht vereinbaren können, was sich rund um sie tut. Ich weiß nichts von ihnen, höre nichts von ihnen, erfahre nicht, was sie unternehmen – und vor allem nicht, wie sie enden. Auf dem Schafott. Auch die Eltern wissen nichts davon. München ist weit, und die Blutflecken der „Weißen Rose" kommen uns nicht zur Kenntnis. Erst nach Kriegsende wird uns dieser Studentenkreis um Hans und Sophie Scholl zum Begriff werden, erst später werden wir lesen, was diese bayerische Widerstandsgruppe auf einen ihrer Flugzettel schrieb, bevor sie verraten wurde:

> „Es gärt im deutschen Volk: wollen wir weiter einem Dilettanten das Schicksal unserer Armeen anvertrauen? Wollen wir den niederen Machtinstinkten einer Parteiclique den Rest der deutschen Jugend opfern? Nimmermehr! Der Tag der Abrechnung ist gekommen, der Abrechnung der deutschen Jugend mit der verabscheuungswürdigsten Tyrannis, die unser Volk je erduldet hat. Im Namen der deutschen Jugend fordern wir vom Staat Adolf Hitlers die persönliche Freiheit, das kostbarste Gut des Deutschen, zurück, um das er uns in der erbärmlichsten Weise betrogen. In einem Staat rücksichtsloser Knebelung jeder freien Meinungsäußerung sind wir aufgewachsen. HJ, SA, SS haben uns in den fruchtbarsten Bildungsjahren unseres Lebens zu uniformieren, zu revolutionieren, zu narkotisieren versucht. ‚Weltanschauliche Schulung' hieß die verächtliche Methode, das aufkeimende Selbstdenken in einem Nebel leerer Phrasen zu ersticken."

Idol, Ideologie, Ideal. Drei Begriffe, die vom gleichen Wortstamm herzurühren scheinen und doch so verschieden sind wie kaum etwas. Die „Weiße Rose“ ist gebrochen worden, im buchstäblichen und im übertragenen Sinn. Während in München die Gestapo wütet, höre ich in Wien immer wieder vom Endsieg, der angeblich bevorsteht. Führer befiehl, wir folgen dir. Im Kino der „Sieg im Westen“, „Jud Süß“, nicht jugendfrei, ein Film, den auch Buben gesehen haben – oder haben sie sich hineingeschwindelt? – „Der große König“, natürlich jugendfrei, als „Film der Nation“ angepriesen, mit Otto Gebühr als Friedrich dem Großen. Natürlich haben die Preußen am Ende gesiegt. In einer Szene wankt der Leibdiener Friedrichs, dem der König seine Schokolade abgetreten hat, röchelnd über eine Stiege. „Gift vom Haus Österreich“, sagt der Monarch. Er hat – auch im Film – gelegentlich eine Schlacht verloren; besonders jene von Kunersdorf ist recht eindrucksvoll geschildert worden. Die österreichische Artillerie schießt, und der Kirchturm liegt in tausend Trümmern. Trotzdem haben wir nach dem Film einander gefragt: „Zu wem hast du gehalten?“ Die Antwort war klar: „Zu den Österreichern!“

Warum kann ich mich an die Ufa-Nazifilme besser erinnern als an die meisten Streifen der Wien-Film, die ich damals sah? Weil diese unterhaltend, jene aber ideologisierend waren? Hans Moser, Wolf Albach-Retty und Theo Lingen gegen Mathias Wiemann („Kadetten“), Willy Birgel („Reitet für Deutschland“) und Will Quadflieg („GPU“). Zum Glück gab es auch noch andere „reichsdeutsche“ Filme, die wir mit Vergnügen sahen: „Quax, der Bruchpilot“ etwa mit dem Publikumsliebling Heinz Rühmann – oder „Die Feuerzangenbowle“, die vor allem uns Gymnasiasten begeisterte.

Ich bin schon damals oft ins Kino gegangen, am Sonntagvormittag durften wir unseren Vater in das erste

Wiener Wochenschau-Kino begleiten, das „Non Stop" auf der Mariahilfer Straße. Man spielte einen Kulturfilm, einen Trickfilm (meist mit dem erwähnten Popeye als Hauptfigur) und die „Deutsche Wochenschau". Um nicht allzu viel Ideologie auf uns niederprasseln zu lassen, wurden wir häufig auch in ein Etablissement namens „Weltpanorama" geführt, das am Stubenring angesiedelt war. Man saß, die Augen an zwei Okulare gepreßt, und betrachtete die dreidimensional erscheinenden Farbdias von fernen Ländern. Immer dann, wenn ein Klingelzeichen ertönte, wanderte das Bild zum nächsten Betrachter.

Theater in dieser Zeit. Zum ersten Mal darf ich mit meinen Eltern ins Burgtheater gehen. Man gibt Raimunds „Bauer als Millionär" mit Paul Hörbiger als Fortunatus Wurzel. Es ist Hörbigers erste Rolle in diesem „Deutschen Nationaltheater", wie es heißt, und darob herrscht bei den Bildungsbürgern – bitte kein Mißverständnis: ich lege den Akzent auf „Bildung" – blankes Entsetzen. Ein Filmkomiker im Burgtheater!

Die „Jugend" macht auf mich den tiefsten Eindruck, ich bin in sie verliebt, das „Brüderlein fein" gefällt mir am besten. Die Schauspielerin ist Martha Ros, verheiratet mit Fred Liewehr. Ich sehe ihn, plötzlich als Zehnjähriger zum Stammgast des Burgtheaters geworden, in „Wallenstein" wieder. Man führt alle drei Teile an einem Abend auf, und als am Schluß von „Wallensteins Lager" das bekannte „Aufs Pferd, Kameraden, auf's Pferd, auf's Pferd" gesungen wird, ganz ohne NS-Einsprengsel, weil es ohnehin heißt, daß „im Felde der Mann noch was wert" sei, summe ich mit.

Den Wallenstein hat damals Ewald Balser gegeben, Fred Liewehr, der junge, strahlende Held, war Max Piccolomini, Fred Hennings spielte dessen Vater. Gab es da eine von den Machthabern tolerierte Demonstration oder täuscht mich mein Gedächtnis? In der eigentlichen Verratsszene, in der Wallenstein, der kaiserliche Oberbefehlshaber, mit dem schwedischen Oberst Wrangel verhandelt, schildert der Friedländer das Konglomerat der kaiserlichen Armee: „Der Österreicher hat ein Vaterland und liebt's und hat auch Ursach', es zu lieben – doch dieses Heer, das kaiserlich sich nennt ..." Haben da nicht, wie ich mich zu erinnern glaube – und ich habe die Wallenstein-Trilogie mit aller Begeisterung eines Zehnjährigen gesehen –, die Leute zu applaudieren begonnen?

Während der „Wallenstein" demnach im Effekt durchaus nicht als nationales Drama aufgeführt wird, sprüht Max Mells „Der Nibelungen Not" vor germanischer Treue. Ich habe mir das Programm aufgehoben – wie alle Theaterzettel seither. Auf jenen der „Staatstheater" steht in Rotdruck, das Publikum werde aufgefordert, sich beim Eintritt „unserer verwundeten Frontsoldaten" in die Mittelloge von den Plätzen zu erheben. In dieser großen Loge: Uniformen, bandagierte Köpfe, Soldaten, denen ein Arm fehlt, andere, die ihren in der Schlinge tragen, Krücken, Prothesen, helfende Schwestern. Der Krieg, wie er uns Kindern erscheint. Vorerst jedenfalls. Der „Luftschutzkeller des Reichs" schützt noch.

Er schützt, scheint es, auch die Museen. Nicht nur das erwähnte heeresgeschichtliche. Ich liebe das Technische Museum, damals zwar verstaubt, aber für einen Buben ein herrliches Umfeld von Wissen – zumal in Begleitung des Vaters. Mit sechs oder sieben Jahren führt er mich das erste Mal dorthin. Zweimal zucke ich jeweils erschreckt zusammen, fürchte mich, muß beruhigt werden. Einmal, wenn eine große Bahnhofsuhr, ein Exponat in der Eisenbahnausstellung, zu schlagen anhebt. Das zweite Mal, wenn im Kohlenbergwerk, in das man hinuntersteigen kann, die Rüttelmaschine zu lärmen beginnt.

In der Tat: der „Luftschutzkeller des Reichs“ schützt, bildlich gesprochen, diesen Teil der Kinderzeit. Also: Hausmusik am Sonntag nach dem Mittagessen. Mein Vater spielt Geige, meine Tante Klavier, ich selbst versuche, auf der Violine mitzuhalten.

Das Geigenspielen lerne ich im zweiten Volksschuljahr. Was mir in Erinnerung geblieben ist, sind nicht nur die Schülerkonzerte, die meine Violinlehrerin veranstaltet. Den tiefsten Eindruck macht die der Stadt befohlene Verdunkelung: Ich stolpere mit dem Geigenkasten über einen Gehsteigrand und stürze. Später kann man dann sogenannte Leuchtknöpfe erwerben, die fluoriszieren, am Mantel befestigt werden und einen Zusammenstoß mit anderen Passanten verhindern sollen. Stürze über Gehsteigränder verhindern sie nicht.

Luftschutzkeller des Reichs. Kriegsweihnacht, eine nach der anderen. Ein Christbaum, darunter selbstgebastelte oder gebraucht gekaufte Geschenke. Ein Kriegsschiff aus Blech ist darunter – es zeigt eine gleichfalls blecherne britische Fahne. Wie, woher, von wem das Schiff unter den Christbaum gelangt ist, weiß ich nicht. Ich weiß nur, daß sich Tante Betty, die mit dem Parteiabzeichen, deswegen alteriert. Das sei doch, sagt sie, augenscheinlich ein feindliches Schiff und als Spielzeug nicht geeignet. Meinen kleinen Bruder und mich kümmert es nicht. Auch Tante Betty, die mit dem Parteiabzeichen, verzeiht schnell und liest aus einem alten Märchenbuch vor, das gleichfalls unter dem Christbaum lag.

Später fand ich da einen sogenannten Chemiekasten für den, wie auf der Schachtel stand, „kleinen Chemiker“. Da gab es Eprouvetten und einen Bunsenbrenner und Kolben und Gläser und was eben zu den Gerätschaften gehört, die ein „kleiner Chemiker“ brauchte, um seiner Leidenschaft zu frönen. In der Tat ist die

Chemie und alles drumherum zu einer Leidenschaft geworden, unterstützt noch durch die Bücher, die mir gekauft werden: Ich habe sie noch heute, „Chemie des Alltags“ heißt eines, von Hermann Römpp geschrieben, oder „Organische Chemie“ oder „Chemische Experimente, die gelingen“. Ich verschlang sie, und wenn ich gefragt wurde, was ich einmal werden wolle, sagte ich immer wieder sofort: „Chemiker!“

Meine Eltern wissen genau, warum sie mich zum Chemiker drillen wollen, und ihr Vorhaben fällt auf fruchtbaren Boden. Chemie ist eines der wenigen Universitätsstudien, die auch jüdischen Mischlingen zugänglich sind. Sie dürfen weder Medizin studieren noch „Jura“, wie die Rechtswissenschaften nun heißen, noch Sprachen, noch noch noch. Davon habe ich keine Ahnung, beschäftige mich mit meiner Chemikerausrüstung und freue mich, irgendwann einmal vielleicht bei „IG Farben“, diesen riesigen deutschen Chemiewerken, arbeiten zu dürfen.

Christbaum. Christkind. Wir kennen keinen Weihnachtsmann, auch wenn das Christliche nicht gern gesehen wird. Der Religionsunterricht wird als „Seelsorgstunde“ in der Margaretenpfarre abgehalten, am Nachmittag und natürlich freiwillig. Meine Eltern sehen dazu, daß ich pünktlich teilnehme.

Ein Kooperator – so nennt man in dieser Zeit die Kapläne – zeigt uns Lichtbilder, Geschichten aus der Bibel. Er weiß, wie er die Kinder bei der (religiösen) Stange hält. Wenn wir heimgehen, ist abendliche Dunkelheit. Alle Fenster haben schwarze Rollos, die zugezogen sind. Aber noch herrscht Ruhe im Luftschutzkeller des Reichs. Krieg? Ein Kellerabteil wird als Luftschutzraum eingerichtet, mit Bänken und elektrischem Licht. Ein Herr, der im dritten Stock wohnt, gibt sich als Luftschutzwart zu erkennen. Er soll, wenn Bomben fallen, für Ordnung im Keller sorgen. Wir scherzen, weil man für dieses „Amt“ einen dürren Alten ausgesucht hat. Warum ausgerechnet ihn? Soll ihm im Fall der Fälle wirklich jemand gehorchen?

Krieg. Im Hausflur steht ein schwarzer Kübel, in dem man Essensreste deponieren soll, Futter für die Schweine der Mastanstalt Hetzendorf. Der Kübelinhalt gärt und riecht unangenehm. Er wird nicht allzu oft abgeholt. Krieg. In einer Nebenkapelle der Kirche sehe ich zum ersten Mal eine Leiche. Ein alter Mann in Feuerwehruniform ist im offenen Sarg aufgebahrt. Ich fürchte mich überraschenderweise nicht; was mir auffällt, sind die langen Fingernägel und die Bartstoppeln im gelben Runzelgesicht. Der Mann ist friedlich gestorben.

Friedlich. Er ruht in Frieden. Frieden – was ist das? Ich kann den Unterschied zwischen Krieg und Frieden nicht mehr unterscheiden, weil ich mich nicht an das erinnern kann, was die Menschen Frieden nennen. Wenn sie vom Frieden sprechen, ist es so, als ob sie vom Paradies, vom Himmel erzählen. Zwar ist es nur kaum zwei Jahre her, aber schon höre ich immer: Friedensqualität. Seife etwa, oder Kaffee. Ein neues Wort läuft um: „Ersatz“. Viele Jahre später lerne ich, daß dieses Wort auch in die englische Sprache Eingang gefunden hat. Es gibt keinen „Ersatz“ dafür, es beschreibt etwas, das im Englischen offenbar nicht ausgedrückt werden kann.

Doch dann tritt dieser Krieg doch auch in das Leben des Kindes. Stalingrad. Immer wieder wird davon gesprochen, im Radio und dann, wenn Eltern und Verwandte beisammen sitzen. Ich weiß nichts von der Schlacht und dem Schlachten, vom furchtbaren Ende der Sechsten Armee. Ich merke erst, wie bedrückt meine Eltern sind, als mein Vater sagt, es seien viele tausend Soldaten gestorben. Und dann dürfen wir ausnahmsweise in dieser einen Nacht bei den Eltern schlafen.

Aber die Theater spielen weiter, in der Oper ist die Galerie mit den Stehplätzen so voll wie ehedem. Der Wiener Film blüht wie nie zuvor. Auf den Plakatwänden werden die Anschläge immer „politischer". Da geistert der „Kohlenklau" umher, ein schwarzer Mann, der sichtlich das Weite sucht, gekrümmt und mit einer Mütze, wie sie in den Märchenbüchern die Räuber tragen. Am Rücken trägt er einen großen Sack, bis obenhin mit Kohlen gefüllt. Man soll mit Brennmaterial sparen, ist die Aussage dieser Plakate.

Ein zweites ist mir im Gedächtnis geblieben: „Der größte Lump im ganzen Land ist der Gerüchtefabrikant". Es laufen viele Gerüchte umher, einige höre auch ich. Eines davon weiß zu berichten, daß Österreich – pardon: die Ostmark, die Alpen- und Donauaue – auf Dauer vom Bombenkrieg verschont bleiben würde im Unterschied zu den deutschen Städten, die 1943 bereits Feuerstürme haben ertragen müssen und Flächenbombardements. Erst viele Jahre nach Kriegsende ist von amerikanischer Seite zugegeben worden, daß bewußt auch Wohnviertel angegriffen worden seien, um die Moral der Bevölkerung zu zermürben.

Davon konnte in der „Ostmark" vorerst keine Rede sein. Wir waren ja anders, keine Deutschen, gewaltsam besetzt, das Land von Mozart, Beethoven, Haydn, Schubert.

Und dann kam der 13. August 1943.

VIII

Über Loipersbach, über dem Burgenland, über Ostösterreich spannt sich ein strahlendblauer Himmel, von wenigen Sommerwolken kaum getrübt. Ist es die Erinnerung an die Sommer der Kindheit, die nur schönes Wetter zuläßt und verdrängt, daß es auch Regentage gibt? Im erwähnten Loipersbach, unmittelbar an der ungarischen Grenze, die hier durch einen Bach gebildet wird, gibt es Gänse, Enten, Kühe, Schweine, ein kleines Freibad – Herz, was begehrst du mehr für einen Ferienaufenthalt!

Und dann, wie gesagt, der 13. August 1943. Ein dumpfes Brummen am Himmel. Ich habe ein solches noch nie gehört. Es kann nicht ein einzelnes Flugzeug sein. Dann sehe ich, woher das Brummen kommt: Kondensstreifen, eine riesige Zahl, die sich bündelweise in jene Richtung bewegen, in der, wie ich weiß, Wiener Neustadt liegt. Kondensstreifen? Ich erkenne nur weiße Linien am blauen Himmel, weiß nicht, was Kondensstreifen sind. Ich sehe nur, daß an der Spitze jedes dieser weißen Streifen ein silberner Punkt erkennbar ist. Es sind viele Streifen. Es sind viele Punkte.

13. August 1943. „Von diesem Tag an wurde auch Österreich Zielgebiet für Bombenabwürfe und hatten alle Spekulationen ein Ende, die davon ausgegangen waren, der Ostmark würde – weil sie anders sei als das sogenannte Altreich, das mit dem nationalsozialistischen Deutschland gleichgesetzt wurde – eine andere, das heißt eine bessere Behandlung zuteil werden.“

Manfried Rauchensteiner, heute Direktor des Wiener Heeresgeschichtlichen Museums und ein Militärwissenschaftler von europäischem Rang, hat sich vor Jahren in einer Monographie mit dem ersten Luftangriff auf österreichisches Gebiet befaßt. Seine Ausführungen sind wert, auszugsweise wiedergegeben zu werden. Über die zerplatzten Träume der Österreicher schreibt er:

> „Diese Spekulation war auf denkbar schwachen Beinen gestanden, denn nur, weil ein Land nicht gewachsener Bestand des Deutschen Reiches war, gab es doch keinen Grund, daß sich der Krieg nicht auch gegen dieses Land wenden würde. Wenn man bedachte, daß amerikanische und britische Bomber Ziele in Frankreich, Holland, Belgien oder Griechenland angriffen, die auch alles andere als gewachsene Bestandteile des Deutschen Reiches waren, dann mußte sich jede derartige Spekulation als Wunschdenken entpuppen. Andererseits war es jedoch verständlich, daß man sich so lange an Hoffnungen klammerte, solange es noch eine Hoffnung zu nähren gab. Am 13. August 1943 stellte sich heraus, daß diese Hoffnung zunichte war. Wie so viele ihresgleichen war auch sie von der Wirklichkeit zerstört worden."

13. August. Wieder die Iden, die sich in die Geschichte dieses Landes mehrmals eingegraben haben? Doch weiter Rauchensteiner, der über die „schicksalhafte Verschlechterung Österreichs mit der Zahl 13 in der nationalsozialistischen Zeit" nachgrübelt:

> „Am 13. März 1938 war der Anschluß Österreichs an das Deutsche Reich vollzogen worden. Nun begannen die Alliierten ihren Luftkrieg zufällig an einem 13. (noch dazu war es ein Freitag). Und hätte man prophetische Gabe besessen, dann wäre vielleicht schon erkennbar gewesen, daß die Schlacht um Wien an einem weiteren

Freitag, dem 13. (April 1945) zu Ende gehen würde. – Vorderhand wog jedoch nur die nüchterne Realität, und diese ließ konstatieren: Es war soweit."

Soweit. Das heißt, daß auch der Süden und Südosten in der Reichweite alliierter – sprich: amerikanischer – Bomberverbände lag, und zwar von dem Zeitpunkt an, da die Alliierten in Nordafrika ein neues Bomberkommando aufstellten. Es hatte anfangs das Ziel, Sizilien zu erobern und Ploesti, Hauptlieferant des von den Deutschen benötigten Erdöls, zu vernichten. Dann aber begann man, wie Rauchensteiner schreibt, das Moment der strategischen Überraschung zu kalkulieren; es war „der Augenblick gekommen, in dem Wiener Neustadt in das Blickfeld rückte. Es war, wenn man sich die amerikanische Prioritätenliste ansah, ein logisches Ziel, denn was entsprach ... besser als ein Angriff gegen das – wie es die deutsche Propaganda, ein Wort Hermann Görings verwendend, selbst nannte –, größte Jägerwerk des Deutschen Reiches'".

Das haben wir damals nicht gewußt. Diesen Ruf Wiener Neustadts kennt auch die Bevölkerung nicht. Man weiß nur, daß es in Wiener Neustadt große Flugzeugwerke gibt. Aber daß deren Tagesproduktion an Jagdflugzeugen, vor allem der bei den Alliierten berüchtigten ME 109, so groß ist wie nirgendwo anders in Deutschland – das weiß niemand. Im Juli 1943 hat die Monatsproduktion an Jagdflugzeugen erstmals die Zahl 1000 überschritten. „280 davon waren in Wiener Neustadt erzeugt worden; und auch wenn man die in der Zahl 1000 enthaltenen reparierten Flugzeuge abzieht, war das eine respektable Größe. Rund ein Viertel der Produktion kam aus den Werken Wiener Neustadts, der ‚Allzeit Getreuen'".

Es ist gerade heute bemerkenswert, was Manfried Rauchensteiner damals geschrieben hat:

> „Seit Ende Juli 1943 stand jenes Dokument in Beratung amerikanischer und vor allem britischer Nachkriegsplaner und Politiker, das dann als ‚Moskauer Deklaration' einige Berühmtheit erlangte und gleichsam zur Legitimation der zweiten österreichischen Republik wurde. In dieser im Londoner Foreign Office entworfenen Deklaration wurde Österreich darauf aufmerksam gemacht, daß es Schuld auf sich geladen hätte und es eine Verantwortung zu tragen habe, der es nicht entrinnen könne. Der Entschluß der Vereinigten Stabschefs der USA und Großbritanniens, den ersten Luftangriff zur Eröffnung der zweiten Luftfront gegen ein Ziel in Österreich zu führen, entbehrte also auch im Politischen keineswegs einiger Konsequenz. Bis zu der ebenfalls 1943 von den Alliierten geforderten bedingungslosen Kapitulation hatte Österreich sämtliche Folgen aus seiner Verbindung mit dem Deutschen Reich zu tragen. Am 13. August 1943, zum einem Zeitpunkt, als die Moskauer Deklaration ihren Adressaten natürlich noch unbekannt war, ja unbekannt sein mußte, bekam das Wort von der Verantwortung, der Österreich nicht entrinnen konnte, die entsprechende Bedeutung."

Rauchensteiner schrieb das zu einem Zeitpunkt, da die Täter-Opfer-Debatte noch längst nicht ausgebrochen war. Auch viele Österreicher – Pardon: viele Ostmärker – waren sich, wie man bekennen muß, zu diesem Zeitpunkt (obwohl die Wende des Zweiten Weltkriegs in Europa, die verlorene Schlacht um Stalingrad, bereits eingetreten war) über ihre Rolle nicht im klaren. Sie waren, siehe oben, nur überzeugt, daß sie etwas Besonderes seien. Nämlich Österreicher, nicht Deutsche. Die alliierten Bomberverbände waren anderer Meinung.

Und offenbar war auch der Wiener Neustädter „Volksruf", die Lokalzeitung, nicht davon überzeugt.

Das Blatt mahnte schon am 7. August 1943 zur Vorsicht: „Es kann schon die nächste Nacht sein, die Wiener Neustadt in die vorderste Front des Bombenkrieges rückt." Und am Schluß dieses Artikels hieß es: „Machen wir Schluß mit der Selbstbeschwichtigung, daß aus irgendwelchen Gründen gerade unsere Stadt als Angriffsziel nicht in Frage komme, daß häufiger Nebel unsere Stadt der Fliegersicht entzöge, daß unsere Stadt doch nicht mehr im Bereich der feindlichen Bombenflugzeuge läge – die Quittung für solche Torheiten kann unter Umständen in Feuer und Tod bestehen."

Die Mahnung nützte nichts, auch die Wiener Neustädter zogen sich in ihre Überzeugung zurück, daß – Kriegsschuld hin oder her – Österreich von den Feuerstürmen in den deutschen Städten ausgenommen sei. Selbst dann, als einige zu ahnen begannen, daß in ihrer Stadt – in den sogenannten „Rax-Werken" – auch Vorbereitungen für die Produktion der deutschen Raketenwaffe V2 getroffen wurden, fühlte man sich sicher.

Ich, der Zehnjährige, habe von allem dem keine Ahnung. Auch die Bauern von Loipersbach, auch meine Eltern wissen nichts – sonst hätte man uns, die Kinder, nicht in einem Ferienort untergebracht, der kaum 30 Kilometer von Wiener Neustadt entfernt ist. Aber der „Feind" weiß es. Hermann Göring hatte für den 5. Juni 1943 eine Industrietagung nach Wiener Neustadt einberufen, bei der Probleme der Massenfertigung und der Produktionssteigerung studiert werden sollten. Auch Vertreter der Auslandspresse waren geladen. Rauchensteiner: „Dadurch erhielt das Werk eine denkbar unangebrachte Publizität, die die Aufmerksamkeit der Alliierten zwangsläufig auf sich ziehen mußte."

Die Folge: die Planung eines vernichtenden Angriffs auf Wiener Neustadt, gleichzeitig mit Angriffen auf Ploesti und Regensburg. Der Codename des Unternehmens ist bezeichnend und entbehrt nicht einer makabren Note: „Juggler“. Das heißt „Gaukler“. Ist die Hoffnung der Österreicher damit gemeint? Die Annahme, der „Luftschutzkeller des Reichs“ werde nicht geknackt werden können?

Wieder Rauchensteiner:

> „Spätestens zu diesem Zeitpunkt mußte es sich weisen, ob irgendjemand unter den britischen oder amerikanischen Politikern Überlegungen anzustellen bereit war, ob der Luftkrieg gegen Österreich in einer gegenüber dem ‚Altreich‘ modifizierten Form stattfinden sollte oder nicht. Es kann jedoch als erwiesen gelten, daß ein solcher Gedanke nie aufgetaucht ist. Die Gaue der ‚Ostmark‘ wurden so selbstverständlich als Teile des Deutschen Reiches angesehen, daß es keinerlei Debatte darüber gab, ob und wie der Luftkrieg zu führen war. Die Vorgangsweise wurde ausschließlich von militärischen Erwägungen bestimmt. ... Der Angriff auf Wiener Neustadt war in amerikanischen und britischen Augen dem auf jede beliebige deutsche Stadt gleichzusetzen, und es wurde lediglich getrachtet, den Angriff so folgenschwer wie nur möglich ausfallen zu lassen.“

Vorgriff auf das Jahr 1945, auf den schwersten Angriff auf die Wiener Innenstadt, den ich in einem Keller im ersten Bezirk erlebt habe: Auch die Staatsoper wurde damals vernichtend getroffen. Die Wiener hatten sich zumindest in Spuren den Glauben behalten, wenigstens die Kulturdenkmäler würden von dem ausgenommen sein, was im Grunde nichts anderes als ein „Terrorangriff“ war, einer zur Zermürbung der Zivilbevölkerung. Der amerikanische Bomberpilot, erzählte man sich nachher allen Ernstes, habe Selbstmord begangen, als er erfuhr, daß er die berühmte Wiener Oper zerstört habe. Das Gerücht sagte mehr über die Geisteshaltung der Wiener aus als vieles andere in der Kulturgeschichte dieser Stadt.

Aber es ist noch lange nicht soweit. Der Angriff auf Wiener Neustadt bleibt vorerst ein Einzelfall. Er kommt überraschend. Ich weiß nicht, daß die silbernen Flugzeuge mit ihren Kondensstreifen die so nahe Stadt zum Ziel haben. Ich kann mir nicht vorstellen (und das im buchstäblichen Sinn), warum in der Ferne, die gar nicht so fern ist, plötzlich dumpfe Explosionen zu hören sind, weiß auch nicht, warum plötzlich riesige Rauchwolken über den Horizont steigen. Die Dorfbewohner treten vor die Häuser, auch sie wissen nichts. Ebenso wie sie habe auch ich noch keinen Luftangriff mitgemacht. Einer der Alten, der „Ahnln“, die im Ersten Weltkrieg gedient haben, sagt: „Wia im Kriag!“ Er weiß, wovon er redet.

Aber er weiß nicht, welche Schwierigkeiten die von Nordafrika aufgestiegenen Bomber während des langen Anflugs haben. Ausgebrannte Batterien, Treibstoffmangel und ähnliche Probleme führen dazu, daß bei manchen Bombergruppen ein Drittel der Flugzeuge umkehren muß. Interessant ist die Zusammensetzung der Besatzungen. Sie dürften

> „wie ja auch bei den anderen Luftflotten aus dem städtischen Bereich der USA gekommen sein, vor allem aus jenem der Ostküste. Viele Namen wie Valcik, Strnad, Bechek, Geron, Curelli, Papadopulos, Kobler, Fausto und andere deuten daraufhin, daß es sich um Männer handelte, deren Familien erst eine oder ganz wenige Generationen zuvor nach den Vereinigten Staaten ausgewandert waren. Sowohl die Männer, die schon längere Zeit im Nahen Osten und in Nordafrika eingesetzt waren, ... als auch die, die

erst zwei Monate in Libyen waren, litten unter Hitze und Durst, hatten Gewicht verloren und wollten ‚die Sache einfach hinter sich bringen'".

Für mich ist dieser Anflug der Bomberpulks, sind die Einschläge, die Rauchwolken etwas ganz Neues. Ich weiß nicht, daß damals zwischen Fliegeralarm und Bombenexplosionen nur wenige Minuten lagen. Ich weiß nicht, wie viele Tote es gegeben hat. Der Wehrmachtbericht, täglich im Radio verlesen, sagt: „Feindliche Fliegerkräfte unternahmen gestern einen Tagesangriff auf das südöstliche Reichsgebiet. Durch den Abwurf von Spreng- und Brandbomben entstanden in einem Ort Personenverluste und Gebäudeschäden." In einem Ort. In welchem Ort? Und: Personenverluste. Keiner weiß zu diesem Zeitpunkt, wie viele Personen „verloren" wurden. Erst spätere Statistiken zeigen, daß es im Vergleich zu dem, was noch kommen sollte, wenige Tote zu beklagen gab. Die Zahlen sind verschieden, man kann aber annehmen, daß jene stimmt, die nachher Johann Ulrich in seiner Broschüre „Der Luftkrieg über Österreich 1939 bis 1945" angeführt hat. Demnach hat es 185 Tote, 30 Vermißte, 150 Schwer- und 799 Leichtverletzte gegeben. „Infolge des zu diesem Zeitpunkt noch lückenhaften Luftbeobachtungs-, Warn- und Meldesystem im Süden kam der Angriff völlig überraschend. Die Luftwarnung wurde erst gegeben, als der Bomberverband bereits den Neusiedler See überflog. Luftabwehr war fast keine vorhanden", schreibt Johann Ulrich.

Die Opfer werden in einem gemeinsamen Grab nahe dem Heldenfriedhof beigesetzt. In der Liste der Toten, die „für Führer, Volk und Reich" gefallen sind, fehlen die Namen der ausländischen Arbeiter und der KZ-Häftlinge. Ein Ehrenzug der Wehrmacht gibt drei Salutschüsse ab.

„Auch das war eine Praxis, die dann abhanden kam, als sich die Angriffe wiederholten. Der Luftangriff auf Wiener Neustadt war eben etwas, das wegen seiner singulären Bedeutung auch entsprechende Reaktionen hervorrief. Noch zwei Wochen nach dem Angriff wurde im Wiener Neustädter ‚Volksruf' über den ‚Tag der Bewährung' geschrieben. Es konnte sich aber wohl niemand vorstellen, daß Wiener Neustadt einmal den traurigen Ruf für sich in Anspruch nehmen würde müssen, die am meisten zerstörte Stadt Österreichs und eine der im Zweiten Weltkrieg prozentuell am meisten zerstörten Städte der Welt zu sein."

Dennoch hofften die Leute damals, der Angriff vom 13. August 1943 werde der einzige bleiben. Rauchensteiner: „Erst nach den nächsten Angriffen im Oktober und November 1943 und mit der Ausweitung des Luftkriegs auf ganz Österreich wurde auch diese Hoffnung zunichte und machte der Illusionslosigkeit Platz. Nun konnte man nur noch trachten zu überleben."

Überleben wollen in der Tat alle. Kinder und Halbwüchsige, die Schülerinnen und Schüler werden nun auch aus Wien weggebracht, weil der „Luftschutzkeller des Reichs" nicht mehr hält, was man sich von ihm versprochen hat. „KLV" ist die Parole: Kinderlandverschickung. Meine Klasse im Akademischen Gymnasium wird aufgelöst, ein paar meiner Schulkameraden werden in die Slowakei transportiert, nach Schmecks – die Ortsbezeichnung hat bei den Zurückgebliebenen Heiterkeit zur Folge. Wir bleiben nicht lange zurück. Immer näher kommt auch nach Wien der Bombenkrieg. Er wird ärger, als die Amerikaner bei Foggia ihre Luftwaffenbasis errichten und von Mal zu Mal weiter ausbauen. Die 15. Bomberflotte ist dort stationiert – eine gewaltige Einheit, die später halb Wien zerbomben wird.

Vorerst werden andere Orte in Österreich zum Ziel genommen: Ölraffinerien, Eisenbahnknotenpunkte, Rüstungsbetriebe. Am 15. Dezember 1943 etwa wird Innsbruck bombardiert; auch im Stadtgebiet gibt es große Schäden, 281 Todesopfer sind zu beklagen, schreibt Johann Ulrich. Zu diesem Zeitpunkt haben mein Bruder und ich Wien bereits verlassen, obgleich es noch keine Bombenangriffe gegeben hat. Allerdings sind schon Vorbereitungen für den „Ernstfall" getroffen. In den Parks werden Splittergräben gezogen. Mein täglicher Schulweg hat mich durch den Resselpark geführt, der einen ganz großen dieser Gräben aufweist. Vorläufig kann ich mir noch nicht vorstellen, was die Splittergräben schützen sollen und wovor. Bombensplitter? Vorerst fallen ja keine Bomben. Irgendwie geht es mir wie meinem Vater, der, als er mit uns auf dem Balkon des Zahnarztes Reisberg den Einzug Hitlers sah, gesagt hat: „Es wird schon nicht so arg werden!"

Nicht so arg? Die Aufschriften an den Hausmauern bereiten freilich auf das Ärgste vor. In weißer Schablonenschrift und mit Richtungspfeilen steht da: „Ringstraße" oder „Heldenplatz" oder „Stadtpark" oder „Schmelz". Freie Plätze alles, auf die man sich flüchten kann, wenn es in Wien einen ähnlichen Feuersturm geben sollte wie in den deutschen Städten. In Hamburg, hieß es, viel später allerdings erst, weil die Berichte über die alliierten Flächenbombardements bewußt sehr ungenau gehalten wurden, habe der Feuersturm, einer im buchstäblichen Sinn, eine so ungeheure Sogwirkung verursacht, daß die Menschen in die Flammen hineingezogen wurden. Man hat daraus gelernt, die weißen Pfeile zeigen die Richtung zum nächstgelegenen rettenden Platz an. Die „Wiener Kronenzeitung" erläuterte:

> „An den Hausmauern unserer Stadt zeigen sich seit kurzem breite waagrechte Pfeile, deren Inschriften

meistens allen Wienern bekannte Parkanlagen, Plätze oder Straßen nennen. Die weißen Pfeile markieren Straßenzüge, die in größere Flächen münden. Sollte eines Tages durch Luftangriff auch in unserer Stadt das Feuer allen menschlichen Anstrengungen zum Trotz sich ausbreiten, Rauch, Staub und Qualm uns in der Sicht hindern, so haben wir an den weißen Pfeilen stumme Begleiter, die uns aus engen Gassen dicht verbauter Gebiete hinausführen in Räume, wo sich auch stärkste Feuersbrünste nicht mehr lebensbedrohend auswirken können."

In Hollabrunn gibt es keine Rettungspfeile. Hollabrunn – das kann nach menschlichem Ermessen kein Bombenziel sein. Ich werde nach Hollabrunn „verlagert", weil meine Eltern dort Freunde haben; mein Bruder wird in das uns altbekannte burgenländische Loipersbach geschickt. Wir sollen überleben, wenn auch getrennt.

Warum bin ich mir eigentlich auch zu diesem Zeitpunkt noch immer nicht klar, in welcher Gefahr meine Heimatstadt schwebt? Die Bombenangriffe sind vorerst leicht, in Hollabrunn merkt man nichts davon. Ich besuche das dortige Gymnasium, das neben einer Polizeischule liegt. Einquartiert bin ich bei einem pensionierten Oberlehrer; der einzige Schmerz, den ich ertragen muß, ist das permanente Heimweh. Ich versuche es zu beheben, indem ich nicht nur einen sehnsüchtigen Brief nach dem anderen nach Hause schreibe, sondern auch vom Geschäft der erwähnten Freunde meiner Eltern aus nach daheim telefoniere.

Das war freilich leichter gesagt als getan. Man mußte (auf dem Land, und Hollabrunn gehörte damals dazu, gab es natürlich keine automatisierten Ferngespräche) zuerst einmal an einer Kurbel drehen und dann beim „Fräulein vom Amt" das Gespräch nach Wien anmelden.

Ich tue es oft und gebe fast mein ganzes Taschengeld dafür aus – meine Eltern haben mich ja darauf aufmerksam gemacht, daß ich nicht dauernd auf fremde Rechnung telefonieren könne.

Der Kontakt mit zu Hause ist indes einen hohen Einsatz wert. Wie hoch, kann ich bald herausfinden. Ich stehe auf einem Erdäpfelacker und helfe der Frau des Oberlehrers bei der Ernte. Ein Motorengeräusch läßt mich aufhorchen. Nein, es ist nicht das dumpfe Geräusch eines Verbandes – es ist eine einzelne Maschine, eine deutsche, eine Me 109, wie ich bald sehe; auch ich kenne, so wie die anderen Buben auch, die einzelnen Flugzeugtypen der deutschen Luftwaffe.

Die Messerschmitt, das berühmteste und für die Gegner auch gefährlichste Jagdflugzeug, das ja vor allem auch in Wiener Neustadt hergestellt worden ist – die Me also kreist über dem Ort, setzt zum Tiefflug an und kreist dann weiter, kaum mehr als hundert Meter über dem Boden. Dann fliegt sie noch tiefer, streift einen Telegraphendraht, überschlägt sich – aus! Keine Explosion, keine Flammen, kein Rauch, nur ein Gewirr von Tragflächenresten, Kanzelglas, Sperrholz – oder was ich dafür halte. Und mitten in diesem Chaos ein Mensch. Irgend etwas klebrig anmutendes Weißes rinnt ihm über die Stirn. Daß es sein Gehirn ist, erfahre ich erst später. Die Menschen stürzen auf das Wrack zu, umringen es, einer schreit: „Er lebt ja noch." Aber er irrt.

Wie sich später herausstellt, hat der Jägerpilot, der von einem nahegelegenen Flugplatz aus offenbar einen Übungsflug zu absolvieren hatte, über dem Haus seiner Eltern kreisen wollen, um sie aus der Luft zu begrüßen. Er flog zu niedrig. Der Gruß an seine Eltern war der letzte. Noch verfolgt mich der Anblick des toten Piloten in meinen Träumen. Später werde ich Leichen sehen und mich nicht mehr fürchten.

Fürchte ich mich überhaupt? Vor den Bomben? Vor den Angriffen, die jetzt immer häufiger auch Wien heimsuchen? Vor der Zukunft? Sie heißt für mich: Chemie studieren, dann, wenn der Krieg aus sein wird. Ich ahne nicht, was das Hitlerregime im Sinne hat, falls dieser Krieg siegreich ausgeht: auch die Halbjuden und dann die Vierteljuden zu deportieren, um das deutsche Blut zur Gänze reinzuhalten.

Vorläufig habe ich nur Heimweh. Genauso geht es meinem Bruder in Loipersbach. Mag sein, daß dies einer der Gründe dafür ist, daß meine Eltern beschließen, uns anzukündigen, daß wir im Herbst, es ist jener des Jahres 1944, wieder nach Wien kommen werden. Sie haben aber noch einen zweiten, einen Hauptgrund, und halten ihn vor uns durchaus nicht geheim: Es soll, meinen sie, die Familie in dieser Endzeit des Dritten Reiches beisammen bleiben.

Endzeit. Im Sommer 1944 bin ich elf Jahre alt, mein Bruder ist acht. Im Sommer steht wieder, ein letztes Mal, Loipersbach auf dem Programm. Juli. Wieder ein herrlicher Sommer, heiß wie alle Sommer unserer Kindheit – oder jedenfalls so, wie wir sie in Erinnerung haben.

Es ist Donnerstag, der 20. Juli 1944, ein heißer Sommertag. Meine Mutter verhandelt mit einer Bäuerin über den Ankauf von einigen Eiern – „Ankauf" hieß damals Tausch. Aus den Beständen unserer Parfumerie sind Toiletteseifen („Friedensqualität" auch sie) vorhanden.

Ein Radioapparat – der Volksempfänger, wie er damals vor allem bei den Bauern in Betrieb steht – sendet Musik vom „Reichssender Wien". Sie wird plötzlich durch die Stimme eines Nachrichtensprechers unterbrochen. Auf den Führer habe es ein Attentat gegeben, meldet er und setzt hinzu: „Der Führer unverletzt."

Viele Jahre später habe ich im Fernsehen – es muß ein Jahrestag des Hitler-Attentats gewesen sein – eine fiktive

Art Halbdokumentation gesehen, die sich von den vielen in der Zwischenzeit gedrehten Filmen über Stauffenberg und die übrigen Verschwörer in zwei wesentlichen Punkten unterschied: Erstens, so zeigte diese verfilmte Fiktion, habe es im Juli 1944 bereits das „Großdeutsche Fernsehen" gegeben, und zweitens sei der „Führer" bei dem Attentat ums Leben gekommen, der Anschlag sei also geglückt. Die ganze Sendung spielte sich nach dem Rezept „Einheit der Zeit, des Orts und der Handlung" in einem Berliner Fernsehstudio ab, von Sendebeginn am Morgen bis Sendeschluß am Abend.

Das faszinierende an dieser Idee war, daß gezeigt wurde, wie die Nachrichten im Verlauf dieses Tages der deutschen Bevölkerung übermittelt wurden. Zuerst prangte über dem Tisch der Moderatorin, einem Mädchen in BDM-Uniform, der Reichsadler, dann unterbrach eine Störung das Bild, und nach einigen Minuten saß dieselbe Moderatorin weinend vor der Kamera, der Reichsadler war verschwunden und ein Wehrmachtoffizier hatte neben ihr Platz genommen, eine Pistole lag vor ihm. Das BDM-Mädchen berichtete schluchzend, daß der Führer einem Attentat zum Opfer gefallen sei. Wieder Störung, wieder Nachrichtensendung – diesmal ohne Moderatorin, nur mit dem Offizier.

Ich will nicht die ganze Sendung erzählen, die vor allem wegen des Schlusses eindrucksvoll war. Sieg der Demokratie, Sieg der Verschwörer, Sieg der Wehrmacht? Alles anders. Hitler, so endete die „Dokumentation", ist feierlich aufgebahrt, und sechs Feldmarschälle halten die Ehrenwache. Wäre es so gekommen?

„Der Führer unverletzt." Er spricht dann selbst im Radio, und obgleich es schon am späten Abend ist, höre auch ich aufmerksam zu, wie die bellende Stimme, die ich jetzt schon so oft gehört habe, vom mißglückten Attentat redet und von der rettenden Vorsehung:

„Deutsche Volksgenossen, wenn ich heute zu Ihnen spreche, dann geschieht es besonders aus zwei Gründen: erstens, damit Sie meine Stimme hören und wissen, daß ich selbst unverletzt und gesund bin, zweitens, damit Sie aber auch das Nähere erfahren über ein Verbrechen, das in der deutschen Geschichte seinesgleichen sucht. Eine ganz kleine Clique ehrgeiziger, gewissenloser und zugleich verbrecherischer, dummer Offiziere hat ein Komplott geschmiedet, um mich zu beseitigen und zugleich mit mir den Stab der deutschen Wehrmachtsführung auszurotten.

Die Bombe, die von dem Oberst Graf von Stauffenberg gelegt wurde, krepierte zwei Meter an meiner rechten Seite. Sie hat eine Reihe mir treuer Mitarbeiter sehr schwer verletzt, einer ist gestorben. Ich selbst bin völlig unverletzt bis auf ganz kleine Hautabschürfungen, Prellungen oder Verbrennungen. Ich fasse es als eine Bestätigung des Auftrages der Vorsehung auf."

Ich war erstaunt, überrascht. Der Begriff Putsch war mir neu, ich dachte an Revolution, ich wußte auch nichts von Widerstand. Wenn ich einen Soldaten sah, es war selten genug, dem das Ritterkreuz am Hals baumelte, sah ich einen Helden vor mir. Einmal begegnete ich auf der Treppe einer Stadtbahnstation einem Offizier, der an der Uniform das Deutsche Kreuz in Gold trug. Ich starrte ihn an wie eine Erscheinung aus einer anderen Welt. Da war nichts von Indoktrination, auch nichts von Ideologie. Da war nur – nun: vielleicht so etwas wie Ehrfurcht.

Und dann dieser, wie es mir, dem M2, schien, „Mordversuch"?

Aber der „Führer" ließ mich in seiner spätabendlichen Rede wissen, was ich davon zu halten hätte: „Der Kreis, den diese Usurpatoren darstellen, ist ein denkbar kleiner. Er hat mit der deutschen Wehrmacht und vor allem auch mit dem deutschen Volk nichts zu tun. Es ist ein ganz kleiner Klüngel verbrecherischer Elemente, die jetzt unbarmherzig ausgerottet werden." Und dann kam eine Ankündigung, die mir nichts sagte, über deren Realisierung ich erst später, nach Kriegsende, informiert wurde: „Diesmal wird nun so abgerechnet, wie wir das als Nationalsozialisten gewöhnt sind."

Wie wir das als Nationalsozialisten gewöhnt sind. Was hieß das? Daß die Verschwörer, sofern man sie nicht erschoß, nach einem ekelhaften Schauprozeß an Fleischerhaken aufgehängt wurden, ist mir lange Zeit unbekannt geblieben. Ich wußte auch nicht, was wir erst lange nach 1945 erfahren haben: daß einer der berühmtesten Feldmarschälle der deutschen Wehrmacht, Erwin Rommel, der als „Wüstenfuchs" bekannt gewordene Held des Afrikafeldzugs, ebenfalls in die Verschwörung verwickelt war. Ich bin bestürzt, als gemeldet wird, daß er den Verwundungen, die er an der Invasionsfront erlitten hatte, erlegen sei. Wir sehen mit Trauer im Herzen die Filmaufnahmen vom Staatsbegräbnis, an dem auch Hitler teilnimmt. Fast beneide ich den Buben, der neben der tiefverschleierten Witwe steht und dem der „Führer" die Wange streichelt: er trägt HJ-Uniform und ist der Sohn des Verblichenen. Später ist er Bürgermeister von Stuttgart geworden.

Weiß ich denn, daß Adolf Hitler selbst befohlen hat, Rommel müsse Selbstmord begehen, ansonsten es zu einem Schauprozeß kommen werde? Weiß ich denn, daß es der Gipfel der Dämonie war, die Hitler dazu trieb, selbst am Begräbnis teilzunehmen? In den „Deutschen Heldensagen" beginnt Siegfrieds Wunde wieder zu bluten, als sein Mörder Hagen an die Bahre tritt. Rommel indes liegt im Sarg.

Meine Mutter aber quittiert das Ereignis vom 20. Juli 1944 mit einer Bemerkung, an die ich mich erinnern werde, solange ich lebe. Meine Mutter, die, wie ich vorher schrieb, gerade mit einer Bäuerin sprach, als das Attentat im Radio gemeldet wurde, sagt keineswegs leise, sondern so, daß es durchaus vernehmbar ist, zu ihr: „Schade, daß es nicht anders ausgegangen ist!"

Laut sagt sie es – ich weiß nicht, ob sie fest damit rechnet, auf eine Gesinnungsgenossin gestoßen zu sein, oder daß sie einfach ihre Meinung ausdrücken will, ohne Rücksicht auf das, was ihr unter Umständen blühen kann. Sie ist aber offenbar überzeugt, daß nichts passieren wird. Und noch etwas: Sie weiß, daß wir, ihre Kinder, nichts weitererzählen werden. Warum sie das weiß, woraus sie ihre Überzeugung schöpft, ist mir noch heute unklar. Ist es die Erziehung, die uns das, was wir zu Hause hören, nicht in andere Ohren raunen läßt? Wissen wir, was unseren Eltern geschehen kann? Ist uns damals schon klar, was die Plakate bedeuten, die an Wiener Hauswänden hängen und verkünden, daß dieser oder jene zum Tode verurteilt worden sei, weil – was heißt „Wehrkraftzersetzung"? Welche Verbrechen gibt es, die dazu führen, daß das Urteil „bereits vollstreckt" worden ist?

Ist es jenes Vertrauen, das auch zur Folge hat, daß wir mit dabeisein dürfen, wenn mein Vater Radio London hört? Bum Bum Bum Bum. Hier ist London, hier ist London, hier ist London. Der Radioapparat ist leise gestellt. Es ist kein Volksempfänger; mit diesem kann man, wie der Name schon sagt, nur empfangen, was dem Volk zu hören gestattet ist. Es ist ein Eumig, ich weiß es noch genau, heute wäre er ein Prunkstück jedes technischen Museums.

Hier ist London. Gelegentlich wird auch Radio Beromünster gehört, der Schweizer Sender, der auch in Deutschland empfangen werden kann, aber nicht darf.

Hier ist London. Nach der Nachrichtensendung, nach dem abschließenden Bum Bum Bum Bum wird der Senderknopf des alten Eumig wieder dorthin gedreht, wo es gestattet ist: Großdeutscher Rundfunk, Reichssender Wien. Heimat, deine Sterne – die beliebteste Schnulze der Nazizeit. Daß sie aus der Filmkomödie „Quax, der Bruchpilot" stammt, wer weiß das heute noch?

Noch einmal: Wieso hat eigentlich keiner der Erwachsenen unserer Familie damit gerechnet, daß mein Bruder und ich – der Jüngere geht in die Volksschule, ich ins Gymnasium – in der Klasse etwas davon verlauten lassen würden, was wir gehört haben, und wenn es auch nur das Pausenzeichen des Londoner Senders wäre? Schon allein wenn wir dieses dem V (für Victory) entsprechende Morsezeichen, dieses Kurz-Kurz-Kurz-Lang, dieses Bum Bum Bum Bum etwa mit Händeklatschen nachgeahmt hätten, wäre sofort erkenntlich gewesen, woher das Zeichen stamme.

Mein Vater, aus welchen Gründen immer für das Militär ungeeignet, ist, wie gesagt, bei der Reservepolizei. Was ihm geschehen wäre – vielleicht wissen wir es nicht. Aber ahnen wir es? Und sind seine Kollegen am Ende genauso „wissend" wie wir, die Kinder? Heißt das „Wehrkraftzersetzung"?

„Schwarzhören" ist das, was in der Familie Chorherr praktiziert wird. Es wird in sehr vielen Familien geübt. Die Nachrichten, die man so erfährt, unterscheiden sich wesentlich von dem, was wir von „Das Oberkommando der Wehrmacht gibt bekannt" gewohnt sind.

Gelegentlich gibt es noch immer bekannt, daß so und so viele Bruttoregistertonnen an Schiffsraum versenkt worden seien. Derartige „Sondermeldungen" werden von jenen Takten der „Préludes" von Liszt umrahmt, die früher so oft zu hören waren und jetzt nur noch selten.

Den Eltern, den Freunden, uns Schulkindern sind die Sondermeldungen gleichgültig geworden. Ich denke an die Schularbeiten, an die Deutschaufsätze. „Das deutsche Volk wird siegen“, lautet ein Thema. Ich bin voll Enthusiasmus, und meine Eltern lassen es aus begreiflichen Gründen zu. „Die Herren im Kreml und an der Themse sollen sich ja nicht einbilden, das deutsche Volk zu besiegen.“ Der Elfjährige bekommt ein Sehr Gut. Die Doktrin wirkt freilich nur bis zum Schultor. Vielleicht auch noch bis zum Appell im Schulhof. Nicht mehr bis in den großen Sendesaal des Funkhauses in der Argentinierstraße. Nicht bis zur Rundfunkspielschar, so sonderbar das klingt. „Der Himmel grau und die Erde braun, da schritten die Männer zum Sturme“. Wir singen es im Chor und denken uns nichts dabei – außer, daß wir uns schon freuen, unseren Gesang im Radio hören zu dürfen. Im Reichssender Wien.

IX

Indoktrination. Sie ist an mir, an meinen Freunden vorübergegangen. Wir haben die Schule, das Kino. Die Theater sind geschlossen worden. Die Volksoper ist jetzt ein Lichtspieltheater. Es gibt in Wien viele dieser Lichtspieltheater, wie die Kinos jetzt heißen. Allein in Gehweite unserer Wohnung im fünften Bezirk sind es ein halbes Dutzend. Gelegentlich versuchen wir Buben, uns einen Film anzuschauen, der „für Jugendliche unter 14 Jahren nicht zugelassen“ ist. Wir schwindeln uns hinein, vorbei an den prüfenden Augen des Türstehers, und die Nervosität ist fast so groß wie die dann später im Luftschutzkeller.

Kinder im Krieg. Wir Bombenkinder. Im Sommer 1944 werden die Angriffe auf Wien immer heftiger. Immer heftiger, aber das wissen wir nicht, wird auch die deutsche Abwehr. „Einflüge ohne ausreichenden Jagdschutz bis weit in das Reichsgebiet waren weiter eine verlustreiche Angelegenheit“, schreibt Johann Ulrich. Am 29. Juni und in der Nacht vom 6. zum 7. Juli 1944 haben auch die Engländer Angriffe geflogen, aber äußerst verlustreich. Der erste Angriff galt Wien, einem Jägerflugplatz bei Fels am Wagram sowie St. Pölten. „Der Verband wurde zersprengt und konnte den Großteil der Bomben nur noch verstreut werfen. Achtzehn Bomber wurden abgeschossen, eine erhebliche Anzahl beschädigt. Zum Teil versuchten die Engländer, im Tiefflug nach Süden zu entkommen, wobei sie Berggipfel rammten.“ Der zweite britische Angriff kostete die RAF 23 Prozent der Einsatzstärke. „Nach den schweren Verlusten im Juni und Juli stellte die RAF ihre Einflüge in den österreichischen Raum vorerst ein", heißt es bei Ulrich.

Wir wissen: ein Alarm bei Nacht bedeutet die Möglichkeit von Brandbomben, wir wissen nicht, daß es keine Flächenbrände geben kann, weil die Wiener Bauordnung eine größere Feuersicherheit der Bauten vorsah. Trotzdem ist „Entrümpelung" ein Schlagwort dieser Monate. Die Dachböden werden geräumt, die Kinder tragen, was ihnen möglich ist.

Der Kuckuck ist jetzt zur akustischen Alltäglichkeit geworden, jenes Signal, das zu erkennen gibt, daß ein Luftalarm bevorsteht. Der Kuckuck tönt aus dem Radio, und wir wissen, was er meint. Meist ruft er um die Mittagszeit. Längst ist nicht mehr Wiener Neustadt Ziel von Bombenangriffen. Seit die Amerikaner bei Foggia nicht weniger als 16 Luftbasen errichtet haben, ist der Weg in die „Ostmark" weitaus kürzer geworden als von Libyen oder Tunesien aus. „Superfestungen" heißen jene viermotorigen Bombenflugzeuge, die zu Hunderten in zahllosen Geschwadern, Kondensstreifen nachziehend, ihre Ziele anfliegen. Das tiefe Brummen, hervorgerufen von einer Vielzahl von „Super Fortresses", ist typisch und läßt sich mit keinem anderen Flugzeuggeräusch vergleichen.

Kuckuck. Auch in dieser Zeit bleiben die Kinder Kinder und die Gymnasiasten zu Späßen aufgelegt. Späße? Es macht mir diebische Freude, das Radio ganz laut aufzudrehen, wenn der Kuckucksruf erschallt, und die Fenster zu öffnen. Wenn dann die Passanten, die dieses Signal hören, plötzlich zu rennen beginnen, gleichsam auseinanderspritzen, lache ich, nein, es ist kein Galgenhumor. Es ist einfach jugendliches Vergnügen.

Und dies, obwohl die wenig später erfolgende Meldung „Kampfverband im Anflug auf Kärnten/Steiermark" jede Art von Galgenhumor eigentlich ersticken müßte. Denn das heißt: Jetzt sind wir wieder dran. Der Kurs pflegt dann über Ungarn zu gehen, die einzelnen Verbände sammeln sich jeweils über dem Plattensee, und dann wenden sie sich meist nach Westen. Apropos Galgenhumor: Es kommt mir ein Spottgedicht in den Sinn, das damals (gleichfalls quasi hinter vorgehaltener Hand) zitiert wurde. „Zwischen Graz und Steinamanger fliegt ein Kampfverband, ein langer. Vorn' ka Jäger, hint' ka Flak – hoffentlich bricht er sich's G'nack!"

Wenn der Kuckuck ruft, ist uns Wienern noch eine Frist gegeben. Wird die „Feindtätigkeit", von der dann im Radio gesprochen werden wird, auf den Süden beschränkt, werden die Bomber vielleicht gar wieder nach Osten abziehen, oder kommen sie nach Wien? Wenn es „Voralarm" gibt – einzelne langgezogene Sirenentöne, die durch Abschwellen unterbrochen werden –, weiß man, was es geschlagen hat. Der Fliegeralarm mit seinem auf- und abschwellenden Sirenengeheul erfolgt, sobald die anfliegenden Bomberverbände weniger als 100 km vom Stadtzentrum entfernt sind. Im Radio heißt es dann: „Der Reichssender Wien schaltet nun ab. Wir bitten unsere Hörer, auf den Drahtfunk überzugehen." Der Drahtfunk kann von den Bombern nicht empfangen werden. Er wird auf einer eigenen, vom normalen Sender unterschiedenen Station ausgestrahlt. Monate vorher schon, als die Angriffe auf Wien wahrscheinlich werden, hat jeder Haushalt Karten mit einem Wien-Plan bekommen, auf dem kreisförmig Sektoren eingezeichnet sind. Der Drahtfunk, gesteuert von einem Befehlsstand im Wienerwald, meldet die „Feindtätigkeit" im jeweiligen Sektor. Man kann sich somit im übertragenen und im buchstäblichen Sinn ausrechnen, wo die Bomben fallen.

Der eigentliche Fliegeralarm mit seinem auf- und abschwellenden Sirenengeheul wird später zur Alltäglichkeit. Er verfolgt mich noch als Erwachsener. Sirenengeheul, und sei es nur die Erprobung dieser Einrichtung an Samstagen Schlag zwölf Uhr mittags, läßt mich immer noch zusammenzucken. Der Ton hat sich in mein Gedächtnis gegraben, er bleibt darin haften, auch in Friedenszeiten, auch in Zeiten, da, so scheint es, nichts zu fürchten ist. Später lese ich in einer Art Lagebericht:

> „1945 war auf dem Sektor des Luftschutzes und der Luftabwehr schon alles installiert. Die Luftschutzräume in den Hauskellern, öffentliche Luftschutzkeller, Splittergräben und Bunkeranlagen waren nicht nur alle schon gebaut, sondern auch schon bei vielen Angriffen benutzt worden. Je nach der Stadt oder dem Ort, um den es sich handelte, hatte man unterschiedlich viele Angriffe erlebt. Manches hatte sich schon zur Routine eingespielt. Etwa das Zusammenraffen der meist schon gepackten kleinen Köfferchen, mit denen man Luftschutzräume aufsuchte, das Hasten über Stiegen und durch Straßen, um noch rechtzeitig den Schutzraum zu erreichen. Und alles das wurde vom Heulen der Sirene begleitet. Doch auch wenn man es noch so oft mitgemacht hatte, gewöhnen konnte sich wohl niemand daran, genauso wenig wie an den bis in den tiefsten Keller zu hörenden Lärm der schießenden Flak und erst recht nicht an das Krachen der berstenden Bomben; viele Menschen sind in den Luftschutzkellern weißhaarig geworden.“

Nein, ich wurde nicht weißhaarig, aber ich wurde geprägt. Die Bombenjahre haben dem Kind einen Stempel aufgedrückt, den auch der alt gewordene Erwachsene immer noch aufweist. Es liegt nahe zu fragen: „Was kann denn ich dafür?“ Die Frage ist gerade in meinem Fall eine besonders schwer zu beantwortende.

Indessen geht der Schulalltag weiter. In Wien sind „Restschulen“ eingerichtet. Sie werden von jenen besucht, die in der Stadt geblieben sind. Ich werde ins Gymnasium in der Fichtnergasse geschickt. Wenn der Kuckuck ruft, werden wir in einen Stollen im „Küniglberg“ gebracht. Später werde ich „umgeschult“, in die Hagenmüllergasse im dritten Bezirk.

Der Tod kommt aus der Luft, heißt es immer wieder. Manchmal kommen aus der Luft auch dünne, silbrige, lamettaähnliche Streifen, von den Bombern abgeworfen, um die Funkverständigung am Boden zu stören. Wir sammeln sie ein, auf dem Christbaum der letzten „Kriegsweihnacht“ werden sie als Schmuck verwendet.

Aus der Luft flattern auch Flugzettel. Sie fordern die Österreicher auf, sich nicht von den Nazis täuschen zu lassen. Je länger der Krieg dauere, desto größere Wunden würden den Städten zugefügt werden, steht auf den Blättern. Sie liegen auf dem Straßenpflaster und sehen aus wie eine Unzahl von weißen Blüten. Sie müssen, so lautet der Befehl, unverzüglich abgegeben werden. Trotzdem lesen wir sie.

Glaube ich dem Gedruckten? Es ist so etwas wie Gleichgültigkeit in den Bombenkindern. Sie wissen nichts, sie ahnen nichts, sie haben nie von Auschwitz und auch nicht von Mauthausen gehört. Irgendwann lagern auf dem Platz vor dem Südbahnhof Frauen, die ihre Kopftücher ganz anders gebunden haben als unsere Bäuerinnen. Auch Kinder sind dabei, sie sitzen auf Koffern und Paketen, und die Frauen, einige weinen, sprechen eine fremde Sprache. Uniformierte haben um die Menschen einen Kreis gebildet. Passanten stehen herum, einige werfen den Frauen und Kindern Brot zu und Obst, andere wieder reden bedauernd auf die Fremdartigen ein, deren Sprache sie nicht verstehen. Ein Offizier – er stammt hörbar aus dem Norden - schreit entrüstet: „Das sind Leute, die eure Männer und Söhne massakriert haben!“ Wieso? Es sind doch Frauen und Kinder! Der Offizier wird noch zorniger. Eine der Zuseherinnen ruft: „Das ist eben das goldene Wiener Herz!“ Daß dieses Herz auch andere Eigenschaften aufweisen kann, weiß ich nicht. Ich weiß auch nicht, was sich in den Märztagen 1938 zugetragen hat.

Noch einmal: Wieso massakriert? O doch, ich weiß von den Partisanen. Gehören auch Frauen zu ihnen? Ein Witz kommt mir in den Sinn, ein Bobby-Witz, den ich von Erwachsenen gehört habe. Graf Bobby, so hörte ich erzählen, berichtet seinem Freund Rudi, daß er nach Belgrad gefahren sei, wobei er sich nur vor den „Tisanen“ gefürchtet habe. „Tisanen?“ fragt Rudi, „du meinst wohl die Partisanen!“ Worauf Bobby antwortet: „Ein paar? Tausende!“ Ein dummer Witz. Ein tragikomischer. Heute verstehe ich ihn besser, als ich es damals getan habe.

Ein zweites Mal komme ich der Wahrheit näher, aber nicht nahe. In Loipersbach, wie gesagt, ein Dorf unmittelbar an der ungarischen Grenze, hält ein aus Ungarn gekommener Lastzug. Die Garnitur besteht aus geschlossenen Viehwaggons, die Türen sind mit Schlössern versperrt, jeder Wagen hat ein Fenster mit einem Stacheldrahtgitter. In den Waggons sind Menschen. Eine Frau streckt den Arm durch den Stacheldraht. Sie hält eine Schüssel und leert sie aus. Über den Inhalt mache ich mir keine Illusionen. Aber ich warte auf den Zug aus Wien, mit dem meine Großmutter kommt. Sie ist da, küßt mich, der andere Zug fährt an, rollt weiter, entschwindet. Er schwindet auch aus meinem Gedächtnis.

Heute weiß ich, daß in den Waggons ungarische Juden waren, die deportiert wurden. Damals wußte ich es nicht, ahnte nicht, wohin ihre Reise ging. Warum sind Menschen in Lastwaggons, in Viehwaggons eingesperrt? Ich freue mich auf den Besuch meiner Großmutter. Franz Karl Ginzkey schreibt in seinem beliebten Kinderbuch „Hatschi Bratschi's Luftballon“ über Fritzchen, die Hauptperson: „... und denkt an nichts und freut sich sehr“.

Fritzchen ist überall. Denkt an nichts. Freut sich sehr. In der Tat denken wir an nichts in dieser Zeit. Wir sind zehn, elf Jahre alt. Wir sind, meine ich heute, damals über unser Alter hinaus reif. Jedes Kind, das einen Krieg erlebt, ist reifer als Gleichaltrige, die im Frieden geboren sind und im Frieden aufwachsen. Der Horizont des Kriegskindes ist die Familie, sofern vorhanden, die Schule, soweit noch besuchbar, das Kino, allenfalls der Luftschutz. Die da oben fliegen, sind die Feinde. Die Soldaten sind Freunde. Alles ist schwarz und weiß. Zwischentöne gibt es nicht. Wenn in der Familie „schwarz“ gehört wird, bin ich immer wieder erstaunt. Nicht über die Tatsache an sich, sondern über das, was ich da von Radio London höre, ich, der Zehnjährige, der Elfjährige. Alles mögliche wird da erzählt, und es erstaunt mich, welcher Unterschied besteht zwischen den Meldungen, die ich gewohnt bin – „Das Oberkommando der Wehrmacht gibt bekannt“ – und dem, was zu Hause als „die Wahrheit“ bezeichnet wird.

Die Pilatus-Frage stellt man nicht als Kind. Was ist Wahrheit? Das, was Radio London berichtet? Das, was der deutsche Wehrmachtsbericht enthält? Stalingrad entsetzt auch mich und meine Altersgenossen. Eine ganze Armee hat „bis zum letzten Mann“ gekämpft. Ich bin am 27. November geboren. Zwei Tage vor meinem zehnten Geburtstag verbietet Hitler einen Ausbruchsversuch der eingeschlossenen deutschen Verbände. Als Erwachsener lese ich später, daß laut Stalin 146.300 deutsche Gefallene verbrannt worden seien. Das meldet damals nicht einmal Radio London.

Was ist Wahrheit? Im Kino läuft vor dem Hauptfilm die „Deutsche Wochenschau". Vormarsch, Vormarsch, Vormarsch, hieß es zuerst. Städtenamen, die ich nur aus dem Radio kenne. Vormarsch auch in Afrika – unter dem Befehl jenes Erwin Rommel, der, wie ich schrieb, auch so etwas wie „des Teufels General" gewesen war. Vormarsch dort jedenfalls bis zum Herbst 1942. Nochmals: ich bin zu dieser Zeit zehn und wundere mich: Deutsche Soldaten tragen kurze Hosen – komisch! Wegen der Hitze, erfahre ich bald. In der Wochenschau wird gezeigt, daß auf einer Panzerplatte Spiegeleier gebraten werden; den Herd ersetzt das von der Sonne erhitzte Metall.

Es ist immer mehr Gelegenheit zur Verwunderung. Kein Vormarsch mehr? Keine ungeheuren Scharen von Gefangenen mehr, zumeist von Russen? Eine eigene Musik war dafür komponiert worden, die immer dann erklang, wenn die russischen Gefangenenheere in die Lager marschierten.

Die Wende des Krieges bleibt auch den Kindern nicht verborgen. Noch zeigt die Wochenschau auch Aufnahmen von „Kommissaren", die gefangengenommen worden sind. Die Gesichter sind, wie der Sprecher sagt, „vertiert". Was mit diesen sowjetischen politischen Kommissaren geschieht, weiß ich nicht. Vom „Kommissarbefehl" Hitlers (Erschießen!) habe ich keine Ahnung. Daß der Krieg sich auf Schlachtfeldern abspielt, weiß ich indes. Daß ich geweint habe, als ich das erste Mal vom bevorstehenden Ausbruch des Krieges hörte – das scheint mir jetzt begründet, obgleich mir der Tod auf dem Schlachtfeld irgendwie unnatürlich vorkommt, fremd, unbekannt. Was heißt „gefallen"? Später werde ich dann in der „Kleinen Wiener Kriegszeitung" von den „Gefallenen" lesen, die unter Wiener Hausruinen begraben liegen. Aber noch ist es nicht soweit.

Gefallen? In Loipersbach finde ich eine alte Bäuerin in Tränen aufgelöst. „Der Matz!“ schluchzt sie. Matz steht für Matthias. Der Matz, ich kannte ihn, er war der älteste Enkel, ist tot. Gefallen! Mit allen Einzelheiten erzählt die Großmutter, was mit ihm passiert ist. Eine Granate habe ihn zerfetzt. „Koa Banl is übrig blieb‘n!“ Tod auf dem Schlachtfeld. Bis jetzt hatte ich ihn nur besungen, in der Rundfunkspielschar, ohne zu wissen, was er bedeutete, ohne die Realität zu erkennen.

Die Tränen der Hinterbliebenen werden noch etliche Male vor meinen Augen vergossen. Ein Wahlonkel ist Luftwaffenoffizier. Die Wahltante wird von seinem Tod verständigt, meine Mutter tröstet sie. Noch immer verstehe ich nicht. Man hört doch nichts von Gefallenen. Sind es wirklich so viele?

Gelegentlich erfahre ich es beim Schwarzhören. Was der Wehrmachtsbericht als „Frontbegradigung“ meldet, ist bei Radio London ein Sieg der Russen. Die deutschen Sondermeldungen werden, wie gesagt, immer seltener. Indes stelle ich mir heute als Erwachsener stets aufs Neue die Frage, warum Radio London immer wieder von der Zahl deutscher Gefangener berichtete, aber nie von der Tatsache, daß auch Deutsche im eigenen Land gefangengehalten wurden. Ich habe nie etwas von Vernichtungslagern gehört. Wußten es auch die Engländer nicht? Oder scheute sich Radio London, solches zu melden? Die Frauen mit den Kopftüchern, die vor dem Südbahnhof auf ihren Koffern saßen, die Menschen in den Viehwaggons mit Stacheldraht vor den Fenstern – was war das? Ach Fritzchen, Fritzchen!

Immer öfter suchen wir jetzt den Luftschutzkeller auf. Wenn das Wetter schön ist, ist die Gefahr groß: Kampfverband im Anflug auf Kärnten/Steiermark. Das Luftschutzgepäck steht im Vorzimmer, mit jenen Dingen, die man braucht, wenn das Haus zerstört werden sollte. Das Kellerabteil, das in den Schutzraum verwandelt ist, hat Bänke, einige Stellagen, aus! Der Keller liegt nicht tief, ist fast nur eine Art von Souterrain, er wird durch kleine Fenster belüftet, die auf Straßenniveau liegen. Was bei einem Bombentreffer passieren würde, können wir uns vorstellen. Wir denken nicht daran.

Immer dann, wenn es Alarm gibt, trifft sich hier die „Hausgemeinschaft“. Gemeinschaft? In unserem Fall stimmt es. Die Hausparteien wohnen samt und sonders länger hier, als ich alt bin. Sie kennen mich von klein auf. Wenn ich mit meinem Bruder herumbalge, beschwert sich milde die Partei unter uns, weil der Luster zittert – angeblich. Vorerst zittert er nur aufgrund der Balgerei. Bald wird er schwanken, weil die Erde bebt.

Es werde geraten, die Köpfe zu schützen, ist den Erwachsenen eingebleut worden. Wir bekommen von unserer Mutter Kochtöpfe oder Weitlinge auf den Kopf gestülpt und große Tücher um den Hals gewickelt. Auch das ist geraten worden, um bei einem Bombeneinschlag nicht durch den Staub zu ersticken. Im Ernstfall sollen die Tücher vor Mund und Nase gezogen werden.

Johann Ulrich verzeichnet in seiner erwähnten Schrift „Der Luftkrieg über Österreich“ mit Akribie die Chronologie größerer Angriffe auf Wien, die ich ab Sommer 1944 (ab dem Zeitpunkt, da ich wieder in Wien war) wiedergebe: 8., 16., 18., 25., 26. Juli, 21., 22., 23. August, 10., 23. September, 7., 11., 13., 15. Oktober. Ab November 1944 erfolgten dann die schwersten Angriffe.

Dessen ungeachtet geht die Schule weiter, allerdings nur bis zum frühen Mittag. Die Angriffe erfolgen meist um die Mittagszeit oder am frühen Nachmittag. Dann sitzen wir im Keller und warten.

Nicht sehr lange. Dann beginnt die Flak zu schießen. Wir hören sie stark, wenn sie vom Flakturm im Esterhazy-Park aus in Aktion tritt. Ich höre auch die Bomben. Es ist kein Pfeifen, es ist eine Art Rauschen. Dann, weiß ich und bin erleichtert, dann fliegt die Bombe über unser Haus hinweg, trifft es nicht, schlägt irgendwo anders ein. Irgend jemand hat mir gesagt, daß es, wenn das Haus getroffen wird, weder Rauschen noch Pfeifen gibt, sondern nur plötzliche Dunkelheit und einen Knall, der lauter ist als alles, was man im bisherigen Leben gehört hat. Und dann: vorbei. Die meisten Keller liegen wie unserer knapp unter dem Straßenniveau. Sie werden jetzt „zweckentfremdet" gebraucht. Was heißt da „Luftschutz"?

Es rauscht sehr oft. Dazu kommt das Brummen der Flugzeuge, der Motorenlärm, den ich von Wiener Neustadt her kenne. Gelegentlich flackert das Licht, ein paarmal wird es dunkel. Wenn es wieder hell wird, atmet man auf.

Die Schäden im Stadtgebiet werden immer schwerer, die „Personenverluste" – gemeint: die Todesopfer unter der Zivilbevölkerung - immer zahlreicher. Spätestens in diesen Monaten ist klar, daß die Amerikaner nicht nur strategische Ziele, sondern auch Wohnviertel bombardieren, und zwar sehr bewußt. Die Bezeichnung „Terrorangriffe" ist nicht von der Hand zu weisen. Was ich nicht weiß, erfahre ich Jahrzehnte später: Die Verbände, die Wien anflogen, zählten 450 Superfestungen und mehr. Sie sollten planmäßig auch zivile Ziele angreifen, weil es in diesen letzten beiden Kriegsjahren die Absicht der Amerikaner und Engländer war, die Moral der Bevölkerung zu erschüttern.

Ob ihnen dies im Herbst 1944 und im Winter 1944/45 gelang, kann ich auch heute noch nicht beantworten. Wurde die Moral damals wirklich untergraben, die der Schulkinder etwa, die sich noch in den Städten aufhielten? Verfluchten die Menschen das Regime, oder waren sie ohne politische Nebengedanken froh, von einem Tag auf den anderen das nackte Leben gerettet zu haben?

Es ist dies jene Zeit, da die Straßenbahnen blau gefärbte Fenster haben, nur ein Streifen helles Glas ermöglicht den Blick hinaus. Die Verdunkelung gilt auch für die Tramway – sofern deren Fenster überhaupt noch aus Glas bestehen. Zumeist ist es durch Pappendeckel oder Sperrholz ersetzt worden. Es ist dies jene Zeit, da in manchen Straßen das Wasser ausfällt. Die Hähne bleiben trocken. Wir haben Glück. Drei Häuser weiter befindet sich im Hof ein Pumpbrunnen – woher dieser das Wasser nimmt, weiß ich nicht. Ich weiß nur, daß sich aus der ganzen Umgebung die Menschen in langen Schlangen anstellen. Einer nach dem anderen betätigt die Pumpe, es gibt keinen Streit, nur disziplinierte Reihen, jeder weiß, daß er drankommt, jeder hat Kübel, mit denen dann das Wasser nach Hause getragen wird. Auch wir tun es, ich trage zwei Eimer und muß höllisch aufpassen, daß ich nichts ausschütte, jeder versucht ja, die Kübel bis zum Rand zu füllen. Trinkwasser ist „markenfrei", man braucht für dessen Bezug keine Lebensmittelkarten ...

Noch einmal: Wird das Regime verflucht? Wenn es Haß gibt, dann, so scheint mir heute, fast mehr noch gegen jene, die den Tod aus der Luft schicken. Die Listen der „Ziviltoten" in der Zeitung werden immer länger. Die Zahl der Ruinen wird immer größer.

Habe ich Angst? Angst ist etwas ganz anderes als Furcht. Angst ist ein undefinierbares Gefühl, das den ganzen Körper durchströmt. Es sitzt hinter den Augen und in den Händen. Es hält sich in den Knien auf und läßt die Füße in den Boden stemmen. Ich habe mich als Kind gefürchtet, wenn ich im Technischen Museum die Bahnhofsuhr schlagen hörte oder die Stufen ins „Kohlenbergwerk" hinunterkraxelte. Ich habe mich gefürchtet, ja ich bin erschrocken, wenn eine Lokomotive pfiff. Aber ich hatte keine Angst.

Es muß einen Grund haben, warum das Wort „Angst“ sogar in die englische Sprache Eingang gefunden hat. Vielleicht deswegen, weil Angst und Psychotherapie in Zusammenhang gebracht werden. Heute wird Angst therapiert. 1944 weiß ich nicht, daß gerade Sigmund Freud sehr viel über die Angst geschrieben hat – abgesehen davon, daß er eine Unperson war, vom Regime verdammt und zur Auswanderung gezwungen. Psychotherapie ist zu dieser Zeit in jeder Beziehung ein Fremdwort.

Aber jede Angst, nicht jede Furcht, ist im Grunde Angst vor dem Tod. Sein Leben lang, lehrt Seneca, muß man sterben lernen. „Umgang mit Angst“ nennt Horst-Eberhard Richter ein Buch, in dem er sich mit den heutigen Formen der Angst befaßt. Er hat ausgeklammert, was in den Luftschutzkellern der Kriegszeit herrschte, unter den Menschen, die wehrlos dem Tod des Augenblicks ausgesetzt waren, dem augenblicklichen Verhängnis. Man kann um einen Menschen Angst haben. Dann ist das Gefühl ein mittelbares, nicht unmittelbar wie die Furcht. Das Gegenteil von dieser ist, meine ich, der Mut, allenfalls die Courage. Die Angst hat kein Gegenteil. „Natürlich ist Angst ebenso wenig schlechthin förderlich wie schlechthin unheilvoll“, schreibt Richter. „Es gibt Angst auf sehr verschiedenen Ebenen, im Licht des Bewußtseins wie im Dunkel des Unbewußten. Oberflächliche Angstfreiheit kann Flucht vor einer sehr tiefen und großen Angst sein.“

Die Angst der Kinder und Frauen in den Kellern, während draußen die Bomben fallen, ist im Grunde Kriegsangst.

„Der Kriegstod ist etwas grundsätzlich anderes als der natürliche Tod, scheint diesen vielmehr geradezu zu widerlegen. Durch Kriegswirkung sterben Menschen nicht: Sie werden getötet. Soldaten haben Gewalt über den Tod. Sie fügen ihn zu. Oder er wird ihnen von den Gegnern angetan. So offenbart er anscheinend nicht die Schwäche, die kreatürliche Sterblichkeit des Menschen, sondern eher dessen Macht: Er hat den Tod in der Hand."

Es ist Kriegstod, der im Keller erwartet wird, vor dem man Angst hat, der beten läßt. Noch nie sind die Kirchen so voll gewesen wie in diesen Monaten. Leute erzählen das, die selbst vorher nie in die Kirche gegangen waren.

Wenn Richter, selbst Psychoanalytiker, davon schreibt, daß oberflächliche Angstfreiheit auch Flucht vor einer sehr tiefen und großen Angst sein könne, dann muß ich wohl vor einer tiefen und großen Angst fliehen – ich, der Elfjährige, fühle mich nämlich oberflächlich frei von Angst. Dazu mag beitragen, daß unsere Mutter im Keller neben uns sitzt. Ich habe später immer wieder gehört, daß Soldaten in Todesangst nach der Mutter riefen. Im Keller ist sie persönlich anwesend. Ist dies Grund für Angstfreiheit?

Vielleicht verdrängte ich die Angst aber nur. Vielleicht scheint mir aus heutiger Sicht das, was ich damals empfand, dem ähnlich zu sein, was der Generation des neuen Jahrtausends das bewußte Erleben der Gefahr zu sein scheint, das bewußte Erleben eines Nervenkitzels, den man sonst nicht erlangen kann. Der Nervenkitzel im letzten Kriegsjahr war für die Kinder ein anderer. Irgendwann gehe ich im Dunkel vorbei an Bombenruinen. Ich stolpere in einen Bombenkrater, stürze über ein schwarzes Ungetüm, rapple mich auf und klettere auf der anderen Seite wieder auf das Straßenniveau. Dort sehe ich ein Schild: „Vorsicht, Blindgänger!" Warum hat man es nicht auch auf der anderen Seite angebracht? Nervenkitzel anno 1944.

Vielleicht war es auch nur Stumpfheit, die sich als Abenteuerlust tarnte. Im Februar 1945 wird das Haus, in dem sich das Geschäftslokal meines Vaters befindet, von einem Bombenvolltreffer zerstört. Wo sind die Zeiten, da ich noch aushelfen durfte, Sodakristalle abwog, die Ersatzseifen ausgab und dafür von den Kundinnen Lob einheimste? Jetzt ist das Geschäft ein Wirrwarr von Trümmern, Holz, Ziegeln. Wir beginnen mit jener Arbeit, die von Tausenden von Familien in fast allen Bezirken Wiens in dieser Zeit geleistet wird: Wir graben in den Trümmern nach Wertvollem. In unserem Fall ist es etwa die Registrierkasse, eine, die man mit einer Kurbel betätigen mußte, worauf die Geldlade heraussprang. Wir finden sie, eingebeult. Auch Seifen von der erwähnten „Friedensqualität“ graben wir aus.

Während wir buddeln, liegen ein paar Schritte weiter die Leichen von zwei alten Frauen. Sie sind nicht in den Keller gegangen und sind erschlagen worden. Notdürftig hat man die Gesichter mit Packpapier bedeckt und das Papier mit Ziegeln beschwert. Der Wind reißt das Papier von den Steinen und gibt die Antlitze frei, staubig, mit blicklosen Augen. Zwei, drei Tage graben wir. Zwei, drei Tage liegen die beiden alten Frauen nebenan, und ich meine immer, sie sehen uns zu. Am vierten Tag waren sie weg. Auch das, dieser Anblick der Leichen, gehört, meine ich, zu jener „oberflächlichen Angstfreiheit“ des Elfjährigen, die Flucht vor einer sehr tiefen und großen Angst gewesen sein mag.

Es gibt viele Leichen in Wien in diesen Tagen. Manchmal müssen die Angehörigen die Toten selbst auf den Friedhof bringen. Papiersäcke müssen die Särge ersetzen. „Infolge Bombenschaden der Aufbahrungshallen auf dem Wiener Zentralfriedhof waren dort die Beerdigungen seit 18. Februar 1945 eingestellt“, steht in der Zeitung.

> „Beerdigungen finden nunmehr wieder ab Montag, den 26. Februar, statt, jedoch ohne Aufbahrung und Kondukt. Die Leichen werden zu Grabe gebracht. Den Angehörigen steht es frei, an bestimmten Tagen zu einer ihnen geeignet erscheinenden Stunde vor dem noch offenen Grabe Trauerfeiern und Einsegnungszeremonien durchführen zu lassen. Ab Montag, den 26. Februar 1945 liegen bei sämtlichen Wiener Bestattungsunternehmen, auch Filialbetrieben, laufend Listen der zur Beerdigung gekommenen Leichen auf. Die Angehörigen werden gebeten, in diese Listen Einsicht zu nehmen."

Es gibt viele Leichen, als der Philipphof hinter der Oper getroffen wird. Die Leute erzählen, eine Bombe sei direkt in den Luftschutzkeller gedrungen, der nicht nur für die Hausbewohner bestimmt war, sondern ein sogenannter öffentlicher gewesen ist: für Passanten, die nicht mehr Gelegenheit hatten, nach Hause zu laufen. Später wird erzählt, unter den Toten sei auch die bekannte Filmschauspielerin Lizzy Waldmüller. Die Leichen liegen noch immer dort unter der Erde, wo einst dieses großes Haus gestanden ist, direkt gegenüber der Albertina. Mehrere Hundert sollen es gewesen sein – aus irgendwelchen Gründen sah man sich außerstande, die Toten zu bergen. Erst viele Jahre später ist dort, wo sich jetzt eine Grünfläche und das von dem Bildhauer Alfred Hrdlicka geschaffene Mahnmal für die Opfer des Faschismus befindet, ein Gedenkstein aufgestellt worden, auf Initiative der „Presse". Der Redaktion schien es unwürdig, nicht darauf hinzuweisen, daß sich hier mitten in der Stadt ein permanentes Massengrab befindet.

12. März 1945: Den Angriff werde ich nie mehr vergessen.

Es ist jener, der die größten Schäden in der Wiener Innenstadt, die höchsten „Personenverluste", wie es heißt, zur Folge hat. Es ist jener Angriff, der wieder einmal Gerüchten Auftrieb gibt: Die Amerikaner, heißt es, haben offenbar nicht vergessen, was an diesem Tag vor sieben Jahren geschehen ist: der Anschluß nämlich.

Die Amerikaner, heißt es, wollen den Österreichern in Erinnerung rufen, was und wie sie gesündigt haben. Es ist dies eine Umkehr der Gerüchte, die bis 1943 umgingen: daß man Österreich schone, weil es ja – nun, eben Österreich sei und nicht Deutschland. Daß es der Wirkungsort von Beethoven, Mozart, Schubert, Haydn gewesen sei, weshalb es (wie oft ist dies schon gesagt worden?) niemals Ziel amerikanischer Bomberverbände sein werde. Und jetzt?

Ich besuche in diesen Wochen, wie gesagt, eine der verbliebenen „Restschulen“, das Gymnasium in der Hagenmüllergasse im dritten Bezirk. Der Kuckuck unterbricht den Unterricht – ich glaube, es war gerade eine Griechischstunde. Die Schüler, die nicht im Luftschutzkeller der Schule Schutz suchen wollen, weil sie in der Nähe wohnen, werden nach Hause geschickt. Ich selbst habe den strikten Auftrag, zu versuchen, zum Polizeigebäude in der Postgasse zu laufen, wo mein Vater Dienst tut. Das Haus ist die Alte Universität, mit tiefen Kellern, wie sie im Mittelalter im damaligen Wien üblich waren.

Als ich mit hängender Zunge durch den Stadtpark hetze, beginnt die Flak zu schießen, gleichzeitig höre ich schon die Flugzeuge. Im zweiten Kellergeschoß empfängt mich mein Vater – und ich fühle mich sicher. Daß über der Innenstadt ein Bombenhagel niedergeht, merke ich nur durch die Schläge im Boden und das Flackern des Lichts. Wie lange hat es diesmal gedauert? Wie lange hat es gebraucht, um unersetzliches Kulturgut zu vernichten? Aber ich möchte diesmal nicht meine Erinnerung sprechen lassen, sondern Manfried Rauchensteiner:

„Was für die Verkehrsziele – zumindest kurzzeitig und vielleicht als Folge der Reaktionen auf die Vernichtung Dresdens - galt, nämlich die Weisung an die Besatzungen der amerikanischen strategischen Bomber, nur bei guter Sicht zu bombardieren, hatte für andere Zielgruppen keine Gültigkeit. Oder aber es wurde schließlich doch als zu kostspielig angesehen, einen Großteil der Bomber unverrichteter Dinge umkehren zu lassen. Am 12. März startete die 15. Luftflotte die größte Angriffsoperation ihrer Geschichte."

Hauptziel ist die Ölraffinerie in Floridsdorf, bei schlechter Sicht sollte der Bahnhof Floridsdorf, der zusammen mit dem Bahnhof Stadlau als Drehscheibe für die Truppentransporte nach der Ostfront galt, bombardiert werden.

„Wie üblich wurde den Bomberbesatzungen möglichst viel an Informationen über die Ziele, die Anflugroute und vor allem über die zu erwartende Flakabwehr mitgegeben. Im Gebiet von Wien hatten die Amerikaner zu diesem Zeitpunkt 326 schwere Fla-Kanonen in den diversen Batterien ausgemacht. Die Luftabwehr, so hieß es, würde rund 14 Kilometer vor dem Ziel einsetzen. Acht Kilometer vor dem Ziel würden die Formationen in der Reichweite von rund 60 schweren Luftabwehrgeschützen sein. Wenn dann das Ziel erreicht sei, würden die Bomber theoretisch von etwa 135 Kanonen unter Feuer genommen werden können. Nach dem Bombenwurf sollte sofort eine Rechtskurve geflogen werden, um aus dem Feuerbereich der Flak herauszukommen. So einfach klang das."

Einfach in der Tat – für die Amerikaner in den Flugzeugen. Als ich keuchend durch den Stadtpark lief, um noch rechtzeitig, bevor die ersten Bomben fielen, den Keller in der Postgasse zu erreichen, hatte ich keine Zeit, zu überlegen, wie viele Kanonen auf die 1080 Bomber feuerten, die in Italien gestartet waren. Ich hatte auch weder Zeit noch Lust, darüber nachzudenken, wie viele Tonnen Bomben (es waren 1667) an diesem Mittag Wien verwüsteten. Und auch, daß 846.000 Flugzettel abgeworfen wurden, wußte ich nicht.

> „Die Amerikaner gaben an, Wien sei unter einer geschlossenen Wolkendecke gelegen, daher wurde auch nur mittels Pfadfinder-Flugzeugen bombardiert. Da ein von der amerikanischen Luftwaffe während des Angriffs aufgenommenes Foto von B 24 über Wien, das mit dem 12. März 1945 datiert ist, lediglich Wolkenfetzen erkennen läßt, darunter aber jede Einzelheit der Stadt deutlich zu sehen ist, muß die Angabe der geschlossene Wolkendecke als eindeutig falsch bezeichnet werden."

Tatsächlich falsch. Ich kann mich erinnern: Der 12. März ist einer von jenen Tagen gewesen, die schon am Morgen hatten ahnen lassen, was der Stadt bevorstehen werde. „Heute werden sie wieder kommen." Sie – das sind die Amerikaner. Sie kommen, wenn der Himmel nur wenig Wolken zeigt. Sie kommen zu Mittag, weil sie einen weiten Weg zurücklegen müssen. Sie beabsichtigen, nicht nur militärische Ziele anzugreifen. Wir „Bombenkinder" haben dennoch keine Zeit für Haß. Nur für Gebete.

Zurück zur historischen Momentaufnahme:

> „Der Angriff dauerte rund eine Stunde und 20 Minuten. Die zwei Tage später durch Fotoaufklärung festgestellten Resultate beschränkten sich darauf, in knapper Form festzustellen, daß die Bombenspur vom

Südostende der Shell-Raffinerie über die Siemenswerke nach Norden und bis zum Ostende des Bahnhofs Floridsdorf verfolgbar sei. Außerdem sei der Bahnhof Heiligenstadt schwer getroffen worden, auf dem auch zwei Tage später noch keine Reparaturarbeiten zu beobachten war. – Hinter diesen lapidaren Feststellungen verbirgt sich aber wesentlich mehr, denn der Angriff vom 12. März war einer der verheerendsten Angriffe gegen Wien, dem vor allem zahlreiche Kunstwerke und Baudenkmäler zum Opfer fielen, die weit von den eigentlichen Zielgebieten entfernt standen. Oper, Albertina, Börse, Messepalast, Spanische Hofreitschule, Kunsthistorisches Museum, Burgtheater, Volkstheater, mithin die Innere Stadt waren getroffen worden und gingen teilweise in Flammen auf."

Im „Völkischen Beobachter" las sich der Bericht unter dem Titel „Terrorangriff auf Wien" dann so:

> „Amerikanische Bomberverbände flogen gestern um die Mittagszeit in das Gebiet des Reichsgaues Wien ein und warfen Sprengbomben verschiedener Kaliber über unserer Stadt ab. Es entstanden Personenverluste und Sachschäden, vorwiegend in Wohngebieten. Außer zahlreichen Wohnhäusern wurden auch die Staatsoper, das Kunsthistorische Museum, die Neue Hofburg und weitere Kulturbauten getroffen; der Stephansdom hat einen Treffer im Sakristeitrakt erhalten, ferner erlitten das Burgtheater und das Deutsche Volkstheater Beschädigungen."

Von Inferno war in diesem Bericht nicht die Rede. Doch selbst, daß es ein Inferno war, läßt die Wiener daran zweifeln, ob wirklich mit voller Absicht geschehen sei, was ihnen solchen Schmerz bereitet. Zwar vergießen viele Menschen bittere Tränen, als sie nach der „Entwarnung“ die brennende Oper sehen, aber schon hört man da und dort, das Ganze sei ein unglücklicher Zufall gewesen. Ein Bombenschütze habe das gewölbte metallene Dach der Oper für einen Bahnhof gehalten. Ein paar Monate später erzählen sich, wie ich schon schrieb, die Leute sogar, der Kommandant des Flugzeuges, das die Staatsoper zerstört hatte, habe Selbstmord begangen, als er erfuhr, welches Kunstdenkmal er getroffen hatte. Der Unsinn hat in diesen Tagen und Wochen Methode, freilich auch der Wahnsinn. Heute ist jeder überzeugt, daß die Wiener Innenstadt und ihre Kulturdenkmäler mit voller Absicht zum Ziel der Bombenschützen genommen worden seien. Manfried Rauchensteiner schreibt viel dem „menschlichen Faktor“ zu:

> „Nicht zuletzt drückte er sich auch dahin aus, daß mit Gleichgültigkeit und Menschenverachtung, vereinzelt vielleicht auch mit Haß, die Bomben abgelassen wurden und nicht allzu viel Gedanken daran verschwendet wurden, was gerade von den Bomben getroffen wurde.“ Es gibt nicht Flächenbombardements wie im „Altreich“, keine reinen „Terrorangriffe“ von „Luftgangstern“, wie es die deutsche Propaganda Glauben machen will. Dennoch „forderte jeder Angriff zahlreiche Opfer unter der Zivilbevölkerung und hätte sich – zumindest theoretisch – jede Bomberbesatzung mit der moralischen Seite des Luftkriegs auseinandersetzen müssen. Wie viele es tatsächlich getan haben, wissen wir nicht.“

Beginnt ein Elfjähriger, der Tag für Tag zwischen Leben und Tod schwebt, politisch zu denken? Denkt er „Schuld“, wenn er im Keller sitzt? Mag sein, daß ich einer Ambivalenz der Gefühle unterliege. Mag sein, daß ich, noch ein Kind und doch in diesen Wochen gereift, eine Welt nicht verstehe, in der ich einerseits von den „Ariern“ nicht als ebenbürtig betrachtet werde, und doch als ebenbürtig genug, um gemeinsam mit blonden Germanenbuben im Keller verschüttet zu werden.

Die Tage im Februar und März 1945 haben eine Generation geprägt, die später nicht wissen wird, was gemeint ist, wenn man sie verpflichten will, sich ihrer Väter zu schämen. Die Ambivalenz der Gefühle drückt sich aber auch darin aus, daß ich zwar angesichts der Toten und Zerstörungen in Wien keine Rachegefühle hege, aber doch irgendwie – „klammheimlich“ würde man heute sagen – immer dann eine perverse Befriedigung fühle, wenn im Radio von V1 und V2 gesprochen wird, von den „Vergeltungswaffen“, die London heimsuchen. Vergeltung – wofür? Für die zerstörte Oper, das schwer getroffene Burgtheater, Vergeltung für jene Straßenzüge, die nur mehr aus Ruinen bestehen, wie jenes Viertel um die Wiener Fasangasse, das beinahe dem Erdboden gleich gemacht worden ist? Gleichzeitig regt sich eine Art von Hoffnung, daß den Wienern das Schicksal von Budapest erspart bleiben werde. Die ungarische Hauptstadt ist erst nach wochenlangen Kämpfen von den Sowjets erobert worden.

Der Elfjährige hört zudem immer häufiger von dem, was in den eroberten deutschen Ostgebieten geschieht, von den Raubzügen, Plünderungen und Vergewaltigungen. Er sieht die großen Plakate in den Stadtbahnstationen, von denen besonders eines seine Aufmerksamkeit erregt. Es zitiert in Riesenlettern, was der amerikanische Finanzminister Morgenthau nach einem Sieg der Alliierten in Aussicht stellt: daß Deutschland nur mehr Bauernland sein dürfe. Aber wartet nur: die Wunderwaffe wird kommen. Sie wird mehr Zerstörungen anrichten als V1 und V2. Wir, die Deutschen – und noch meint der Elfjährige, daß er Deutscher ist – werden dafür sorgen, daß unser Land nicht um hundert, zweihundert, tausend Jahre zurückgeworfen wird.

Und dann schaue ich wieder um mich. Die Rundfunkspielschar ist längst Geschichte, die Lieder der Bewegung werden nicht mehr von Bubenstimmen gesungen, sondern krächzen bestenfalls von Schallplatten aus dem Radio. Die Stadt wird immer schwerer getroffen, zeigt immer mehr Ruinen. Auch sie, diese Zahnlücken im Gebiß der menschlichen Agglomeration, entbehren da und dort nicht eines gewissen Interesses. Da ist ein Haus so getroffen, daß die eine Hälfte vom Dach bis zum Keller glatt abrasiert scheint. Man sieht wie in einem Puppenhaus, was gewesen ist: im dritten Stock eine rosa Tapete, im zweiten eine blaue, im ersten einen grüne. Manchmal ist ein Stück des Fußbodens erhalten geblieben, ein Kasten balanciert gleichsam an der Wand. Manchmal fahren Lastautos durch trümmerübersäte Straßen, von Holzgas betrieben. Sie transportieren Leichen. Wir stehen mit dem Tod gleichsam auf du und du. Nur: Ist es uns bewußt?

Schuld? Wer ist schuld? Ein Foto in der Zeitung zeigt einen amerikanischen Piloten, der sich durch Fallschirmabsprung gerettet hat und abgeführt wird, durch ein Spalier von erbitterten, fast rasend wirkenden Frauen, die den Eindruck machen, als ob der Amerikaner einen Spießrutenlauf absolvieren müsse. Ein anderer Pilot, der letzte seiner Crew, sitzt tot in einem Bomber, der unweit des Burgtheaters niedergegangen ist. Er hält den Abzughebel des Bordmaschinengewehrs umkrampft, und eine Garbe löst sich nach der anderen. Wien im Spätwinter 1945.

Die Stadt ist zum „Verteidigungsbereich“ erklärt worden, heißt es. Also doch wie Budapest? In der Schule haben wir von zwei Türkenbelagerungen gelernt, die Wien angeblich zu einem „Bollwerk gegen den Osten" gemacht haben. Am Tag, da wir die Stadt verlassen, am Karsamstag 1945, zeigt sich der „Völkische Beobachter" noch optimistisch: Die Sowjets hätten beinahe die burgenländische Grenze erreicht.

> „Es stehen somit die Bolschewisten vor der Süd-Ost-Grenze des Reiches und aus der Geschichte der Vergangenheit steigen die Bilder der Türkenanstürme vor unserem geistigen Auge auf. Wir wissen um den glorreichen Ausgang jener Tage, in denen Wien sich wahrhaft als das unüberwindliche Bollwerk des Reiches erwies. Unsere Bevölkerung wird sich auch in diesen Tagen nicht weniger entschlossen und tapfer zeigen, als ihre Vorväter es waren, die mit Standhaftigkeit aushielten, bis die Stunde der Wende geschlagen hatte."

Was Bollwerk heißt, kann ich bei meinem letzten Besuch in Loipersbach erleben. Ein paar Volkssturmmänner, alte Herren mit grauen Bärten und weißen Haaren, denen die Karabiner an den ausgemergelten Schultern schlenkern, stehen rund um Erdhaufen, die man als „Ostwall" bezeichnet. Sogar wir Kinder lachen, aber es ist eine bange Heiterkeit, die da zum Ausdruck kommt.

Bangigkeit? Ahnen wir mehr, als wir wissen? „Nach diesem Zusammenbruch kann der Krieg militärisch nicht fortgesetzt werden", schrieb Albert Speer am 15. März 1945. Auch der Wehrmachtsbericht kann nicht mehr verschweigen, daß der Reichsminister für Rüstung und Kriegsproduktion recht hat. Die am 16. Dezember 1944 begonnene Ardennenoffensive hat am 28. Jänner 1945 mit einem Mißerfolg geendet. Die Alliierten erreichen das westliche Rheinufer, erobern am 6. März Köln, überschreiten am 7. März die seither durch einen Monsterfilm mit umfangreicher Starbesetzung berühmt gewordene Rheinbrücke von Remagen, besetzen am 8. März Bonn und Bad Godesberg. Am 24. März überschreitet die 21. Armeegruppe des Marschalls Montgomery den Rhein bei Wesel. Am 27. März erklärt General Eisenhower die deutschen Armeen an der Westfront für geschlagen.

In ihrem Buch „Die 23 Tage der Regierung Dönitz" zitiert Marlis G. Steinert Teile eines der letzten Berichte, den der Inlandsnachrichtendienst des Reichssicherheitshauptamts abgegeben hat:

> „Seit dem Einbruch der Sowjets weiß jeder Volksgenosse, daß wir vor der größten nationalen Katastrophe mit den schwersten Auswirkungen für jede Familie und jeden einzelnen stehen ... Die Bevölkerung leidet schwer unter dem Bombenterror. Die Verbindung zwischen den Menschen ist weitgehend abgerissen. Zehntausende von Männern an der Front sind bis heute ohne Nachricht, ob ihre Angehörigen, ihre Frauen und Kinder, noch am Leben sind oder wo sie sich befinden ... Niemand kann sich eine Vorstellung machen, wie wir den Krieg noch gewinnen können und wollen ... Alles Planen beginnt zu verzagen ... Der letzte Hoffnungsfunke gilt einer Rettung von außen, einem ganz ungewöhnlichen Umstand, einer geheimen Waffe von ungeheurer Wirkung. Auch dieser Funke ist am Verlöschen ..."

Die Amerikaner, höre ich Monate später, sind schneller gewesen. Sie haben ihre Atombomben am 6. August auf Hiroshima und am 9. August 1945 auf Nagasaki geworfen; am 2. September wird die japanische Kapitulation unterzeichnet. Die Deutschen haben gleichfalls an einer Atombombe gearbeitet. Wäre sie diese „geheime Waffe von ungeheurer Wirkung" gewesen? Ich zitiere weiter:

> „Viele gewöhnen sich an den Gedanken, Schluß zu machen. Die Nachfrage nach Gift, nach einer Pistole und sonstigen Mitteln, dem Leben ein Ende zu bereiten, ist überall groß. Selbstmorde aus echter Verzweiflung über die mit Sicherheit zu erwartende Katastrophe sind an der Tagesordnung ... Von einem wirklichen Haß gegen die Feinde kann keine Rede sein. Vor den Sowjets besteht eine ausgesprochene Furcht. Den Engländern und Amerikanern steht die Bevölkerung kritisch prüfend gegenüber."

Furcht vor den Sowjets, in der Tat. Die Russen kommen, hören wir. Und dann hören wir auch: Frauen und Kindern wird empfohlen, die Stadt zu verlassen. Wohin? Gen Westen, gen Westen. Jahre später, in Amerika, lese ich von dem amerikanischen Journalisten Horace Greeley, der vor rund anderthalb Jahrhunderten seinen jungen Landsleuten den Rat gab: „Go west, young man, go west!" Suchen wir jetzt den Westen, weil wir vor den amerikanischen Bomben fliehen, bevor auch wir erschlagen werden, oder flüchten wir vor den Russen?

Mein Vater, noch immer Plakatzeichner der Schutzpolizei (welche Plakate mag er damals wohl gezeichnet haben, da es doch keinen Straßenverkehr mehr gab?), hat für uns Quartier gemacht: in Mauterndorf am Radstädter Tauernpaß. Damals war der Ort im Lungau ein Marktflecken, der weitab von irgendwelchen kriegerischen Geschehnissen zu liegen schien, wie wir hofften. Heute beherbergt er eines der bekanntesten Gourmetrestaurants des Landes.

Am Karsamstag 1945 holt uns ein grüner Polizeibus ab, die Besatzung eine Handvoll Offiziere, die sich absetzen. Zwar ist in der „Kleinen Wiener Kriegszeitung" (jenem mageren Blatt, in dem wegen der Papierersparnis die kleinformatigen Wiener Zeitungen „Wiener Kronenzeitung“, „Das Kleine Blatt“ und das „Kleine Volksblatt“ vereinigt worden sind) ausgerechnet am selben Tag verlautbart worden, daß das „Verlassen des Gebietes des Reichsgaues Wien ohne neue Genehmigung des Fahrbereitschaftsleiters der Bezirksverkehrsstelle für motorisierte und bespannte Fahrzeuge aller Art“ verboten sei, aber Fahrzeuge „der Wehrmacht, SS und Polizei“ seien davon ausgenommen.

Wir profitieren davon. Die Sitzreihen im hinteren Teil des Polizeibusses sind ausgeräumt, ich sehe Maschinenpistolen aufgestapelt und Kisten, die unschwer als Munitionsbehälter identifiziert werden können. Meine Mutter, meine Tante, mein Bruder und ich dürfen mitfahren, für die Koffer ist gerade noch Platz. Und dann: ein Anblick, den ich immer noch vor Augen habe. Mein Vater winkt – und weint. Dabei trägt er seine Polizeiuniform. Dürfen Polizisten weinen?

X

Loipersbach ist Erinnerung. Mattersburg ist Erinnerung – der Ort, den ich per Fahrrad erstrampelte, weil dort im Kino „Wen die Götter lieben" gespielt wurde, der Mozartfilm mit Hans Holt. Rohrbach ist Erinnerung – die letzte Eisenbahnstation, bevor der Zug in Loipersbach-Schattendorf ankam. Alles ist nur noch Erinnerung, weil dort jetzt die Russen sind, die am 30. März beginnen, auf Wiener Neustadt vorzustoßen. Am 31. März ist die Semmeringbahn Ziel der sowjetischen Verbände, am 1. April, dem Ostersonntag, fällt Gloggnitz.

Der Polizeibus fährt über die Triester Straße, vorbei an der Spinnerin am Kreuz und hinunter über die sogenannte Reichsstraße Richtung Wiener Neustadt. Noch vor Baden wird abgebogen, Tieffliegergefahr! Dann geht es wieder zurück auf die heutige „17er" und in langer, stets stockender Kolonne von Militärautos und Flüchtlingswagen über die Serpentinen des Semmering. Man sieht die Türme der Wallfahrtskirche Maria Schutz; dort haben meine Eltern geheiratet. Die Kolonnen winden sich bergan. Bei einem Halt erfaßt den Elfjährigen ein menschliches Rühren, ich springe aus dem Bus und schlage mich in nahe Büsche. Im nächsten Augenblick ruckt die Kolonne wieder an, ich kann mit wehenden Lederhosenträgern den Bus erreichen, wo meine Mutter bereits die Hoffnung aufgegeben hat, inmitten dieser Kriegswirren den Buben bei sich behalten zu können.

Die Fahrt geht bis Mürzzuschlag. Die Offiziere, gewohnt, in besseren Hotels Quartier zu nehmen, beziehen Zimmer in einem großen Gasthaus an der Hauptstraße. Wir müssen aussteigen und in einem Eisenbahnwagon übernachten. Mein letzter Eindruck an diesem Abend: junge Soldaten, die mit Panzerfäusten in Richtung Semmering marschieren.

Es ist eine abenteuerliche Fahrt, die dann am Ostersonntag und Ostermontag – siehe, es verkehren sogar noch Züge! – von Mürzzuschlag über Bruck und Unzmarkt, dem Ausgangspunkt der schmalspurigen Murtalbahn, nach Mauterndorf geht. Schon in Bruck löst ein Fliegeralarm den anderen ab. Der Zug steht, die Passagiere suchen Zuflucht in einem Luftschutzstollen, besteigen nach der Entwarnung wieder die Garnitur, um sie unverzüglich wieder zu räumen, weil abermals die Sirenen heulen.

Irgendwo zwischen Knittelfeld und Zeltweg hält der Zug plötzlich und ruckartig. Noch ehe wir wissen, was geschieht, hören wir Motorengeräusch und den Alarmruf: „Tiefflieger!“ Die Menschen springen aus den Waggons und hetzen über eine Wiese in den Wald. Nicht alle schaffen es, etliche bleiben in den Wagen sitzen. Zwei amerikanische Doppelrumpfjagdbomber rasen im Tiefflug über den Zug, wenden, kehren zurück. Kein Schuß fällt. Die Piloten scheinen gesehen zu haben, daß es zumeist Flüchtlinge sind, die da angsterfüllt ihr Schicksal erwarten. Anderswo ist es nicht so glimpflich abgelaufen. Ein Schulfreund hat mir Jahre später erzählt, daß er, als er im Salzkammergut als Insasse eines Kinderheims, mit einem Freund auf freiem Feld unterwegs war, von amerikanischen Tieffliegern überrascht und beschossen wurde. Die beiden Buben seien, sagte er, einwandfrei als solche erkannt worden. Dennoch feuerten die Flieger – zum Glück trafen sie nicht.

Jene Maschinen, die im Murtal den Eisenbahnzug überflogen, haben nicht geschossen. Aber auch ein solches Erlebnis prägt. Der Elfjährige sieht es vielleicht, wie so vieles andere in diesen Tagen, als Abenteuer.

Wieder hat er keine Angst, nur Staunen. Ist jetzt wirklich der Krieg, den wir passiv bislang nur in den Kellern erlebt haben, bis in die freie Natur vorgedrungen? Die beiden Flugzeuge, die „feindlichen" Flugzeuge, denn es sind ja noch immer „Feinde", die da am Steuerknüppel sitzen – die beiden Flugzeuge verschonen uns. Nach einigen Minuten pfeift die Lokomotive. Es heißt: wieder einsteigen. Wir lösen uns aus den Büschen und dem Wald und klettern in die Waggons. Das Erlebnis ist vorübergegangen. Es soll nicht das einzige bleiben.

Osterwoche 1945. Quartier in einem Gasthof in Mauterndorf. Macht sich mein späterer Beruf bemerkbar, diese Lust, dieser Drang, Radio zu hören, Zeitungen zu lesen? In Wien ist es zum Schluß die erwähnte „Kleine Wiener Kriegszeitung" gewesen. In Mauterndorf hänge ich am Rundfunkempfänger und höre am 12. April, nicht einmal zwei Wochen nach unserer Abreise aus Wien, daß sich der Sprecher wieder einmal in Optimismus überschlägt. Der amerikanische Präsident Roosevelt ist gestorben, wenige Monate nach seiner neuen Wahl. Im großdeutschen Rundfunk, den es noch immer gibt, wird hoffnungsvoll eine Parallele gezogen zum Tod der Zarin Elisabeth von Russland, der den schon am Boden liegenden Friedrich II. von Preußen rettete. Die Russen, unter Elisabeth mit den Österreichern verbündet, zogen sich aus dem Siebenjährigen Krieg zurück und schlossen Frieden mit Preußen. Ausführlich erfahren die Hörer, welche Möglichkeiten und Chancen der Tod des amerikanischen Präsidenten in dieser Endphase des Krieges dem Großdeutschen Reich (oder was von ihm übriggeblieben ist) bieten könnte. „Berlin bleibt deutsch, Wien wird wieder deutsch", wird emphatisch prophezeit. Die Schlacht um Wien ist zu diesem Zeitpunkt bereits entschieden.

Entschieden ist auch das Schicksal des Dritten Reichs. Eine zweite Rundfunkmeldung läßt mich erstarren: „Aus dem Führerhauptquartier wird gemeldet, daß unser Führer Adolf Hitler heute nachmittag, in seinem Befehlsstand in der Reichskanzlei, bis zum letzten Atemzug gegen den Bolschewismus kämpfend, für Deutschland gefallen ist. Am 30. April hat der Führer den Großadmiral Dönitz zu seinem Nachfolger ernannt. Anschließend wird Großadmiral Dönitz zum deutschen Volk sprechen." Und dieser sagte:

> „Meine erste Aufgabe ist es, deutsche Menschen vor der Vernichtung durch den vordringenden bolschewistischen Feind zu retten. Nur für diesen Zweck geht der militärische Kampf weiter. So weit und so lange die Erreichung dieses Zieles durch Briten und Amerikaner behindert wird, werden wir uns gegen sie weiter verteidigen und weiter kämpfen müssen. Die Anglo-Amerikaner setzen dann den Krieg nicht mehr für ihre eigenen Völker, sondern allein für die Ausbreitung des Bolschewismus in Europa fort."

Starre. Überraschung. Ich kann mir alles das, was geschieht, nicht vorstellen, und weiß doch, daß es Wahrheit ist, Realität. Ich glaube zu wissen, daß das Dritte Reich im Chaos untergeht, aber ich weiß nichts von der Regierung Dönitz, von den Intrigen in der deutschen Führungsspitze, von den Kontroversen zwischen Heinrich Himmler und Hermann Göring.

Und plötzlich SS im Ort. Das Schloß Mauterndorf wird streng bewacht. Hermann Göring, sagt man, habe nun selbst Hochverrat begangen und werde jetzt in jener Burg festgehalten, die, wie es heißt, seiner Familie gehört.

Gleichzeitig schieben sich deutsche Militärkolonnen in Richtung Radstädter Tauernpaß. Ich sitze mit einem neugewonnenen Freund auf einer Böschung und beobachte die Autos mit den deutschen Militärkennzeichen.

Und dann – dann offenbart sich alles das, was dem Buben in den letzten Monaten eingeredet worden ist, was er an Doktrin empfangen hat und was er jetzt mit einem Satz los wird. Er wendet sich dem Freund zu und fragt ihn: „Sag, glaubst du noch an den Endsieg?“ Leise sagt er es, weil man nicht wissen kann, ob nicht hinter dem Busch, hinter dem Baum einer mit dem Totenkopf an der Kappe steht. Der Gefragte wagt nicht zu verneinen, noch immer nicht. Er zuckt einfach mit den Achseln und blickt wieder starr hinunter auf die Militärautos.

Szenenwechsel. Neues Quartier, diesmal in Begöriach, einem Weiler unweit von Mauterndorf. SS auch hier. Vor dem Endbahnhof der Murtalbahn landet ein Fieseler Storch, das hochgestelzte einmotorige Flugzeug der deutschen Luftwaffe. Hermann Göring, sagt man, werde weggebracht. Ein Gerücht? Wahrheit? Es herrscht Chaos auch in der Nachrichtenübermittlung. Hier im Salzburgischen, im Lungau, gehen die Uhren plötzlich anders.

Das heißt: sie gehen nicht anders, sie gehen zurück und dann wieder vor. Sie gehen zurück: In den letzten Apriltagen, möglicherweise waren es die ersten Maitage, kampieren in Begöriach, jenem Ortsteil von Mauterndorf, in dem wir Quartier finden, britische Kriegsgefangene. Der Krieg ist hier noch nicht aus, die Gefangenen bleiben gefangen, bewacht von grauhaarigen deutschen Soldaten; so, denke ich, muß die Landwehr im Ersten Weltkrieg ausgesehen haben. Die Engländer lagern auf einer Wiese mitten im Örtchen, und die Dorfjugend versucht, mit ihnen zu sprechen, unter den bereits wohlwollenden Blicken der „Bewacher“. Nicht nur sprechen wollen wir, nicht nur die paar Brocken Englisch präsentieren, die wir weiß Gott von woher aufgeschnappt haben. Wir versuchen auch, mit den Noch-Kriegsgefangenen zu handeln. Sie sind alle wohlgenährt, diese Engländer in ihren khakibraunen Uniformen, und aus augenscheinlichen Gründen gut gelaunt. Und sie besitzen, was wir seit Jahren nicht mehr gesehen haben: Delikatessen. Vom internationalen Roten Kreuz sind diese in Lebensmittelpaketen dem in Kriegszeiten geltenden internationalen Abkommen zufolge geliefert worden. Da sind Fleischkonserven aus Südafrika, Sardinen aus Neuseeland, Datteln, Feigen, da ist Bananencreme und der obligate Plumpudding. Und da ist vor allem Schokolade. Wir plündern, soweit vorhanden, unsere Sparbüchsen und offerieren Reichsmark, die (aber das wissen wir natürlich nicht) ohnehin nicht mehr lange gelten werden. Die Engländer winken ab und schenken uns Schokolade. Sie wollen dafür frisches Brot haben, das die Rot-Kreuz-Pakete nicht enthielten.

Die Skurrilität der Szenen kommt uns nicht zu Bewußtsein: daß es ja eigentlich noch immer „Feinde" sind, Kriegsgefangene, Engländer noch dazu, die, wie wir wissen, deutsche Städte verwüstet haben. Und daß wir, die Buben, denen man eingetrichtert hat, dem europäischen Herrenvolk anzugehören, jetzt von diesen „Feinden" Schokolade geschenkt bekommen und dafür dankbar sind.

Zwei Tage später: Derselbe Platz, aber ein anderer „Feind". Die Engländer sind weg, an ihrer Stelle lagern russische Gefangene. Der Unterschied ist nicht zu ermessen. Jetzt sind es die Russen, ausgemergelte Gestalten in verschmutzten Uniformen, mit denen wir in Kontakt treten. Aber das Szenario ist ein anderes. Die Russen betteln um Brot und bieten selbstgefertigte „Souvenirs", etwa jene bekannten „Puppen in der Puppe", die „Matrjoschkas", oder kleine Flaschen, in die kunstfertig eine Kreuzigungsgruppe hineinpraktiziert worden ist. Ein Golgotha im Glas gewissermaßen. Ist es ein Zeichen der Religiosität einfacher Muschiks?

Wieder ein Tag später. Dort, wo Engländer und dann Russen kampiert haben, macht sich eine Abteilung der

Waffen-SS breit. Sie wissen, daß der Krieg verloren ist, es sind junge Leute, niedergedrückt die einen, hoffnungsvoll die anderen, noch immer gut ausgerüstet, in offenbar neuen Uniformen. Am nächsten Tag sind auch sie verschwunden, haben sich über den Radstädter Tauernpaß in Richtung Salzburg abgesetzt.

Es herrscht Chaos rundum, auf den Straßen, mehr noch in den Köpfen der Menschen. Auch in meinem, auch in unseren Köpfen. Glaubst du noch an den Endsieg? Hatten Vergeltungsschläge Sinn, hat es die „Wunderwaffe", von der uns immer erzählt worden war, wirklich gegeben? Irgendwie ist das, was sich in diesen letzten April- und ersten Maitagen des Jahres 1945 abspielt, für uns Buben doch nichts anderes als ein großes Abenteuer. Einer der abrückenden deutschen Soldaten schenkt mir ein Pferd – einfach so. Er kann es nicht mehr brauchen. Er drückt mir einen Strick in die Hand, den das Tier um den Hals trägt, und verschwindet. Ich bin noch nie geritten und versuche es. Ohne Sattel, ohne Zaumzeug. Karl May im Lungau. Old Shatterhand in Mauterndorf. Irgendwie muß das Tier an Reiter gewöhnt gewesen sein, denn es beschleunigt seinen Schritt, wenn ich ihm die Hacken in die Flanken bohre. Es rüttelt und schüttelt, ich kann das Gleichgewicht nicht halten. Brrr! So sagten die Bauern, wenn sie ihr Gespann bremsen wollten. Das Beutepferd gehorcht sonderbarerweise.

Was ich mit dem Tier schließlich getan habe, wie ich es wieder losgeworden bin, weiß ich nicht mehr. Zu viel stürmt in diesen Tagen auf mich ein. Ich weiß nichts von den Teilkapitulationen der Deutschen Wehrmacht, nichts schließlich von der militärischen Lage in diesem Teil des Salzburger Landes. Ich weiß aber, daß der Krieg zu Ende ist – und daß sich diese letzten Zuckungen des Krieges buchstäblich vor unserem Fenster abspielen. Wenn es knallt, ist es kein Tiefflieger, sondern es wird ein Pferd erschossen und dann ausgeweidet. Hat auch „mein“ Pferd ein solches Ende gefunden?

Pferde, Pferde, Pferde. Teile einer deutschen Kavalleriedivision haben im breiten Tal zwischen Tamsweg und Mauterndorf Camps errichtet. Ferdinand Freiligrath, Carl Löwe: Zelte, Posten, Wer-da-Rufe. Fast wie bei Prinz Eugen. Früher noch! Fast wie im Dreißigjährigen Krieg! Die Wiesen sind ein einziges Zeltlager, Hunderte von Pferden davor, in der Nacht ein Meer von Lagerfeuern. So, denke ich, muß eine Armee im siebzehnten, im achtzehnten Jahrhundert kampiert haben. Vielleicht eine, die Friedrich der Große kommandierte? Vielleicht eine wie im „Film der Nation“? Ganz kann ich noch nicht ablegen, was mir in den letzten sieben Jahren eingetrichtert worden ist.

Abenteuer auch das, gefährliches Abenteuer bisweilen. Entlang der Rückzugsstraßen der Deutschen – in Mauterndorf treffen einander Armeeteile aus Italien, die über den Katschberg gekommen sind, und solche aus Südost von Unzmarkt her – liegen Karabiner, Maschinengewehre, Panzerfäuste haufenweise, finden wir abgestellte und verlassene Armeeautos. Kriegsende als Paradies für Halbwüchsige. Das Chaos Spielwiese für Kinder.

Wir denken nicht, so schnell wechseln die Eindrücke. Einer prägt sich besonders tief ein. In der Kirche von Mauterndorf veranstalten deutsche Soldaten ein Konzert. Einer sitzt an der Orgel, ein Offizier spielt Geige. Das Largo von Händel ertönt: *Ombra mai fu.* Musik im Chaos, herrliche Musik. Ein paar Tage vorher hat mir einer der durchziehenden SS-Leute ein kleines Buch gezeigt, das er aus seiner Uniformtasche holte: Goethes „Faust“, erster Teil. Er habe es den ganzen Krieg über mit sich getragen, erzählt er mir. „Es ist das schönste Werk der deutschen Dichtkunst“, meint er.

Auf „unserem“ Bauernhof lebt eine junge Russin, heute würde man Fremdarbeiterin sagen, mit ihrer kleinen Tochter. Sie gilt längst als eine Art Familienmitglied, fühlt sich hier zu Hause, spricht gebrochen Deutsch, kann aber ihre Freude nicht verbergen, als sie erfährt, daß sie nun bald werde heimkehren können. Heim? Nach Rußland? Noch, scheint es, ist ihr die Heimat wichtiger als die Fremde, in der sie – auch das zum Thema Fremdarbeiter! – eigentlich eine gute Zeit verbracht hat. Sie ist dann plötzlich mitsamt dem Kind aus unserem Gesichtskreis verschwunden.

Aus der Bauernstube höre ich, wie emsig die Nähmaschine betätigt wird. Die Bäuerin trennt das Hakenkreuz aus einer Fahne und näht diese in eine rot-weiß-rote um. Wann sie zum erstenmal gehißt wurde, weiß ich nicht mehr. Wahrscheinlich dann, als die ersten britischen Jeeps durch den Ort fuhren. Vorher kündigt eine Bekanntmachung im Anschlagkasten des Gemeindeamts an, daß mit dem Eintreffen der „Alliierten“ zu rechnen sei und daß dann die Häuser nicht verlassen werden sollen. Alliierte? Zum erstenmal höre ich, lese ich diesen Ausdruck. Sind das die, die man vorher als Feinde bezeichnet hat?

Zuerst kommen die Engländer, dann die Amerikaner. Erstmals sehe ich Jeeps. Erstmals sehe ich von Angesicht zu Angesicht jene Menschen, die wenige Wochen vorher aus der Luft meine Heimatstadt verwüstet haben. Sonderbar, wie schnell sich die Psyche eines Kindes umzustellen bereit und in der Lage ist. Ist uns allen die Fähigkeit angeboren, sich zu arrangieren, sich einer geänderten Situation schnell anzupassen? Ist das eine Art von Mimikry?

Im Dschungel des Lebens ist sie vonnöten. Das Kind, durch Kriegserlebnisse früh gereift, ist selbst am Rand von Abgründen der Existenz immer noch in der Lage, trittfest zu bleiben. Mein Vater, der uns mit dem Polizeiautobus aus Wien hat hinausbringen lassen, kommt kurz vor Kriegsende noch in Polizeiuniform mit einem anderen Transport durch Mauterndorf, wo wir ihn freudig begrüßen. Er muß nach kurzem Aufenthalt über den Tauernpaß weiterfahren. Unterwegs erkrankt er an Lungenentzündung und wird in Bad Hall in ein Krankenhaus gebracht. Auf abenteuerliche Weise erfahren wir davon, meine Mutter kann um teures Geld ein Auto mieten, und wir fahren ihm nach und holen ihn nach Tamsweg heim.

Tag für Tag besuchen wir ihn dort im Spital, das in ein Lazarett umgewandelt worden ist. Neben ihm liegt ein Flieger, der mit schweren Brandwunden einen Absturz überlebt hat. Das Gesicht ist zur Hälfte verschwunden, die Nase ist weg, die Zähne blecken aus einem lippenlosen Mund. Ich fürchte mich – vor allem auch wegen des Geruchs, den dieser Mensch ausströmt. Weiß er es? Fühlt er es?

Es sind elf Kilometer von Mauterndorf nach Tamsweg, die Distanz haben wir, neben den Gleisen der Murtalbahn wandernd, immer wieder zurückgelegt, 22 Kilometer also pro Tag. Mein Vater gesundet langsam, darf ausgehen, aber die Lungenentzündung, an der er laboriert, überfällt ihn ein zweites Mal. Und er erliegt ihr, 51 Jahre alt, stirbt an einer Krankheit, die auszukurieren heute keine Probleme gemacht hätte.

Sein Leben lang, schon auf dem Torpedoboot im Ersten Weltkrieg, war er ein Kettenraucher gewesen, schnitt im zweiten Krieg selbstgezogene Tabakblätter klein, als die Zuteilung der Raucherkarte ihm nicht genügte. Die Entbehrungen der Kriegszeit hatten jetzt ihren Preis gefordert. Papa hatte bereits Pläne gemacht, wollte in Wien mithelfen, das Handelswesen neu zu organisieren, wollte dabeisein, wenn es galt, die Wirtschaft anzukurbeln. Aus!

Der Verlust eines Elternteils trifft Kinder mit unsäglicher Wucht. Ist das auch der Fall, wenn äußere Umstände für Ablenkung sorgen? Der Krieg hat meinen Vater als spätes Opfer gefordert. Der Krieg ist zu Ende. Wir sind Halbwaisen. Was bleibt, ist die Erinnerung an einen Vater, der einfach alles konnte, der nach heutigen Begriffen ein Polyhistor war, ohne Fehl, ein Vater, der alles andere als ein „Täter" war.

Schluß damit. Vor ein paar Jahren habe ich Mauterndorf wieder besucht, wir fuhren über die nun ausgebaute Bundesstraße, und wenn ich die Augen schloß, sah ich die unzähligen Wracks vor mir, die damals in den Waldstücken lagen, die Gewehre und MGs, die zurückgelassen worden waren. Auch das hat geprägt. Prägung in der Kindheit: ein Stempel, der ins Hirn (und ins Herz?) gedrückt wird.

Langsam gewöhne ich mich daran, daß das Wort „Österreich" fällt. Österreich – der Name taucht aus der Erinnerung auf. Wann habe ich rot-weiß-rote Fahnen zuletzt gesehen? Als Fünfjähriger, als die Wiener Häuser für die Volksabstimmung, die dann nicht zustande kam, beflaggt waren. Wir leben wieder in Österreich, wir sind Österreicher. Irgendwie klingt es sonderbar. Noch gibt es Briefmarken mit dem Hitlerkopf, die einen schwarzen Querstempel tragen: „Österreich". Dann sind sie auf einmal verschwunden, und das Markenbild stellt ein Posthorn dar. Einer aus Begöriach, ein alter Förster, freut sich: „Da Hitler-Vetta is weg!" Posthörner auf Briefmarken seien ihm viel sympathischer, sagt er. Die anderen stimmen ihm zu.

Der Hitler-Vetta ist weg, die Amerikaner sind da. Sie quartieren sich in einem Gasthof ein und parken ihre Jeeps davor. Zum ersten Mal sehe ich jene amerikanischen Armeefahrzeuge, die ich bisher nur aus der deutschen Wochenschau kannte – dort wurden sie als Beutegerät gezeigt.

Fürchten wir uns jetzt vor den „Feinden", oder sind sie keine Feinde mehr? Bis zu einem gewissen Grad herrscht Verwirrung in den Hirnen. Einerseits dürfen die Soldaten, die noch nicht als Besatzer gelten, sondern allem Anschein nach als Eroberer, nicht mit der Bevölkerung sprechen. Es gilt ein „Fraternisierungsverbot". Was ist das? Was meint man damit? Egal, die Amerikaner halten sich nicht daran. Einer fragt mich, ob ich nicht eine ältere Schwester habe. Warum? Der Uniformierte schmunzelt vieldeutig. Ich kenne mich nicht aus, verneine wahrheitsgemäß und frage später meine Mutter, was der Mann in der braunen Uniform und dem Schiffchen auf dem Kopf gewollt habe. Meine Mutter lenkt das Gespräch auf das Wetter.

Sie hat ja auch andere Sorgen. Weit von Wien wissen wir nicht, was in unserer Heimatstadt geschieht, wie lange gekämpft worden ist, welche Zerstörungen angerichtet worden sind. Wir wissen nur, daß das Parfümeriegeschäft, unsere Einnahmequelle, nicht mehr existiert. Also finden wir uns vis-à-vis de rien. Wir sind in dieser Hinsicht in Mauterndorf nicht allein. Eine ganze Reihe von Flüchtlingsfamilien aus Wien teilt unser Schicksal. Flüchtlinge. Sind wir Flüchtlinge? Wer seine Stadt verläßt, weil er sich fürchtet, muß wohl einer sein. Daß Jahrzehnte später genau dies Gegenstand permanenter Debatten sein wird, wissen wir nicht.

Dürfen Flüchtlinge betteln? Sonderbar, daß mir die Gedanken an die Art und Weise, in der wir uns einen Teil der notwendigen Nahrung verschafften, auch heute keine Pein bereiten. Wenn man nicht genug zu essen hat, muß man sehen, wie dieses Manko aufgefüllt werden kann. Wenn die Lebensmittelmarken, die auch den Flüchtlingen zugeteilt werden, nicht ausreichen, muß man sich anderswo versorgen.

Dieses „anderswo" ist in unserem Fall der Garten des Gasthofs, den die Amerikaner beschlagnahmt haben.

Täglich steht eine Gruppe von Buben (die Mädchen sind offenbar zu schüchtern) in einer Reihe vor der Tür des Speisesaals und wartet darauf, daß die Soldaten diesen nach dem Mittagessen wieder verlassen. Jeder von uns hat ein Kochgeschirr in der Hand; mir ist eines mit langem Stiel in die Hand gedrückt worden, eines, das als militärischer Blechnapf bezeichnet wird.

Die Amerikaner, wohlgenährt und satt, essen nie auf, was ihnen der Koch auf den Teller häuft. Ich wundere mich. Wie kann man stehenlassen, was serviert wird? Seit Jahren ist mir eingebläut worden: Was auf den Teller kommt, wird gegessen. Selbst heute kann ich mich von diesem Erziehungsprinzip der Kriegsjahre nicht freimachen.

Auch die Amerikaner sind Krieger. Aber sie essen nicht alles auf, was auf den Teller kommt. So bleibt ein Gutteil für uns übrig. Sie wandern an der Reihe der Kinder vorüber und schieben die Reste ihrer Mahlzeit in unsere Geschirre. Nach amerikanischer Sitte haben sie Hauptspeise, Beilagen und Dessert zusammen auf ihre „plates" geladen. Faschiertes, baked beans, Salat, Kuchen – alles gemeinsam: na und? Zum ersten Mal sehe ich, daß die „Feinde" eigentlich keine sind – besser: nicht mehr sind. Von der Moskauer Deklaration weiß ich nichts, jener aus dem Jahre 1943 stammenden Erklärung der Alliierten, wonach Österreich das erste Opfer – Opfer! – der Hitlerschen Aggression sei, daß aber in Rechnung gestellt werde, welche Leistungen dieses Land selbst für seine Befreiung erbringe.

Einschub: Fühlen wir uns befreit? Ich weiß nicht, wie sich die Russen in Wien aufführen. Ich weiß, daß es Konzentrationslager gegeben hat. Ich weiß nicht, was in diesen passiert ist. Ich weiß, daß etliche österreichische Städte von den Amerikanern in Schutt und Asche gelegt worden sind. Was heißt „Befreiung"? Doch wohl, daß wir jetzt frei sind. Immerhin hat nun das Posthorn den Hitler-Vetta abgelöst. Immerhin ist aus dem Anschlagkasten der Gemeinde Mauterndorf der Stempelabdruck mit dem Reichsadler verschwunden. Immerhin wird rot-weiß-rot beflaggt.

Aber fühlen wir uns frei, wir Kinder, die noch nicht wissen, daß wir Kinder sind, deren Väter, so wie die Deutschen, angeblich „Hitlers willige Vollstrecker" gewesen sind? Wir können mit dem Begriff Freiheit nichts anfangen. Wir haben uns vorher eigentlich nicht unfrei gefühlt, weil uns der Unterschied zur Freiheit nicht bekannt war. Jahre später erfahre ich, daß in Loipersbach der Ortsgruppenleiter der NSDAP, ein verhältnismäßig junger Bauer, Selbstmord begangen hat, als sich die Russen dem Ort näherten. Er hat seine Frau, seine beiden Kinder und sich selbst erschossen. Ich erinnere mich noch sehr gut an den blonden Buben und dessen ebenso blonde Schwester mit den langen Zöpfen. Die Kinder waren jünger als ich, waren trotzdem Spielgefährten in den Ferien. Jetzt sind sie tot. Immer wieder stelle ich mir nicht den Bauern, nicht die Bäuerin, aber den Buben und das Mädchen vor, wie sie blutig auf der Erde liegen. Ihr Vater wäre nach den Kriegswirren schlimmstenfalls als Minderbelasteter behandelt worden. Er hat die Befreiung nicht erlebt, weil es für ihn keine Befreiung war.

Zurück zum Essen, das uns die Befreier zwar nicht frei Haus, aber doch in unsere Kochgeschirre liefern. Die Speisereste werden daheim aufgewärmt, sie sind für mich das erste Kennenlernen amerikanischer Gastronomie und amerikanischen Geschmacks. Muß ich mich schämen, weil dieses Kennenlernen auf eine, wie man heute sagen würde, demütigende Art geschah? Noch einmal: Auch dieses Erlebnis prägt. Und noch eines. Einmal drückt ein Amerikaner eine Zigarette auf seinem Teller mit den

Speiseresten aus, bevor er Miene macht, die Überbleibsel in mein Geschirr zu leeren. Ich schaue ihn verblüfft an, nehme die Geste nicht als bewußte Demütigung, sondern als Versehen. Der Soldat leert dann den Teller ins Gras.

Es ist ein Einzelfall. Viel häufiger bekommen wir Schokolade geschenkt, und auch die Markenbezeichnung „Wrigley" kennen wir jetzt gut, jenen grünverpackten Kaugummi, von dem wir anfangs nicht wissen, wie er zu gebrauchen ist. Wir halten ihn für eine Art von Pfefferminzzuckerl und schlucken ihn, bis uns die Soldaten eines besseren belehren.

Sommer 1945. Wieso sind die Jahreszeiten unserer Kindheit genauso, wie wir heute meinen, daß sie sein sollten? Deutlicher gesagt: Wieso erinnern wir uns, daß die Sommer heiß und die Winter kalt waren, wieso sehen wir vor unserem geistigen Auge die wogenden Ährenfelder unter gleißender Sonne und die Eiszapfen Vorhängen gleich von den Dächern hängen? Im Jahr 1945 ist der Sommer so, wie es sich gehört – meteorologisch jedenfalls. Noch liegen die Autowracks an der Straße nach Tamsweg, noch verwesen Pferde im Straßengraben, aber es scheint, daß sich das Leben hier in Mauterndorf langsam normalisiert.

Meine Mutter verdient Geld mit Schneiderarbeiten. Sie näht um bares Geld Dirndlkleider für die Bräute amerikanischer Soldaten. Woher die Stoffe kamen, kann ich beim besten Willen nicht mehr sagen, und auch nicht, welche Maße die GI's (den Ausdruck kannte ich freilich noch nicht) angaben, da die Damen ja in den USA lebten. Allein, es kommt Geld herein, und das brauchen wir. Eine rumänische Flüchtlingsfrau übt mit mir Französisch, das ich auf Wunsch meiner Eltern schon in der zweiten Volksschulklasse zu lernen begonnen hatte. Englisch bringt mir ein amerikanischer Sender bei, den unser Radio empfangen kann; gelegentlich überdeckt das Rauschen die richtige Aussprache, die dann von den Soldaten ausgebessert wird.

Sommer 1945, der dann langsam in den Herbst übergeht. Eines Tages werden die aus Wien „verlagerten“ Familien amtlich aufgefordert, sich zu melden, weil sie in die Stadt Salzburg gebracht werden könnten, um dann per Eisenbahn wieder in ihre Heimatstadt zurückzukehren. Zu diesem Zeitpunkt haben wir bereits einen Brief erhalten, in dem uns von Verwandten mitgeteilt wird, daß unser Wohnhaus unversehrt sei und auch die Wohnung nicht geplündert. Das Hausmeister-Ehepaar habe aufgepaßt. Das hat es ja damals noch gegeben: Hausbesorger, die jeden Besucher prüfen, den sie nicht kennen, die in der Tat das Haus „besorgen“, weil sie sich um das Haus sorgen, die am Sonntagnachmittag auf einem Sesselchen vor dem Haustor sitzen und die letzten Sonnenstrahlen genießen – kurz, die eine Wiener Institution sind, besser gesagt: waren.

Go east, young men, go east. Das freilich ist leichter gesagt als getan. Oder, wie man auch sagen könnte: Über den Radstädter Tauern geht‘s leicht, dann zieht sich der Weg. Die Wiener Familien werden auf einen Lastwagen gepackt, wir sitzen auf unseren Koffern und Schachteln, und dann kurvt das Auto über die damals noch schmale Bergstraße. Vorher noch werfen wir einen letzten Blick auf den Friedhof. Als mein Vater begraben wurde, hatten wir Alpenrosen auf den Sarg gelegt.

XI

Wieder Tauernpaß. Radstadt, dann Salzburg. Ich kenne die Stadt nicht, bin noch nie dort gewesen. Salzburg quillt von Amerikanern über, kolonnenweise fahren die Militärlastwagen mit dem großen weißen Stern durch die Straßen, immer wieder sehe ich auch die mir längst vertraut gewordenen Jeeps. Ich weiß nicht, wie, wo und wann, vor allem aber: wie lange wir Quartier beziehen müssen, bis ein Transport nach Wien zusammengestellt ist. Irgendwie wird von meiner Mutter Papierkram erledigt, und dann werden wir mit den anderen Wienern aus Mauterndorf in eine zu einem Flüchtlingslager umgewandelte Gewerbeschule am Salzachufer gebracht. Dort ist ein großer Saal – ein Turnsaal? – mit Tragbahren ausgestattet. Dutzendweise stehen sie in Reih und Glied, wie in einem Lazarett. Säcke liegen daneben, man muß sie mit Stroh stopfen, um nicht auf den harten Unterlagen zu liegen. Meine Mutter verliert im Stroh ihren Ehering, den sie zusammen mit dem meines Vaters getragen hat. Eine Nadel im Heuhaufen? Ein Ehering im Strohgebirge. Es geschehen noch Zeichen und Wunder. Der kleine goldene Reif kollert auf den Boden.

Eine Woche auf Tragbahren. Eine Woche in einem Saal zusammen mit vielen Menschen, Rückwanderer alle, die auf die Fahrt nach Hause warten. Eine Woche, die uns zum Glück nicht ohne Nachrichten läßt. Es gebe, erfahre ich, in Wien eine neue Regierung, geführt von einem Herrn namens Karl Renner. Die Zeitung, die ursprünglich von den Amerikanern herausgegebenen „Salzburger Nachrichten“, bringt eine Schilderung von dem Herrn mit dem weißen Spitzbart. Er sei, sagen die Mitbewohner des Tragbahren-Saales, ein alter Sozialdemokrat, der schon nach dem Ersten Weltkrieg aktiv gewesen sei. Was ist das, ein Sozialdemokrat? Politik beginnt mich jetzt noch mehr zu interessieren als in der Zeit, da sie mir durch Bomben und Tiefflieger, durch SS und Zusammenbruch oktroyiert worden ist.

Die Russen hätten ganz Niederösterreich besetzt, erzählen die Menschen. Sie meinen wohl Niederdonau, oder? Und ist das Burgenland jetzt wieder selbständig geworden? Ich studiere Landkarten. Irgendwo habe ich einen Plan von Wien aufgetrieben. Die Stadt, weiß ich jetzt, soll von allen vier Alliierten besetzt werden. Unser Wohnhaus, das unversehrte, steht nun in jenem Sektor, der als englische Zone gilt.

Eine Tragbahre eignet sich kaum zum Träumen, dennoch fahre ich nächtens im Traum mit der Stadtbahn, steige an der Haltestelle Pilgramgasse aus, gehe den gewohnten Weg in die Schönbrunner Straße. Immer wieder. Die Hoffnung, daß alles so ist, wie es einmal war, macht den Traum zum Wunschtraum.

Eine Woche Salzburg, eine Woche Regen. Die Kleider sind feucht, das Stroh in den Säcken gleichfalls. In großen Lachen steht das Wasser auf der Fahrbahn. Ein amerikanischer GMC-Lastwagen, einer der in der Army gebräuchlichen, fährt vorüber. Neben dem Chauffeur sitzt ein farbiger Soldat. Er sieht meinen Bruder und mich und wirft uns eine Orange zu. Wir kennen die Frucht vom Sehen, erinnern uns an die erste Volksschulklasse, wo im Schulbuch Orangen zum Zählenlernen abgebildet waren. Wie schmecken sie? Sie sind uns fremdartig geworden, genauso wie Bananen, die wir gleichfalls in grauer Vorzeit gegessen haben.

Die Orange, die uns der Soldat aus dem LKW zuwirft, rollt durch eine der Pfützen. Nein, es war nicht

Absicht. Der Uniformierte wollte sie uns offenbar wie einen Baseball entgegen werfen, und wir sollten sie auffangen. Noch bevor wir danken können, ist das Auto weitergefahren. Die Orange hat geschmeckt.

Salzburg im Herbst 1945. Eine von den Amerikanern besetzte Stadt. Amerika als gelobtes Land, jetzt jedenfalls. Immer wieder kommen die Bomben ins Gedächtnis zurück. Immer wieder zucke ich zusammen, werde nervös, wenn ich irgendwo eine Sirene höre. Vor sechs Monaten sind noch die Superfestungen über Wien geflogen, haben Bombenteppiche gelegt, Häuserzeilen niedergemäht. Und jetzt: eine Orange, die uns ein Amerikaner zugeworfen hat. „Von einem wirklichen Haß gegen die Feinde kann keine Rede sein“, wurde dem Reichssicherheitshauptamt gemeldet. Können Buben hassen? Ich lese von den vergeblichen Versuchen der Deutschen, im letzten Moment des Krieges noch Hitlerjungen zu „Werwolf“-Rudeln zu organisieren. Werwolf: nicht das letzte, sondern das allerletzte Aufgebot. Hitlerjungen als Kämpfer, als der Kampf bereits aussichtslos ist. Die letzte Filmaufnahme Hitlers zeigt den „Führer“, wie er eine Reihe von angetretenen Buben, nein: Kindern, begrüßt, die alle das Eiserne Kreuz bekommen haben. Hitler hat den Kragen hochgestellt und tätschelt einem der Buben die Wange. Hat der Bub gehaßt? Hat er nur Befehle ausgeführt? Hat er später Schokolade bekommen von den Amerikanern und Kaugummi?

Vielleicht liegt es am Alter, daß Feindschaft, oder was man für sie hält, sich schnell zu Freundschaft wandeln kann. Oder sind es die Umstände? Genauso wie Hochverrat angeblich eine Frage des Zeitpunkts ist, scheint auch für Feindschaft und Freundschaft das gleiche zu gelten. Man kann alles, was in der frühen Jugend geschieht, in die Rubrik „Erlebnis“ einordnen. Der Frühling, Sommer und Herbst 1945 sind, so skurril es klingen mag, für uns Elf- und Zwölfjährige ein Abenteuer gewesen. Wie oft habe ich das eigentlich schon gesagt? Gelegentlich ist der Tod aus der Kulisse getreten. Man hat ihn bald wieder verdrängt.

Und jetzt ist Frieden. Ich kann mir vorerst nicht vorstellen, was das bedeutet. Die Hälfte meines Lebens war Krieg. Die Hälfte *unseres* – der Gleichaltrigen – Lebens war Krieg. Wir wissen nicht mehr oder können uns jedenfalls nicht mehr erinnern, was vorher war. Es muß wohl Frieden gewesen sein. Jene Zeit, aus der die Seifen stammen, die im elterlichen Parfümeriegeschäft aufbewahrt wurden und die wir dann aus den Ruinen und Trümmern ausgegraben haben. Jene Zeit, in der es noch Schokolade zu kaufen gab. Jene Zeit, in der man noch nicht von „Friedensqualität" sprechen mußte, weil es ganz natürlich war, daß alles, was man im Frieden kaufte, eben diese „Friedensqualität" hatte.

Und jetzt ist wieder Frieden. Besser gesagt: Nicht-Krieg. Kein Sirenengeheul mehr. Keine Furcht, wenn sich Flugzeuge am Himmel zeigen. Kein Zwang mehr, den Luftschutzkeller aufzusuchen. Keine Angst mehr vor – wovor? Vor wem?

Haben die Kinder jener Zeit das Gefühl, jetzt freier zu sein als vorher? Wissen sie, die diesen Sommer 1945 erlebt haben, den Unterschied zu werten und zu schätzen zwischen Krieg und Frieden, zwischen Repression und Freiheit? Haben sie die Repression gespürt?

Eine Woche Salzburg. Eine Woche Schnürlregen. Eine Woche Nachtlager auf Tragbahren. Ich las viel. Welche Art von Lektüre es war, weiß ich heute nicht mehr. Bestimmt waren es die „Salzburger Nachrichten". In Mauterndorf hatte ich die Pfarrbücherei frequentiert. In Wien war ich Kunde einer Leihbibliothek gewesen, von denen es in diesen Jahren noch sehr viele gab. Die Bücher aus der Bibliothek meiner Eltern waren zu „schwer", ich wurde angehalten, mich mit Lektüre zu versorgen, die meinem Alter angemessen war und die heute, im Zeitalter Harry Potters, nur mehr mit mitleidigem Lächeln quittiert werden würde: Friedrich Gerstäcker, James Fenimore Cooper, die sogenannten Zukunftsromane von Hans Dominik – und vor allem Karl May, sehr viel Karl May.

Jetzt, in Salzburg, habe ich nichts von alledem. Ich muß mich mit der Tageszeitung begnügen, suche – und finde – Meldungen über das, was in Wien vorgeht. Wien, Wien – warum wird das Heimweh jetzt auf einmal so groß wie nie zuvor? Warum zähle ich die Stunden bis zur Heimfahrt, von der wir nicht wissen, wann sie stattfinden wird?

Im Salzburger Hauptbahnhof wird indessen ein Güterzug zusammengestellt, eine Garnitur von Viehwaggons. Zielbahnhof Wien/West. Wir erfahren es eines Morgens, müssen unsere Siebensachen einpacken und werden mit LKW zum Bahnhof gebracht. Dort laden wir unsere Koffer und Schachteln in die Waggons.

Ich sitze auf einer Kiste, die Rolltüre ist offen, sie bleibt es auch. Ist das der Unterschied zu jenen Viehwaggons, die ich in Loipersbach gesehen hatte, die mit den vergitterten Fenstern und den Insassen, die wahrscheinlich nicht ahnten, wohin die Reise ging? Ein Zug mit Güterwaggons voller Menschen, da wie dort.

Zum ersten Mal begann ich nachzudenken. Bis jetzt war alles irgendwie leichtgenommen worden. Kriegsende, Chaos, Flüchtlingsdasein – na und? Daß wir ins Nichts fuhren, nicht wissend, wie meine Mutter uns, den Rest ihrer Familie, kleiden und ernähren würde – das war unsere Sorge nicht. Wir, die Kinder, waren nicht verzweifelt, sondern hoffnungsvoll.

Und jetzt die Erinnerung an jenen Häftlingstransport, den ich sah, ohne zu wissen, welche Bewandtnis es mit ihm hatte. Die Erinnerung an Menschen, die genau wie wir in Viehwaggons saßen. Was sich eingeprägt hatte und nicht mehr vergessen werden würde, war nicht der Waggon. Es waren die Augen jener Frau, die ihre Hand aus dem vergitterten Fenster streckte, es war das bleiche Gesicht.

Auch unsere Waggons werden bewacht. Vor jeder offenen Tür sitzt ein amerikanischer Soldat, ein Gewehr über den Knien. Der Zug fährt langsam aus dem Bahnhof Loipersbach-Schattendorf. Der Zug fährt langsam aus dem Hauptbahnhof Salzburg. Kisten und Schachteln dort, Kisten und Schachteln da. Kinder, Frauen, ein paar Männer. Wohin geht die Reise?

Die nach Wien dauert drei Tage. Die Nächte werden auf notdürftig zubereiteten Betten verbracht, denen die Kisten als Unterlage dienen. Der Zug bleibt immer wieder stehen. Vor allem an der jetzt bereits bestehenden Demarkationslinie, der Grenze zwischen Oberösterreich und Niederösterreich, der amerikanischen und der sowjetischen Besatzungszone. Die gibt es jetzt schon, die Abmachungen der Alliiertenkonferenzen von Jalta und Potsdam sind realisiert worden.

Der Zug fährt über die legendäre Ennsbrücke und hält knirschend. Nichts. Wir warten. Stundenlang. Der Amerikaner, der unseren Waggon bewacht hat, ist nicht mehr da. Dafür steigen jetzt zwei Soldaten mit Pelzkappen, dicken Mänteln, roten Aufschlägen und einem roten Stern an der Mütze zu. Es sind die ersten russischen Soldaten, die ich sehe. Ich werde in den nächsten Jahren noch viele andere sehen.

Die Russen blicken rundum, zählen die Anwesenden, wühlen in Papieren, stellen Fragen, die mangels Sprachkenntnissen nicht beantwortet werden können. Man fühlt fast die Furcht im Waggon, sie ist spürbar da. Russen! Jahrelang haben wir gehört, daß es nichts anderes sei als eine Soldateska. Daß sie nichts anderes im Kopf hätten als Plündern, Rauben, Morden und Vergewaltigen. Jetzt sind sie auf einmal da, und siehe, in den Uniformen stecken Menschen. Einer lächelt sogar.

Dann verschwinden die beiden wieder ebenso plötzlich, wie sie gekommen sind. Die Menschen im Waggon, längst in tagelanger Fahrt zu einer großen Familie geworden, atmen auf. War es so arg? Nein, vorläufig nicht. Aber wartet, was noch kommen wird, kommen kann. Und vor allem: Was erwartet uns in Wien? Ist es noch die Stadt, die wir verlassen haben? Sieht sie noch so aus, wie wir sie in Erinnerung haben?

Im Bahnhof Rekawinkel bleibt der Zug wieder einmal stehen. Die Stunden vergehen. Viele Stunden. Dann ein Gerücht: Die Russen haben unsere Lokomotive beschlagnahmt. Warum sonst sollten wir einen Tag und eine Nacht lang hier festgehalten worden sein?

Zwei Orte, zwei Strecken gibt es an der Bahnstrecke zwischen Wien und Salzburg, die mir mehr sagen als den meisten anderen Mitreisenden, wann immer ich diese Stellen mit der Eisenbahn passiere. Der eine ist die Ennsbrücke, zehn Jahre lang Grenze zwischen Ost und Wests, zwischen echter Freiheit und vorgegaukelter. Der zweite ist der Bahnhof Rekawinkel mit dem langen Tunnel, vor dessen Mündung wir 24 Stunden lang auszuharren hatten, nicht wissend, wann, ja ob überhaupt die Reise weitergehen werde.

Sie geht weiter. Der Zug rollt schließlich in den zerstörten Westbahnhof ein. Eine Etappe unseres Lebens ist zu Ende. Ein neuer Abschnitt beginnt. Es ist Zeit, innezuhalten und nachzudenken.

XII

Da ist wieder Österreich. Da ist ein Land, dessen Name verpönt war, das verschwunden war, okkupiert oder annektiert, je nach der Theorie der Völkerrechtler. Es war ein Nichts geworden, gleichsam annihiliert. Das Parlament war Gauhaus gewesen. Die Mahlerstraße hatte Meistersingerstraße geheißen, die Siebensterngasse, ich schrieb es schon, Straße der Julikämpfer. Der Bub schaut um sich. Polizisten tragen feldgraue alte Militäruniformen mit rot-weiß-roten Armbinden. Rot-weiß-rot: kein Hakenkreuz mehr. Da ist wieder Österreich.

Ist man Patriot, kann man Patriot sein, wenn man knappe zwölf Jahre alt ist? Und was ist Patriotismus? Ich erinnere mich an den „Film der Nation" über Friedrich den Großen (jetzt heißt er wieder Friedrich II.) und an die Frage: „Zu wem hast du gehalten?" Und ich erinnere mich gleichfalls an die Antwort: „Zu den Österreichern!" Damals durften sie so heißen.

Gibt es Platz für Patriotismus, wenn ringsum alles in Trümmern liegt? Später ist von dieser Zeit immer wieder von Österreichs „Stunde Null" gesprochen worden. Gibt es eine Stunde Null? Null Uhr – das ist auch zwölf. Schlag Mitternacht. Adolf Hitler hat einmal spöttisch erklärt, wenn er aufhöre, dann immer erst fünf Minuten nach zwölf. Wie furchtbar diese Aussage sich bewahrheiten sollte, weiß die Welt. Aber ist es Mitternacht, da das Leben neu beginnt? Und welches Leben ist es?

Leben in Österreich. Leben in Wien. Wie sehr dieses Österreich, wie sehr dieses Wien bloße Figuren auf dem

Schachbrett der Weltgeschichte gewesen sind, wissen wir nicht, haben wir – fast möchte ich sagen: zum Glück – nicht erfahren. Auch nicht, welches Tauziehen es etwa um die Frage gegeben hat, ob Österreich als unabhängiger Staat „in den Grenzen von 1937", wie es vor allem von den Russen verlangt wurde, wiedererstehen werde oder ob auch andere Varianten ins Bild gebracht werden könnten. Einmal heißt es, die Amerikaner würden nicht an der Besetzung Südosteuropas und somit auch nicht an der Besetzung Österreichs teilnehmen; die Briten sollten die alleinige Besatzungsmacht sein, meinen einige der von Staatskanzlei zu Staatskanzlei wechselnden Memoranden. Dann wieder geistert die Idee herum, nur die Amerikaner sollten als Besatzungsmacht fungieren. Die Briten halten, wie sich herausstellt, in diesen Wochen nicht viel von Österreich. Wieder will ich Manfried Rauchensteiner zitieren, der sich mehr als irgendein anderer Autor immer wieder mit der österreichischen Kriegs- und Nachkriegszeit befaßt hat: Es werde, war schon 1944 klar, sich nach Ansicht der Briten als äußerst schwierig erweisen,

> „einen österreichischen Staat wiederzuerrichten, und zwar so, daß er weder in den wirtschaftlichen Bankrott schlittere noch politisch sofort wieder von Deutschland unterwandert werde. Die Rückkehr zu wenig aussichtsreichen wirtschaftlichen Verhältnissen würde ebensowenig Anreiz bieten wie es wahrscheinlich sei, daß auch nach dem Krieg nazistische und großdeutsche Verlockungen völlig verschwunden seien. Vor allem das Erlebnis des mit der deutschen Wehrmacht gemeinsam geführten Kampfes würde für viele Österreicher prägend bleiben. Aus alldem wurde abgeleitet, daß es am besten wäre, Österreich irgendeine Art von überstaatlichem Korsett zu geben."

Heute gelesen, muten diese 1944 und Anfang 1945 angestellten Erörterungen wie eine Vorausahnung von Vorwürfen an, die mehr als ein halbes Jahrhundert später nicht zuletzt ausschlaggebend gewesen sind für die Verhängung der sattsam bekannten unseligen Sanktionen der EU gegen Österreich. Die Ideen eines „überstaatliche Korsetts" reichten damals vom Anschluß an eine Donaukonföderation bis zur Aufteilung Österreichs zwischen der Schweiz und Süddeutschland bzw. Bayern. Nochmals Rauchensteiner:

> „Ideal wäre natürlich, so schlossen die diesbezüglichen Überlegungen, wenn es zu einer Donaukonföderation käme. Dabei lägen die eigentlichen Schwierigkeiten nicht bei Österreich und seinen slawischen Nachbarn, sondern ausschließlich darin, daß man zwangsweise auch Ungarn einbeziehen müsse, und zwischen Ungarn und Slawen gäbe es fast unüberbrückbare Spannungen. Es war also vor allem das Problem der Zuordnung, welches zu schaffen machte. Wenn man sich den Werdegang der alliierten Österreichpolitik ansieht, dann gibt es natürlich so manches Kuriosum. Es war aber kaum etwas so abwegig, daß es nicht kürzere oder längere Zeit diskutiert wurde."

Wir wissen das alles nicht, als wir uns in unserem Güterwaggon auf der dreitägigen Fahrt nach Wien befinden. Wir wissen nur, daß am 1. September 1945 die westlichen Alliierten ihre Kontingente nach Wien entsandt haben. Das war ja auch die Voraussetzung für den Rücktransport der Wiener Flüchtlinge gewesen. Unbekannt ist uns zu diesem Zeitpunkt auch, welches Durcheinander, welches politische Chaos der Zoneneinteilung Wiens vorausgegangen ist. Umfangreiche Delegationen der

Westalliierten waren vorerst zu Verhandlungen in die Donaumetropole gekommen:

> „Am 3. Juni kam die westalliierte Mission endlich bei Judenburg in die sowjetische Zone. Die Russen hatten vielleicht nur 60 Personen erwartet. Gekommen waren 186. Doch es gab diesbezüglich keinen sowjetischen Kommentar. Vielmehr wurden die Verbündeten herzlich begrüßt und nach ihrer Ankunft in Wien in elf Hietzinger Villen untergebracht. Der Aufenthalt in Wien sollte erklärtermaßen nur dazu dienen, Entscheidungsgrundlagen zu finden, die Stadt und ihre Möglichkeiten in Augenschein zu nehmen. Die Russen erwiesen sich als charmante Gastgeber, aber auch als beinharte Verhandlungspartner."

Am 4. Juli wird das Kontrollabkommen, am 9. Juli das Zonenabkommen der Alliierten unterzeichnet. Am 3. Oktober rollt der Güterzug mit den Rückwanderern im Wiener Westbahnhof ein; in einen Bahnhof, der aus Außenmauern besteht und kein Dach mehr hat. Auf einem Nebengeleise steht eine Garnitur, die aus modernen Schnellzugwaggons besteht. Einer der Wagen trägt eine große Tafel: „For Americans only". Wir wissen nicht, wie der Zug heißt. Es ist der Mozart-Expreß. Der Zug, der von Wien in die amerikanische Zone fährt, in den, wie er bald genannt wird, „Goldenen Westen".

Wir sind im Osten. Aber immerhin, die Eisenbahn hat uns nach Hause gebracht. In der ersten wirklich österreichischen Tageszeitung, die sich „Neues Österreich" nennt (ich werde noch einiges über dieses Blatt erzählen dürfen), stand bereits am 6. Juni: „Drei Tage nach dem Brand des Westbahnhofes tagte am 12. April ein Aktionsausschuß. Ihm gelang es, am 13. April den Rangierbetrieb, am 20. April den Güterzugverkehr und am 14. Mai den ersten Zug nach St. Pölten abzufertigen. Ihm folgte am 24. Mai der erste Zug nach St. Valentin."

Wien 1945. Ist es wirklich noch so, wie es Adolf Schärf, der spätere Bundespräsident, beschreibt?

> „Im Nachhinein erscheint es fast unverständlich, wie die Bevölkerung Wiens von den Kampftagen bis in den Mai 1945 ernährt wurde. Im April gab es keine geregelte Lebensmittelabgabe; die Bezirksbürgermeister versorgten die Bevölkerung mit den von ihnen in Lagern und bei Geschäftsleuten beschlagnahmten Lebensmitteln. Bei der beschränkten Menge entwickelte sich rasch ein engstirniger Bezirksgeist, der etwa zu den Losungen führte: ‚Die Landstraße den Landstraßern', wenn es galt, die dort in den zentralen Anlagen für ganz Wien eingelagerten Fleischvorräte zur Verteilung zu bringen, oder ‚Ottakring den Ottakringern', wenn es um die Ausgabe eines dortigen Kartoffellagers ging. Im Großen und Ganzen hat sich damals die Bevölkerung mit den in den Haushalten verbliebenen Restbeständen aus der Zeit vor den Kämpfen und vom Ergebnis der Plünderungen genährt."

Plünderungen? In Wien, so hat man uns schon in Mauterndorf erzählt, sei viel geplündert worden. Nicht nur Lebensmittellager wurden ausgeräumt, sondern alles wurde gestohlen, was nicht niet- und nagelfest war, nicht überall, aber vielerorts. Es scheint den Menschen eigen, immer dann, wenn die staatliche Ordnung zusammenbricht, in erster Linie das zu begehen, was man als Eigentumsdelikte bezeichnet. Wenn niemand mehr aufpaßt, verschwimmen die Grenzen zwischen Dein und Mein. Brandstiften und Plündern – das hat es auch in amerikanischen Gettos und in afrikanischen Städten gegeben.

Aber im ach so zivilisierten Wien? Wir wissen, daß sein Wahrzeichen, der Stephansdom, ausgebrannt ist. Wir glauben die Legende, daß er von der SS, die jenseits der Donau in Stellung gegangen war, in Brand geschossen wurde. Wir erfahren erst später, daß die Wiener selbst es waren, die ihren Steffl anzündeten. Nicht absichtlich, versteht sich, aber im Zug von Plünderungen der Geschäfte am Stephansplatz, die dann auch in Brand gesteckt wurden. Der Funkenflug setzte das Dach des Doms in Flammen.

Wien 1945. Wirklich Plünderungen? Ich kann es nicht fassen. Ich weiß nichts von dem, was schon am 7. Juni das „Neue Österreich" über das Schicksal der Ankerbrotfabrik berichtet hat:

> „Schwer gelitten haben die Werke durch Plünderungen der Zivilbevölkerung, die die Vorräte der Fabrik restlos ausräumte: 80.000 Kilo Salz und zwei Millionen Kilo Mehl wurden verschleppt. Auf den Stiegen und Gängen sind die Leute bis zu den Knöcheln in Mehl gewatet. Vier Wochen hätte die Bevölkerung Wiens damit versorgt werden können. Es wurden aber auch die Treibriemen der Roggenmühle, die heute unersetzlich sind, entwendet. Wenn es den Vertrauensleuten nicht gelungen wäre, die Diebe ausfindig zu machen und die Riemen sicherzustellen, hätte ganz Wien heute weder Brot noch Mehl."

Nicht mehr Bombenkinder, sondern Trümmerkinder. Eine Stadt, die Hitler eine Perle genannt hat und der er die entsprechende Fassung geben wollte. Die Fassung erkennen wir bereits auf dem Weg vom Westbahnhof nach Margareten.

Es wäre falsch, zu behaupten, Wien sei so zerstört gewesen, daß wir es nicht wiedererkannten. Kein wie immer gearteter Vergleich mit den deutschen Großstädten war zulässig. In Büchern über das „Wüsten" von Siedlungen habe ich gelegentlich gelesen, eine Stadt sei dem Erdboden gleichgemacht worden. Bei deutschen Städten traf das zu. Einige waren so arg getroffen, daß man allen Ernstes überlegte, sie an anderer Stelle wiederaufzubauen; Heilbronn war eine davon. Richtige Flächenbombardements, das absichtliche Vernichten ganzer Wohnviertel hatte es in Wien nicht gegeben. Die am meisten zerstörte österreichische Stadt war, wie gesagt, Wiener Neustadt, wo 88 Prozent des Häuserbestands vernichtet waren.

Was die Zerstörungen in Wien betrifft, liegen voneinander abweichende Statistiken vor. Eine glaubwürdige hält fest, daß 12,3 Prozent des Gesamtwohnungbestandes durch Kriegseinwirkung unbenützbar geworden waren, demnach also 86.875 Wohnungen. 270.000 Menschen waren obdachlos geworden. Die Zerstörungen waren nicht gleichmäßig verteilt und „gebietsweise sehr unterschiedlich", wie es in einem der zusammenfassenden Berichte heißt. Die Straßen, in denen wir – mit welchem Fuhrwerk, ist mir nicht mehr in Erinnerung – vom Westbahnhof nach Margareten fuhren, waren verhältnismäßig heil geblieben; die Bezirke Mariahilf und Josefstadt wiesen kaum Wunden auf. Einer der am stärksten getroffenen Bezirke war die Wieden. Ich weiß es. In der Belvederegasse befand sich unser Parfümeriegeschäft, auch dieses war ja nicht mehr vorhanden.

In dem erwähnten Bericht finden sich noch mehr eindrucksvolle Zahlen. So wird erklärt, daß eine fiktive Zusammenlegung aller zerstörten Häuser auf eine gemeinsame Fläche die Vernichtung der gesamten Inneren Stadt und der Bezirke vier bis neun bedeutet hätte. Noch einige statistische Zahlen: 800.000 Kubikmeter Schutt in den Straßen, 120 Brücken zerstört, 4.642 Bombentrichter, rund zwei Millionen Quadratmeter Fahrbahnen und Gehsteige unbenützbar, 12,4 Prozent der Gesamtfläche der Dächer von Wien abgedeckt.

Wir hatten Glück. Die Schönbrunner Straße war in ihrem Wiedner Teil und in jenem, der zu Meidling gehört, stark getroffen. Ausgerechnet jenes Straßenstück, in dem unser Wohnhaus stand, war unversehrt geblieben. Auch die St. Josefs-Kirche, in der ich ministrierte, stand noch. Und unsere Wohnung im zweiten Stock hatte nicht einmal Glasschaden. Sie war auch nicht geplündert worden, nur zwei wertvolle Gegenstände, die wir „verlagert" hatten, waren unauffindbar: eine Underwood-Schreibmaschine und eine Singer-Nähmaschine. Aber es waren wohl nicht die Russen, die tippten und nähten.

Auch die Schule ist unversehrt, das Akademische Gymnasium eines der wenigen Schulgebäude, die nicht einmal teilweise zerstört sind. Der Unterricht wurde bereits im September wiederaufgenommen. Nach unserer Rückkehr nach Wien nahm auch ich wieder daran teil. Ich rekapituliere: Die ersten drei Gymnasialklassen besuchte ich noch in der Nazizeit, davon die ersten zwei im Akademischen Gymnasium, die dritte teils in Hollabrunn, teils in Wiener „Restschulen" und den allerletzten Teil des Schuljahres mangels anderer Weiterbildungs-Möglichkeit gleichsam als Sonderschüler in der Volksschule Mauterndorf.

Sonderbar, wieder in die alte Schule gehen zu dürfen. Nicht zu müssen, nein, zu dürfen! So „widernatürlich" es auch klingen mag: Ich habe keine negativen Erinnerungen an meine Gymnasialzeit. Mag sein, daß es mir geht wie den alten Herren in Heinrich Spoerls „Feuerzangenbowle", die Hans Pfeiffer, den ehemaligen Privatschüler, überreden, noch einmal die oberste Klasse eines Gymnasiums zu besuchen, weil er nicht wisse, was er versäumt habe. Mag auch sein, daß ich verdrängt habe, was mir an Negativem widerfuhr. Mag schließlich sein, daß ich nicht zur Kenntnis nahm, welche Last meine Mutter zu tragen hatte – im übrigen, wie ich gleich erzählen werde, auch in buchstäblichem Sinn. Wir waren noch immer Kinder, wir zerbrachen uns nicht den Kopf darüber, wo jetzt das Geld herkam, das wir benötigten. Ob es eine Entschädigung gab für das von Bomben vernichtete Geschäft, eine Rente nach dem Tod meines Vaters – nichts von alledem konnte uns die Freude, jawohl: die Freude vergällen, wieder das unversehrte Akademische Gymnasium gleichsam in Besitz genommen zu haben. Auch das Schulgeld, auch die wenigen Schulbücher, die es jetzt gab, bereiteten mir kein Kopfzerbrechen: vom Schulgeld war ich mangels mütterlichem Einkommen befreit, und die Bücher konnte ich aus der sogenannten Schülerlade entlehnen.

Und zu Hause habe ich die elterliche Bibliothek, die den Krieg gleichfalls überstanden hat. Ich habe zudem die Zeitung, die gleich nach unserer Rückkehr abonniert wird; dafür muß das Geld jedenfalls reichen. Die Zeitung ist das erwähnte „Neue Österreich". Mein politisches Wissen schöpfe ich aus dieser Tageszeitung. Wir sind früh reif geworden. Wir, die Viertklassler, sind politisiert. Wir wissen zwar nicht, wie es in und mit diesen Land weitergehen soll, wir wissen auch nichts von den geschilderten abstrusen Ideen, wie das Schicksal Österreichs gestaltet werden solle, wir wissen aber, daß das Land vierfach besetzt ist und die Stadt Wien in Sektoren eingeteilt.

Freilich haben wir, die heranwachsenden Kinder, die Länderkonferenzen nicht zur Kenntnis genommen. Wir freuen uns aber, daß es wieder eine gesamtösterreichische Regierung gibt, wir nehmen zur Kenntnis, daß es einen Alliierten Rat gibt, und wir erfahren durch Zeitungslektüre, der Alliierte Rat habe erklärt,

„daß die Autorität der Provisorischen Österreichischen Regierung nach ihrer Erweiterung aufgrund der ersten Länderkonferenz unter Führung und Kontrolle des Alliierten Rates auf ganz Österreich ausgedehnt werden soll, wobei es eine der Hauptaufgaben der Provisorischen Österreichischen Regierung sein wird, so bald als möglich und nicht später als am 31. Dezember 1945 freie Wahlen abzuhalten".

Freie Wahlen. Was heißt: wählen? Was heißt: in Freiheit wählen? Es gibt Parteien, politische Parteien. Nicht nur eine allein, deren Abzeichen so viele Leute am Revers getragen haben. Es gibt zwar Parteien, in denen die Mitglieder mit „Genossen" angeredet werden – Parteigenossen also. Irgendwie klingt das bekannt in unseren Ohren. Aber wir wissen, daß sich die Zeiten geändert haben. Und weil wir Latein lernen (und Griechisch noch dazu), können wir auch zitieren: *Tempora mutantur et nos mutamur in illis.* Später habe ich oft darüber nachgedacht, ob der philosophische Gehalt dieses Satzes in seiner vollen Bedeutung bedacht wird. Die Zeiten ändern sich. Jawohl. Et nos mutamur in illis. Ändern wir uns in ihnen? Die Aktualität bricht bei jeder „Wende" neu auf. Die Zeiten ändern sich. Die Parteien plakatieren. Sie haben Sonderkontingente an Papier erhalten. Papier ist rar. Deswegen sind zuerst nur „alliierte" Zeitungen erschienen. Die Wiener haben sich darauf gestürzt, als ob es sich um Brotlieferungen handelte. Zuerst freie Zeitungen, dann freie Wahlen. An den Kiosken muß man sich anstellen, um ein Blatt zu ergattern. Entweder komme ich mit dem zusätzlich zum „Neuen Österreich" erstandenen „Wiener Kurier" heim oder mit der englischen „Weltpresse". Die russische Tageszeitung, die als erstes Blatt erschien und pikanterweise „Österreichische Zeitung" hieß, obwohl sie kaum etwas Österreichisches an sich hatte, war weniger beliebt.

Die Wahl, die erste freie, wird für den 25. November 1945 festgesetzt. Mich muten die Plakate der Parteien sonderbar an. Ich erinnere mich an die letzten großflächigen Affichen, die in den letzten Monaten des Krieges angebracht wurden. Etwa an das erwähnte große Plakat mit dem Morgenthau-Plan. Jetzt sind Litfaßsäulen und Stadtbahnstationen mit anderen Slogans und Devisen ausgestattet. Immer wieder ist ein Plakat zu sehen, das die Sozialisten geklebt haben: „Wiener Frauen, Wiener Männer wählen Körner, Seitz und Renner". Ich kenne alle drei, habe die Fotos immer wieder in der Zeitung gesehen: Körner, der Bürgermeister, Seitz, der Vorsitzende der SPÖ, Renner, der Staatskanzler. Alle drei haben weiße Bärte. Ist das, so fragte ich mich, eine Bedingung, um in der österreichischen Sozialdemokratie eine Spitzenfunktion zu erringen?

In der Tat: wir, die Viertklassler, sind politisiert. Wir saugen die Nachrichten gleichsam ein, die Zeitungen und Rundfunk verbreiten, Nachrichten, die nicht mehr uniform sind wie die der deutschen Blätter von ehedem. Wir debattieren, tauschen Meinungen aus, wollen einander mit politischem Wissen übertrumpfen. Längst haben wir verstanden, daß es jetzt eine Demokratie in Österreich gibt. Längst haben wir begriffen, daß zu einer Demokratie auch die Möglichkeit der Wahl gehört – der Wahl zwischen verschiedenen Parteien.

Bei uns zu Hause wurde, wie gesagt, das „Neue Österreich" gelesen, und auch ich vertiefte mich täglich in dieses Blatt, noch nicht wissend, daß ich dort einmal meine ersten Sporen als Journalist verdienen würde. Aber schon 1945 war dem Zwölfjährigen klar, daß es am besten sei, Nachrichten nicht nur von dieser oder jener Seite her beleuchtet zu sehen, sondern möglichst unabhängig.

„Organ der demokratischen Einigung" nannte sich das „Neue Österreich". Als es am 23. April 1945, demnach noch vor Kriegsende, in Wien erstmals erschien (Preis 10 Pfennig), fand sich im Leitartikel ein Satz, der mir seiner Originalität wegen, weniger seinem Sinn nach imponierte: „Planmäßig haben sie Wien zerstört, diese Weltuntergangster." Allerdings befanden wir uns damals noch in Mauterndorf, als dieser Auftakt des rot-weiß-roten Pressewesens die Wiener begeisterte, weil es sich wirklich um eine Zeitung des neuen Österreich handelte. Skurril war die Herausgeberschaft: der Klinikchef für Haut- und Geschlechtskrankheiten, Univ.-Prof. Leopold Arzt, fand sich da ebenso wie Prälat Jakob Fried, der Schauspieler Paul Hörbiger nebem dem Kommunisten Ernst Fischer, der Ravag-Generaldirektor Ernst Czeija neben dem späteren Bundeskanzler Leopold Figl. Organ der demokratischen Einigung! Auf der ersten Seite prangte unter dem Titel „Österreicher" eine proklamatische Erklärung, die ich ihrer Bedeutung wegen hier wiedergeben will:

> „Zum erstenmal seit sieben Jahren dürft Ihr nun wieder in aller Öffentlichkeit mit diesem uns allen so teuren Namen angesprochen werden. Die von Millionen Menschen unseres Vaterlandes so lange und so heiß ersehnte Stunde der Befreiung von der nazistischen Zwangsherrschaft ist gekommen.
>
> Durch den siegreichen Vormarsch der Roten Armee ist ein großer Teil unserer geliebten Heimat den nazistischen Unterdrückern bereits entrissen; die Befreiung des restlichen Gebietes nimmt ihren Fortgang. Wir dürfen wieder Österreicher sein! Und *daß* wir es sind, darauf kommt nun alles an.
>
> Denn jetzt geht es darum, aus dem unermeßlichen Leid und dem namenlosen Unglück, das der Nazismus über unser österreichisches Volk und Land gebracht hat, den Weg in eine bessere Zukunft zu

beschreiten. Das aber ist nur möglich, wenn alle heimattreuen und freiheitliebenden Österreicher einträchtig zusammenstehen und mit vereinten Kräften an den Wiederaufbau herangehen.
Auf einem Trümmerfeld von gigantischen Ausmaßen soll diese Neugestaltung sich vollziehen. Jeder Österreicher und vor allem jeder Wiener weiß, was es bedeutet, unter den gegebenen Verhältnissen unsere Ernährung zu sichern, die Verkehrsmittel wieder in Gang zu setzen, die Wohnungsfrage zu lösen, Licht, Gas- und Wasserleitung in Ordnung zu bringen, Gewerbe, Industrie und Handel aktionsfähig zu machen, Gesundheits- und Wohlfahrtswesen wieder aufzubauen, das gesamte Schul- und Unterrichtswesen auf neue Grundlagen zu stellen. Und damit sind ja nur einige der allerdringlichsten Probleme aufgezählt.
Es sind ungeheure Aufgaben, die wir zu meistern haben. Wir *werden* sie lösen, wenn die Einheit des Volkes, deren Grundlagen schon im gemeinsamen Widerstand gegen den Naziterror geschaffen wurden, jetzt auf jede Weise gefördert und gefestigt wird. Das österreichische Volk will leben! Die Kräfte, die genügt haben, die Befreiung Wiens so rasch zu ermöglichen, rechtfertigen die Zuversicht, daß wir stark genug sind, aus eigener Kraft unser weiteres Schicksal als selbständiger Staat zu gestalten. Mag das riesige Aufbauwerk, vor dem wir nun stehen, noch so schwierig sein, es *wird* gelingen, wenn alle antifaschistischen, demokratischen und patriotischen Österreicher ohne Unterschied der Partei und Weltanschauung einträchtig zusammenstehen. Jetzt gilt es, nicht das Trennende, sondern das Einigende voranzustellen!
In der Wiener Stadtverwaltung haben sich Vertreter aller demokratischen Parteien zu einer verheißungs-

vollen Arbeitsgemeinschaft zusammengefunden. In der Herausgeberschaft und Redaktion dieser ersten im befreiten Österreich erscheinenden Tageszeitung hat sich der gleiche Zusammenschluß vollzogen. Endlich kann in Österreich wieder eine Zeitung erscheinen, die nicht das Werkzeug gleichgeschalteter Lüge, sondern das Sprachrohr demokratischer Wahrheit ist. Diese Zeitung ist zugleich ein Ausdruck des Zusammenwirkens aller demokratischen Kräfte unseres gemeinsamen Vaterlandes.
So sollen und müssen alle Schichten und Richtungen unseres österreichischen Volkes zusammenstehen, um auf gemeinsamem Wege und in gemeinsamen Bemühungen zu dem zu gelangen, was der Name dieser Zeitung besagt: *zu einem neuen Österreich.*"

Neues Österreich. Gibt es das alte Österreich? Für mich verschwimmt alt und neu, neu und alt. Das alte Österreich sind für mich, den Dreizehnjährigen, ich habe es von meinem Vater, dem Marineur, oft gehört, jene Heldenfiguren, die steinern im Marmorsaal des Heeresmuseums stehen oder rund um den Rathausplatz. Das alte Österreich – das hat, soweit bin ich schon, nicht erst 1918 begonnen. Für das alte Österreich, das er zu einem neuen machen wollte, ist Onkel Gabi ins KZ gegangen.

Neues Österreich, neuer Geschichtsunterricht. Keine neuen Geschichtsbücher, versteht sich – und die alten sind verständlicherweise Makulatur. Geschichte ist demnach altes Österreich. Die Professoren sind zumeist aus der Pension zurückgeholt worden; die jungen, sofern politisch zuträglich, noch nicht heimgekehrt. Deutschunterricht? „Unterrichtssprache" heißt es jetzt. Felix Hurdes, der Unterrichtsminister, hat es befohlen. Aber davon später.

Vorerst diskutieren wir wie politische Hitzköpfe die bevorstehenden Wahlen. Werden die Sozialdemokraten gewinnen? Die Klasse ist geteilt, nicht alle sind aus bürgerlichen Familien, dennoch meint die Mehrheit, es werde einen ÖVP-Sieg geben. Die Plakate auf der Straße haben uns ja bereits darüber informiert, was von den einzelnen Parteien, auch von den Kommunisten, zu erwarten sei. Nur: Kommunisten, das sind für uns ebensolche Schreckgespenster, wie jetzt in der Erinnerung die Nazis. Kommunisten: das heißt Russen. Russen sind Kommunisten. Die Sowjetunion ist ein kommunistischer Staat, das wissen wir, dazu brauchen wir keinen Geschichtsunterricht.

Dabei zeigen sich die Russen zumeist, vor allem was ihren Kontakt mit Kindern betrifft, von der besten Seite. Zu Weihnachten 1945 werde ich zusammen mit vielen anderen Gleichaltrigen zu einer Jause in die Hofburg geladen, die dort von russischen Soldaten für die Kinder veranstaltet wird. Ein Mann mit langem weißen Bart und glitzerndem Kostüm tritt auf und verteilt Päckchen. Wir erfahren, daß es Väterchen Frost ist, der russische Partner des amerikanischen Santa Claus. In den Packerln finden wir Kuchen, Dörrpflaumen, kandierte Früchte. Die erhoffte Schokolade fehlt. Wahrscheinlich fehlt sie, denken wir uns, auch den russischen Kindern.

Russen und Kinder. Nicht immer ist ein Zusammentreffen ein freudiges. Einmal – es muß wohl 1946 gewesen sein – nimmt mich eine Tante auf eine „Hamsterfahrt" in das russisch besetzte Mühlviertel mit, in die Gegend von Rohrbach. Wir werden von Dorfbewohnern gewarnt: Zwei betrunkene Sowjetsoldaten machen, heißt es, die Gegend unsicher. Wir kümmern uns nicht darum, wollen einen einsam gelegenen Hof aufsuchen. Unterwegs zeigen sich plötzlich zwei Männer in erdbraunen Uniformen, ihre Maschinenpistolen – „Puschkas" heißen die gefürchteten Feuerwaffen allgemein – an Riemen baumelnd. Meine Tante raunt mir zu, mir werde schon nichts passieren, und läuft über einen Abhang in den

Wald. Sie ist ein gebranntes Kind und scheut verständlicherweise das Feuer. In den letzten Apriltagen ist sie in ihrer Wiener Wohnung von Russen verhaftet, verhört und nach Baden ins dortige sowjetische Hauptquartier gebracht worden. Einer ihrer Untermieter, stellte sich später heraus, dürfte ein Doppelagent gewesen sein. Die Story klingt wie von John Le Carré erfunden, hat aber den Nachteil, wahr zu sein. Meine Tante wurde wochenlang in Baden in Einzelhaft gehalten und dann plötzlich mit einer der bewußten schwarzen Limousinen auf die Landstraße gefahren und dort ausgesetzt, einfach so.

Ich weiß alles das und bin nicht böse, daß sie den Sowjets ausweicht. In einer Aufwallung von Courage (oder soll ich Mut sagen oder gar Dummheit?) gehe ich den zwei Russen entgegen. Immerhin bin ich erst dreizehn – was sollen sie mir tun?

Ihre Fahne flattert ihnen voran, aber nicht im Sinne des Liedes, das ich in der Rundfunkspielschar zu singen hatte. Die beiden Uniformierten sind offenbar sternhagelvoll. Ich laufe ihnen direkt in die Arme, werde am Rockzipfel gepackt, beide nehmen ihre Maschinenpistolen von der Schulter. „Du Agent!“ stößt einer hervor. Der andere beginnt eine Leibesvisitation, die darin besteht, mir meine Uhr, eine alte Armbanduhr, und eine Füllfeder, gewiß auch kein neues Modell, abzunehmen. Die Feder reicht er seinem Kumpanen. Ich beginne zu weinen, mich würgt die Angst. Das Erlebnis beginnt mehr zu sein als ein Abenteuer.

Die Tränen scheinen die beiden zu entwaffnen, bildlich gesprochen jedenfalls. Einer fischt ein abgeschmiertes Blatt Papier aus der Tasche und schreibt mit der Feder einige Sätze in kyrillischen Buchstaben. Dann reicht er mir den Zettel und schreit etwas Unverständliches, in dem immer wieder das Wort „Propusk“ vorkommt. Das kenne ich, es heißt „Passierschein“.

Ich schlucke. Die zwei Russen wechseln miteinander noch einige Worte, dann schlägt mir einer von ihnen auf die Schulter und ich bin entlassen. Ich haste zum Dorf zurück. Und da wechselt die Angst wieder zur Courage. Alle Fensterläden sind geschlossen, verstohlen blicken Augen aus jedem Haus, auch die meiner Tante. Wie ein Kriegsheld, der aus dem Felde heimkehrt, stolziere ich durch die Dorfgasse: Seht, da bin ich wieder, ich habe die Russen bezwungen! Es ist das einzige Schreckenserlebnis, das ich gehabt habe. Es hat mich meine armseligen Wertsachen gekostet, aber um eine große Erfahrung reicher gemacht.

XIII

Kinder in der Stunde Null. Stunde Null? Man nennt so leichtherzig, was im Grunde Elend ist und Not und Hunger und Ruinen. Nichts von Wiederaufbau ist zu sehen, nichts vom Geist des Neuen zu spüren, außer dem Bewußtsein, in einem Staat leben zu dürfen, der sich wieder Österreich nennt. In einem vierfach besetzten Staat, in einer vierfach besetzten Stadt. Margareten ist britisch. In unserem Wohnhaus ist auch eine Filiale der Hammerbrotwerke untergebracht. Man muß sich anstellen, aber man bekommt Brot – auf Marken natürlich. Es ist weißes Brot, schneeweißes Brot. In der Russenzone gibt es nur schwarzes. Die Lebensmittelkarten zeigen die Anfangsbuchstaben des jeweiligen Sektors, und der Wiener Witz, auch jener der Kinder, hat sich bereits einen Reim darauf gemacht. A für die amerikanische Zone, dort bekommt man, heißt es, „Alles". Die Engländer haben ihre Lebensmittelkarten mit E markiert – dort kriegt man „Einiges". Die Franzosen (F) liefern „Fast nichts". Und die Russen mit ihrem R? „Rein gar nichts".

Man lacht, obzwar uns eigentlich nicht zum Lachen ist. Man hofft auf Besseres. Besseres? Bei den Wahlen, den ersten, die wir Kinder erleben, nicht als Wähler natürlich, sondern als interessierte Betroffene, siegt die ÖVP, sie erringt mit 85 Mandaten die absolute Mehrheit. In der Regierung sind dann aber auch Sozialisten und Kommunisten vertreten. Bundeskanzler wird Leopold Figl, die Bundesversammlung wählt Karl Renner zum Bundespräsidenten. Das wissen wir, wir haben die politische Entwicklung genau verfolgt.

In der Tat, wir sind reifer geworfen. Mit vierzehn wäre ich, hätte sich die Weltgeschichte anders entwickelt, von der DJ in die HJ überstellt worden, vom Jungvolk in die Hitlerjugend. Hätte sich die Weltgeschichte anders entwickelt – was heißt das? Wir vom Jahrgang 1932 haben wenig Zeit, vielleicht auch wenig Lust zum Grübeln. Daher erfrage ich auch nicht, welche Pläne das Hitlerregime gehabt hat, wäre der Krieg anders ausgegangen. Ich erfahre nichts über den geplanten Ausbau Berlins zur Welthauptstadt, nichts über die Neugestaltung von Linz zu einer Kulturmetropole. Ich erfahre auch nichts über das, was mit mir geschehen wäre. Ich schrieb es bereits: etappenweise, schrittweise, wären im Interesse der „Reinhaltung deutschen Blutes" alle nichtarischen Volksgenossen – pardon, es wären selbstverständlich keine Volksgenossen gewesen – deportiert, wahrscheinlich umgebracht worden. Das hätte auch mich getroffen. Zum Glück ist es anders gekommen.

Zum Glück sind wir jetzt frei. Wir sind befreit. Daß die Freiheit teuer erkauft worden ist, wissen wir. Nicht nur die Kämpfe um Wien sind gemeint, auch nicht all die Greuel, die sich in den letzten Kriegstagen hier abgespielt haben. Ich habe es nicht erlebt, ich war in Mauterndorf, aber ich habe später die Fotos von den erhängten Offizieren gesehen, die man am Floridsdorfer Spitz an Laternenpfählen aufknüpfte, weil sie, wie auf einem Schild geschrieben stand, das sie um den Hals trugen, „mit den Bolschewisten paktiert" hatten. Mit den Bolschewisten? Damit waren wohl die Russen gemeint. Der Ausdruck „Bolschewisten" fiel im großdeutschen Rundfunk immer wieder, wenn der Sprecher meldete, daß in den von den Deutschen geräumten Dörfern und Marktflecken des Reichsgebiets, in das die Sowjets nun längst eingedrungen waren, Massenvergewaltigungen vorgekommen seien. Selbst in jenen Tagen und Wochen erzählte man einen Witz, freilich einen mehr als makabren. Genau erinnere ich mich an ihn: Eine Frau erklärt, sie werde in den letzten Kriegstagen nicht in den Keller gehen, sondern auf die Straße laufen. Warum? wird sie gefragt. „Ich habe lieber einen Russen auf mir liegen als ein ganzes Haus", gibt sie zur Antwort. Ich verstehe den Witz nicht, kann mir aber vorstellen, worum es geht. So sind sie eben, die Bolschewisten!

Sind sie so? Wieder ist da die Frage der Angst. Mein Erlebnis mit den zwei betrunkenen Sowjetsoldaten ist für mich ein Einzelfall. Die Politisierung der Schuljugend richtet sich auch nicht gegen die russischen Besatzer. Irgendwie fürchten wir uns, auch wenn wir in anderen Sektoren leben. Dabei hat sich noch gar nicht ereignet, was im Juni 1947 nicht nur die Wiener Schüler aufregen, sondern für höchste Erregung in ganz Österreich sorgen wird. Ein sechzehnjähriger Realschüler wird vor dem Tor seiner Schule von Russen entführt. Das Ereignis war in einer solchen Weise elementar, daß ich es immer wieder als Beispiel für die Repression und die Gefahr anführe, die wir, vielleicht sogar unbewußt, ertragen mußten. Ich will es auch hier wieder schildern; der Bericht, den eine Wiener Zeitung damals schrieb, und den ich oft zitiert habe, steht für sich selbst:

> „Gestern um 7.30 Uhr wartete der sechzehnjährige Realschüler Johann Schloßnickel aus Favoriten an der Wand der Realschule in der Waltergasse auf die Öffnung des Tores. Außer ihm war noch ein ebenfalls verfrüht erschienener Mittelschüler anwesend. Plötzlich fuhr ein von einem Zivilisten gelenktes Personenauto, Type BMW, mit der Kennzeichennummer E 21460 vor. Zwei Uniformierte sprangen heraus, gingen auf den ahnungslosen Schloßnickel zu und zerrten ihn gewaltsam in den Wagen. Als Schloßnickel

sich wehrte und um Hilfe rief, zogen die Uniformierten die Pistolen und bedrohten damit die Schüler und die sich ansammelnden Passanten. Anfangs versagte der Starter, sodaß die Szene kurze Zeit andauerte, während der Junge um Hilfe schrie. Dann fuhr das Auto in der Richtung gegen die Innere Stadt davon. Bei der Balgerei mit den Uniformierten verlor Schloßnickel seine Schultasche und einer der Uniformierten seine Kappe."

Ein Bub, nur wenig älter als ich. Ein Menschenraub, wie er damals immer wieder passierte. Noch im Jahre 1948, also drei Jahre nach Kriegsende, wurden in Wien 268 Menschen verschleppt. Wie viele zurückkehrten, weiß man nicht. Auch die Identität mancher dieser Entführungsopfer war nicht bekannt.

In der Tat, Menschenraub war alltäglich in dieser Zeit. Aber dieser hier war deshalb keiner der alltäglichen, weil sein Opfer ein Schulbub war. Was er verbrochen hatte, wußten wir lange Zeit nicht. Erst Wochen später erzählte man es uns. Die Waltergasse liegt im vierten Bezirk, dieser in der russischen Zone, und Schloßnickel, der ein begabter Zeichner war, hatte es angeblich gewagt, eine Karikatur Molotows an die Tafel zu malen. Dies genügte, um ihn zuerst in die sowjetische Kommandatur an der Bellaria, dann in eine der berüchtigten Gefängniszellen der Russen in Baden und schließlich in einen „Gulag" nach Sibirien zu bringen. Wie gesagt: ein Bub!

Im Sommer 1955 kehrte er mit dem letzten Heimkehrertransport zurück. Es war dies einer der wenigen Momente, in dem ich, damals schon Reporter der „Presse", Tränen in den Augen hatte. Aus dem Zugfenster lehnte sich ein hagerer junger Mann mit Pelzmütze und russischem Wintermantel, und auf dem Perron stand der Direktor seiner Schule mit einer

Gruppe ehemaliger Klassenkameraden. Noch bevor Johann Schloßnickel aussteigen konnte, überreichte ihm der Schuldirektor ein Dokument. Es war sein Maturazeugnis. Wenn jemand, sagte er, solches mitgemacht habe, habe ihn das Leben für reif erklärt.

Wir aber schreiben den Winter 1945/46. Wir erzählen nichts von Vergewaltigungen, weil wir noch zu jung sind, um solche Berichte weiterzugeben. Wir lachen lieber. Wir lachen über die vielen „Unbekannten", die auf einmal die Stadt bevölkern, soll heißen: sie unsicher machen. „Unbekannte" – das sind russische Soldaten, die sich als Wegelagerer betätigen, aber, obgleich uniformiert – siehe den Zeitungsbericht über Schloßnickel – nicht als Russen bezeichnet werden dürfen, am wenigsten in den Medien. Sie morden nicht mehr, besser: nicht mehr so oft. Eine furchtbare Bluttat ereignet sich in einem kleinen Ort im Westen Niederösterreichs. Ein Gehöft wird überfallen, alle Bewohner – der Bauer, die Bäuerin, die Kinder, Knechte und Mägde – werden niedergemetzelt. Jeder weiß: die Täter sind Russen. Aber es darf nicht gesagt werden.

Noch einmal: Winter 1945. Die erste Friedensweihnacht nach sechs Kriegsweihnachten. Christbäume sind Mangelware, wer einen ergattert, schätzt sich glücklich. Für uns sind es die ersten Weihnachten ohne unseren Vater. Irgendwie hat meine Mutter ein paar Geschenke zusammengetragen, Socken, Handschuhe, einen Schal. Ich äußere einen Wunsch, der erst in drei Jahren (oder waren es zwei?) in Erfüllung gehen wird: Ich möchte, sage ich, einmal wieder soviel Schnitzel essen dürfen, bis ich nicht mehr kann.

Weihnachten 1945. Die Rede des Bundeskanzlers. Er habe, sagte er, keine Kohle zum Heizen und kein Glas zum Einschneiden. Und dann der Satz, den ich bereits geschrieben habe: „Ich kann euch nur bitten: Glaubt an dieses Österreich!"

Kein Glas zum Einschneiden. Wer weiß heute noch, was das heißt? Wir feiern 1945 den Heiligen Abend in einer Stadt, wo tausende, zehntausende Fensterscheiben zerbrochen sind und Pappendeckel-Abdeckungen und Sperrholzplatten nur notdürftig die Kälte abhalten. Es gibt kein Fensterglas, das der Glaser hätte „einschneiden" – die Glasplatten auf das entsprechende Format schneiden und dann in die Fensterrahmen kitten – können. Eine der für mich herzigsten Geschichten widerfuhr mir, als ich vor einigen Jahren einen Radiomoderator die berühmte Weihnachtsrede Figls zitieren hörte. Er sagte – und zwar im vollen Ernst -, der Bundeskanzler habe an die Bevölkerung appelliert, an Österreich zu glauben, obwohl es „kein Glas zum Einschenken" gäbe. Nur jene haben gelacht, die erstens wußten, was einschneiden bedeutet, und sich zweitens an die Liebe Figls zum Wein erinnerten. Für mich aber war dies ein Beweis, wie weit sich in dieser schnellebigen Zeit Generationen voneinander entfernen können.

Weihnachtsbeleuchtung 1945. Die Verdunkelung ist aufgehoben, die Straßen sind trotzdem finster. In den Fenstern aber leuchten Kerzen, Stummeln zumeist oder Grablichter, die man in Schubladen gefunden hat. Selbst in Häusern, die zum Teil Ruinen sind und zur Hälfte bewohnt, sind solche Kerzen zu sehen. In den Zeitungen ist aufgefordert worden, diese Lichter zum Gedenken an die vielen Tausend Kriegsgefangenen aufzustellen, die in Rußland auf ihre Heimkehr warten. Ganz Wien folgt der Aufforderung, es ist eine Weihnachtsbeleuchtung ganz eigener Art. Sie wird bis in die frühen fünfziger Jahre wiederholt werden.

Weihnachten 1945. Ich bin knappe dreizehn. Kein Kuckuck mehr. Keine Flak. Keine Volltreffer, kein Luftschutzkeller. Man könnte, wenn man sie hätte, dort jetzt wieder Erdäpfel einlagern. In den folgenden Jahren habe ich immer wieder jene Beobachtungen gelesen, die der Wiener Schriftsteller Theodor Ottawa unter dem Titel „Wiener Spaziergänge“ 1945/1946 verfaßt hat. Ich habe ihn später, als ich bereits ein junger Journalist war, persönlich kennengelernt: ein kleiner, untersetzter, bebrillter Herr, der stets lächelte und doch Geschichten schreiben konnte, die so berührend waren, daß sie vor allem jenen, denen die Zeit nicht fremd war, ans Herz gingen. Über diese Weihnachten 1945 etwa schrieb er am 23. Dezember:

> „Ein Zettel an der Hausmauer. Mit einer zittrigen Frauenschrift. Ich bin kein Graphologe. Und das aber kann ich sagen: Es ist eine Frauenschrift. Eine brave, sehr brave Mutterlschrift. Was steht da? Es hat sich ein altes, blindes Hunderl verlaufen. Für seine Rückerstattung wird eine goldene Armbanduhr geboten. Wohlgemerkt – eine goldene Uhr. Für ein altes, blindes Hunderl. Vor diesem Zettel bin ich lange nachdenklich gestanden. Man müsste diese Frau morgen abend aufsuchen. Sie ist einsam. Zweifellos. Ihr Hund, ihr einziger Trost, wird morgen nicht da sein. Es wird kein bißchen Wärme in dem kleinen Kabinett sein, das die Frau bewohnt, und sie wird den ganzen Abend weinen. Morgen abend werden viele, viele Menschen weinen. Öde, leer, kalt ist es in den Stuben zur Weihnachtszeit dieses Jahres, das wir zögernd nur das erste Friedensjahr nennen.“

Ich meine, das Mutterl war eines von jenen, die einen Kerzenstummel ins Fenster stellten. Vielleicht vermißte sie ihren Sohn, vielleicht ihren Enkel. Jetzt vermißte sie auch ihren Hund. Es gabt viel Einsamkeit in Wien zu Weihnachten 1945.

Die Straßenbahnen fahren, aber in den Wohnungen ist es finster und kalt. Die Haushalte haben allzu oft keinen

Strom und noch öfter kein Gas. Dieses wird zu bestimmten Zeiten abgeschaltet. Später werden dann in den Tramway-Waggons Plakate affichiert, die uns Kindern das Wasser im Mund zusammenlaufen lassen. Da sieht man etwa einen Selcher, der Wurst schneidet und eine Hausfrau fragt: „Darf's ein bisserl mehr sein?" Oder eine Serviererin mit weißer Schürze und Spitzenhäubchen ist zu sehen, die dem Betrachter ein Tablett mit Schlagoberskrapfen entgegenhält. Und darunter steht ein Appell der Gaswerke: „Wenn Sie das noch erleben wollen, beachten Sie bitte die Gassperrzeiten!" Diese Zeiten sind öffentlich bekanntgegeben worden, es hat aber trotzdem sehr viele tödliche Unfälle gegeben, weil in manchen Haushalten der Hahn des Rechauds oder der Gasofen unabsichtlich geöffnet blieb, wenn die Flammen erloschen. Wenn dann wieder Gas kam und ausströmte, ereigneten sich die tödlichen Unfälle. Das damalige Leuchtgas war wegen seines Kohlenmonoxydgehalts giftig.

Wir beachten die Gassperrzeiten. Wir beachten nicht das Rucksack-Verbot, besser: meine Mutter beachtet es nicht. Was ist das Rucksack-Verbot? Es wird vom Ernährungsdirektorium generell ausgesprochen, weil nicht nur Erdäpfeläcker geplündert werden, sondern auch der Bahnverkehr, wie es in der Zeitung heißt, „lebensgefährliche Störungen" erleidet. „Durch die Überlastung der Waggons kam es zu Feder- und Achsbrüchen des Fuhrparks und sogar zum Ausfall planmäßig verkehrender Züge. Manche Kurse konnten nicht weitergeleitet werden, da 30 bis 40 Menschen auf den Dächern saßen."

Es hält sich freilich kaum jemand an dieses Rucksack-Verbot. Meine Mutter schultert ihn, fährt vom schwer bombengeschädigten Südbahnhof aus mit einem der wenigen Züge nach Wiener Neustadt und wandert von dort zu Fuß die 30 Kilometer bis nach Loipersbach. Wieder wechseln „Friedensseife" und Bettwäsche ihren

Besitzer, mit von den Bauern eingetauschten Lebensmitteln wird der Rückmarsch nach Wiener Neustadt angetreten. Kontrollen gibt es, aber die Beamten drücken jedesmal ein Auge zu. Man hungert ja selbst.

Hunger. 1200 Kalorien täglich für den „Normalverbraucher". Wir Kinder erhalten 1500, dann 1800 Kalorien – aber das war bereits so viel, daß man fast meinte, man werde satt werden. In diesem Zusammenhang wird vielfach ein Buch von Adolf Schärf, dem späteren Bundespräsidenten, zitiert, der den Ernährungszustand der Österreicher mit Akribie verzeichnet hat. „Österreichs Wiederaufrichtung im Jahr 1945" heißt das Oeuvre, in dem Schärf berichtet:

> „Vor der Befreiung hatte der Normalverbraucher Anspruch auf 5,90 Kilo Schwarzbrot, 1,50 Kilo Weißbrot oder Mehl oder 1,50 Kilo Weißgebäck für vier Wochen gehabt. Nach den Kämpfen bis zum Ende des Monats hatte jeder Bäcker in Wien Brot verkauft, was er von seinen Mehlvorräten abgeben konnte oder wollte. Vor den Brotläden stellte man sich schon im Morgengrauen an, aber nicht jeder erhielt seine Brotgebühr. Im Durchschnitt bekam man pro Kopf bis zum 20. April täglich 0,25 Kilo Brot, vom 20. April bis Ende Mai 0,50 Kilo bis 1 Kilo für die Woche!"

Die Ernährungssituation verschlechtert sich dann eher noch, als daß sie sich bessert. Vier Tage nach den Wahlen (und zwei Tage nach meinem 13. Geburtstag), am 29. November 1945, geht dann ein Aufatmen durch Wien, und auch wir Buben meinen, daß nun alles besser wird, weil wir wieder mehr zu essen haben werden. Nicht genug, aber doch mehr.

Der Grund des Aufatmens ist der Besuch eines Komitees der UNRRA in Wien. UNRRA – das ist ein Zauberwort. Wir reden in der Schule davon, weil wir meinen, daß wir nun Schokolade und Bananen und alles das Unbekannte bekommen werden, von dem wir noch einen Hauch von Erinnerung haben. In den Zeitungen erscheinen Bilder von Mr. Schaff, der diese Delegation leitet. UNRRA: das ist die Abkürzung von „United Nations Relief and Rehabilitation Administration". Auch die von uns, denen das Englische im wahrsten Sinn des Wortes eine Fremdsprache ist, wissen, was das bedeutet: Hilfe, vor allem auf dem Ernährungssektor. Aber sind wir nicht ohnedies schon privilegiert, wir Schüler? Schon ab Spätherbst 1945 gibt es die Schulausspeisung. Wir warten täglich sehnsüchtig auf das Klingeln, das die große Pause einläutet. Wenn es soweit ist, packen wir unsere Näpfe und das sonstige Geschirr, das wir in den Fächern unserer Pulte aufbewahrt haben, und laufen ins Erdgeschoß, wo eine Klasse mit Tischen und Bänken ausgestattet ist. Mit großen Schöpflöffeln wird vom Schulwart und dessen Frau eine Art von „Zehnerjause" abgegeben, die wir mit Heißhunger verschlingen. Es sind ja auch köstliche Speisen: einmal Graupensuppe, dann Erbsensuppe, gelegentlich auch Trockenmilchsuppe und dann wieder Graupensuppe oder Erbsensuppe. Dazu gibt es ein Grauweckerl. Sind es Bestände aus der sogenannten „Schweizer Spende", jener Lebensmittellieferung, die unser westliches Nachbarland zur Verfügung gestellt hat? Sind es Nahrungsmittel aus Schweden – oder ganz einfach Reste von Lieferungen, die den Russen übriggeblieben sind? Gelegentlich senkt einer seinen Löffel in die Suppe und zeigt triumphierend, was er gefunden hat: ein herziges kleines Würmchen. Niemand regt sich auf, alle lachen, der Wurm muß gleichsam Spießruten laufen, bevor er zertreten wird. Einem geschenkten Gaul schaut man nicht ins Maul, bei einer geschenkten Suppe kontrolliert man nicht den Inhalt.

Hunger. Bei uns daheim wird Kaffee geröstet, der keiner ist, nicht einmal den Namen Ersatzkaffee verdient. Meine Mutter röstet Erbsen, die dann kaffeeartig aufgebrüht werden. Erbsenkaffee! Erbsen, das ein und alles des Winters 1945/46, das, wofür wir den Russen dankbar sein müssen. „Erbsenkönig“ nennt man den Mann mit dem goldenen Helm, der auf der Gedenksäule des sowjetischen Ehrenmals auf dem Stalinplatz steht. Wir haben uns längst daran gewöhnt, Stalin gegen Schwarzenberg eingetauscht zu haben. (Der Schwarzenbergplatz heißt jetzt in seinem südlichen Teil Stalinplatz.)

Es stört uns im Grunde auch nicht. Wir sind Österreicher, aber wir sind besetzt, auch von den Russen. Wien ist vierfach besetzt – das wissen wir, auch damit haben wir uns abgefunden. Wien ist in weiten Teilen ein Trümmerhaufen. Aber irgendwie spüren wir doch alle diesen neuen Wind, der durch die Straßen fegt und den Staub aufwirbelt. Er weht bisweilen auch die Erde fort, die auf frischen Gräbern liegt. Nicht der Zentralfriedhof ist gemeint, sondern die vielen Parkanlagen, in denen russische Soldaten und manchmal auch Bombenopfer friedlich nebeneinander liegen. Wir gehen an diesen Gräbern vorbei und nehmen sie als Zeichen eines Heldentums, das vielfach verkannt worden ist.

Rund 9.000 Tote sollen in den Wiener Straßen liegen, als die Bombenangriffe und auch die Kämpfe enden. Reichen die Parks? Sind auch die alten Frauen, die tot im Garten neben unserem zerbombten Parfumeriegeschäft lagen, so verscharrt worden? Oder hat man sie für würdig erachtet, in einem Papiersack oder gar in einem notdürftig gezimmerten Bretterschrein auf dem Zentralfriedhof begraben zu werden? Monate später werden die Leichen, die in den Parks bestattet sind, vor allem in den „Beserlparks“, wie man in Wien die kleinen Grünflächen nennt, wieder ausgegraben. Exhumiert.

Aber nicht nur in Beserlparks. Man hat im April 1945 die Toten – deutsche Soldaten, Rotarmisten, Zivilisten - auch in Parkanlagen bestattet, die im Herzen der Stadt liegen. Im Stadtpark etwa und im Volksgarten. Es waren zumeist sowjetische Offiziere, die in den „Genuß“ solcher provisorischen Grabstätten kamen, also Grabstätten in „bevorzugter“ Lage erhielten. Bisweilen sind diese sogar mit regelrechten Grabsteinen versehen.

Gelegentlich spielen sich die Exhumierungen nicht in der Nacht, sondern am hellichten Tag ab, und ich begegne ihnen auf dem Schulweg. Menschentrauben umringen die Arbeiter. „Examiern tan‘s!“ Auch darüber hat der „Wiener Spaziergänger“ Theodor Ottawa eine seiner Miniaturen verfaßt:

> „Siacht ma scho wos? Leider sieht man nicht genug. Die Polizei kämpft mutig, doch wie des öfteren, vergeblich. Der Kordon wird durchbrochen und zahlreiche Menschen können sich ganz nach vorne herandrängen. Sie schauen in die Gruben und sehen, wie sie einmal ausschauen werden. In ihren Augen stehen brennende Neugier, Abscheu, Grauen, aber sie müssen es sehen. Sie müssen. Sie brauchen Sensationen, weil unsere Zeit an diesen zu wenig bietet. Und jüngst geboten hat.“

Wenn ich an solchen Exhumierungsaktionen vorbeikomme – eine spielt sich unweit unseres Wohnhauses in einer kleinen Parkanlage am Wienfluß ab -, werde ich nicht nur durch die Menschenmenge aufmerksam, die das Geschehen umlagert. Auch jener süßliche Verwesungsgeruch steigt mir in die Nase, den ich bereits kenne – von Mauterndorf her. An der Straße nach Tamsweg lagen viele Pferdekadaver. In Wien sind es tote Menschen, die mit Stangen und Hacken aus ihren provisorischen Gräbern gezerrt werden. Ich werde den Geruch nie wieder los. Es ist sonderbar, doch es widerfährt mir immer wieder, daß der Geruchssinn fast intensiver speichert als das Gedächtnis. Das gilt für jene Seifenstücke, die damals noch, wie erwähnt in „Friedensqualität" aufbewahrt worden waren, wie für die Schokolade, die ich von den Amerikanern geschenkt bekam, oder auch für das Petroleum im elterlichen Geschäft von dazumal. Gerüche und Düfte bleiben in der Erinnerung haften. Ein Kaffeehaus von heute, ein richtiges altes Wiener Kaffeehaus, riecht genauso wie anno dazumal. In der Garage meine ich den Geruch von damals zu merken, da es noch keine Katalysatoren gab. 1951, als ich mit einer Gruppe von Fulbright-Studenten nach Amerika fuhr, hatten wir einen Zwischenaufenthalt in Genua und besuchten dort den berühmten Friedhof mit seinen Grabmonumenten. Ich war, schien mir, der einzige, dem auffiel, daß ein leichter Verwesungsgeruch merkbar war. Oder war es nur eine Täuschung?

Examiern tan's. Bei den Kämpfen um Wien sind Tausende deutsche sowjetische Soldaten gefallen. Viele von ihnen sind erst 1946 „umgebettet" worden. Die Wiener, die solches als spannendes Erlebnis registrieren, denken wahrscheinlich nicht an die Worte, die bei der Spende des Aschenkreuzes am Aschermittwoch gesprochen werden: Gedenke, Mensch, daß du Staub bist und zum Staub zurückkehrst. Sie wissen auch nicht, was über der Krypta einer Kirche in Rom steht, in der die Mumien von Mönchen zu sehen sind: *Hodie mihi, cras tibi.* Heute bin ich es, morgen wirst du es sein. Immerhin: Am Aschermittwoch spricht der Priester jetzt auch häufig eine etwas ermutigendere Formel: Kehr um und glaub an das Evangelium!

Rüttelten die Exhumierungen, die wir Buben immer wieder sahen (oder besser: erlebten), uns? 5.647 Tote werden „enterdigt“, vieles davon passiert vor unseren Augen. Warum das alles? Die Frage stellen wir uns selbst. Denn in der Schule wird noch immer nicht Geschichte so gelehrt, wie es nach heutigen Begriffen notwendig wäre. Wir wissen um den Dreißigjährigen Krieg, wir wissen von Marius und Sulla, sogar der Erste Weltkrieg und dessen Ursache und Anlaß sind uns Begriff. Aus, punktum!

Noch vor wenigen Monaten hingen im Hauptgang des Akademischen Gymnasiums, der, im neugotischen Stil gehalten, eine auch heute noch – so wie der später in „Festsaal“ umgetaufte „Prüfungssaal“ - Sehenswürdigkeit der Schule bildet, die nationalsozialistischen „Wochensprüche“ fein eingerahmt und unter Glas. Es waren zumeist Hitlersprüche. Jetzt sind sie natürlich verschwunden, aber wer meint, an ihre Stelle wäre die Unabhängigkeitserklärung der Republik Österreich gekommen, der irrt. Vielleicht ist sie zu lang, vielleicht meint man, wir wüßten ohnehin, daß Österreich jetzt wieder unabhängig ist. Vielleicht auch ist der Wortlaut der Proklamation zu kompliziert für das Verständnis von Schülern. Was bedeutet, daß „die Demokratische Republik Österreich wieder hergestellt und im Geiste der Verfassung von 1920 einzurichten“ ist? Was versteht man darunter, daß „der im Jahre 1938 dem österreichischen Volke aufgezwungene Anschluß“ null und nichtig sei? Auch der Artikel III der Unabhängigkeitserklärung mag uns zu schwierig erscheinen: „Zur Durchführung dieser Erklärung wird unter Teilnahme aller antifaschistischen Parteirichtungen eine Provisorische Staatsregierung eingesetzt und vorbehaltlich der Rechte der besetzenden Mächte mit der vollen Gesetzgebungs- und Vollzugsgewalt betraut.“

Vom Tage der Kundmachung dieser Unabhängigkeitserklärung an „stehen alle Österreicher wieder im staatsbürgerlichen Pflicht- und Treueverhältnis zur Republik Österreich", heißt es. Das gilt natürlich auch für unsere Lehrer. Dabei ist keiner von ihnen das, was man als „belastet" nennen könnte. Wir erfahren, vorläufig zumindest, auch nichts von der bereits kurz erwähnten „Moskauer Deklaration" aus dem Jahre 1943, in der es unter anderem heißt: „Die Regierungen Großbritanniens, der Sowjetunion und der Vereinigten Staaten von Amerika kamen überein, daß Österreich, das erste freie Land, das der Hitlerschen Agression zum Opfer gefallen ist, von der deutschen Herrschaft befreit werden muß."

Die Lehrer achten eben darauf, keine Politik in die Schule zu bringen. Deshalb auch nicht den Wortlaut der erwähnten Unabhängigkeitsdeklaration. Nichts von der Präambel, obwohl sie gerade uns einen angewandten Geschichtsunterricht hätte liefern können:

> „Angesichts der Tatsache, daß der Anschluß des Jahres 1938 nicht, wie dies zwischen zwei souveränen Staaten selbstverständlich ist, zur Wahrung aller Interessen durch Verhandlungen von Staat zu Staat vereinbart und durch Staatsverträge abgeschlossen, sondern durch militärische Bedrohung von außen und dem hochverräterischen Terror einer nazifaschistischen Minderheit eingeleitet, einer wehrlosen Staatsleitung abgelistet und abgepreßt, endlich durch militärische, kriegsmäßige Besetzung des Landes dem hilflos gewordenen Volke Österreichs aufgezwungen worden ist..."

Vielleicht hält unser Geschichtslehrer – in meiner Erinnerung war er ein Wirrkopf, wir haben indes nicht viel gelernt, aber dafür unseren Spaß mit ihm gehabt – alles das für selbstverständlich und meint deshalb, er müsse es nicht eigens erzählen. Aber stimmt, was ich später erfahren habe? Daß er ein Kommunist gewesen ist?

Einmal vereinbaren wir, ihn mit einem Sprechchor zu empfangen. „Freundschaft!“ rufen wir, als er die Klasse betritt, wie aus einem Munde. „Freundschaft!“ Ich weiß nicht, warum wir ausgerechnet den sozialistischen Gruß rufen, wo doch die ÖVP die absolute Mehrheit im Nationalrat gewonnen hat. Wir wollen uns halt einen Jux machen. Der Geschichtslehrer stutzt, dann ruft er: „Da kann ich nur antworten: Österreich!“ Wir sind perplex. Dann scheinen viele nachzudenken. Österreich. Warum das als Erwiderung auf „Freundschaft!“? Der Professor wollte, scheint mir, der Klasse sagen, was er als das größere Ganze betrachtete.

War das eine Kurzlektion in Patriotismus? Ich erinnere mich an die ersten Lateinstunden im Herbst 1942. „Germania magna et clara terra est“, lasen wir im damaligen Liber Latinus.

Groß und berühmt. Austria parva et clara terra est. Klein und berühmt – heute jedenfalls. Wir wissen es, aber niemand spricht darüber. Wir haben so etwas wie eine geistige Wende vollzogen, sind umgeschult worden, obwohl fast alle von uns noch im Kindergarten waren, als es kein Austria mehr gab, als es besetzt wurde, okkupiert, mit Gewalt – wenngleich unter dem Jubel eines Großteils der Bevölkerung – ausradiert.

Wir lachen häufig über diesen unseren Geschichtsprofessor, über seine verschmuddelten Hemdkragen, den bisweilen ungebügelten Anzug und die Entschuldigung dafür, die er freimütig abgibt: „Die Frau is krank, die Milch muß i holen, der Kanarienvogel braucht a Futter – da kann i net ausschauen wie a Lord!“ Der Professor mag „ka Lord“ sein. Er ist einer von denen, die uns unaufdringlich beibringen, daß wir wieder in Österreich leben. Unaufdringlich. Ohne Umerziehung.

XIV

Umerziehung – ein Schlagwort. Und was für eines! Eines, das zwar uns Jungen nicht so geläufig ist, dafür aber den Älteren um so mehr. Diese Älteren, ist anzunehmen, sind ja die Zielgruppe dieses Vorhabens, in erster Linie jedenfalls. Umerziehung: das heißt, alles das von Bord zu werfen, was an alter (politischer) Erziehung vorhanden ist, und anzunehmen, was nunmehr als *education* gilt.

Aber heißt Umerziehung nicht, daß auch wir falsch erzogen worden sind? Ist es nicht auch ein Vorwurf gegen unsere Eltern? Mag sein, daß es, was die junge Generation betrifft, auch so gemeint ist. Gewiß sind wir in mancher Hinsicht, nicht in jeder, falsch erzogen worden. Man hat uns Werte nahegebracht, die nicht mehr gültig sind, viele von ihnen jedenfalls. Man hat uns andererseits nicht auf jene Werte eingeschworen, die im Rahmen der Umerziehung gelten müssen. Und vor allem: Man versucht uns jetzt beizubringen, daß schwarz weiß und weiß schwarz ist. Anders ausgedrückt: Wer uns früher als Übeltäter schien, ist jetzt Wohltäter. Wer früher Feind war, ist jetzt Freund.

Die Wende im Bewußtsein fällt den Halbwüchsigen leichter als den Erwachsenen, scheint mir. Aber hat nicht schon in der Seelsorgestunde so etwas wie eine Umerziehung begonnen, völlig unerlaubt natürlich, ja als tödliche Gefahr? Der erwähnte „Kooperator", der uns Buben im Pfarrheim in den nachmittäglichen religiösen „Nachhilfestunden" anhand von Dias den Katechismus beibrachte, versuchte auch, den Unterschied von Himmel und

Hölle zu erklären und mit Hilfe von Beispielen zu erläutern, wer im Paradies sei und wer im ewigen Feuer brate. Ersteres wäre leicht anzuführen: Von den Heiligen, sagte er, sei anzunehmen, daß sie alle die ewigen Freuden genießen – in Voraussicht dessen seien sie ja heiliggesprochen worden. Schwieriger, meinte der Kooperator, sei es, Personen zu benennen, die in die Hölle gekommen seien. Man könne nämlich von keinem Menschen wissen, ob er sich nicht am Ende seines Lebens oder vielleicht erst in den letzten Minuten dieses Lebens bekehrt habe und seine Sünden bereut habe. Von einem freilich, sagte unser weißhaariger Priester und Katechet, wisse man mit Fug und Recht, daß er in die Hölle gefahren sei: Napoleon. Er habe ungerechte Kriege geführt, viele Millionen Menschen unterworfen, Armeen hinschlachten lassen und schließlich sogar im tiefen Winter Rußland überfallen, sei aber nur bis Moskau gekommen und dort aufgehalten worden. Aus welchen Fakten der Kooperator sein Wissen über Napoleons Verdammnis bezog, wußten wir damals nicht, fragten freilich auch nicht nach. Für acht- und neunjährige Buben gilt noch allemal, was ein Geistlicher gleichsam ex cathedra von sich gibt, er schien uns unfehlbar.

Erst viel später ist mir klar geworden, was der gütige Priester mit seinem Beispiel vom verdammten Napoleon sagen wolle. Es war, nota bene, in genau jener Zeit, da die Sechste deutsche Armee von Adolf Hitler bei Stalingrad in den Tod getrieben worden war. Es war genau jene Zeit, da sich das furchtbare Ende des deutschen Überfalls auf Rußland längst abzuzeichnen begonnen hatte. Es war die Zeit, da der erste Rußland-Winter die deutschen Angreifer dezimiert hatte, weil sie nicht entsprechend ausgerüstet waren und geglaubt hatten, im Spätherbst werde das „Unternehmen Barbarossa“ siegreich beendet sein.

Die Parallelen zwischen Hitler und Napoleon sind damals hinter vorgehaltener Hand sehr häufig gezogen worden. Man verglich mit der Napoleonischen Ära die Unterwerfung Europas, die Repression vor allem auch in Deutschland, die Todesurteile, wenngleich der französische Satz „Toute proportion gardée“ – die Proportionen sind zu wahren – selbstverständlich hier angewandt werden mußte. Ich nehme heute mit an Sicherheit grenzender Wahrscheinlichkeit an, daß unser Kaplan in der Seelsorgestunde im Jahre 1943 Napoleon sagte und Hitler meinte. Ich glaube ganz bestimmt, daß er uns mitteilen wollte, was mit dem Führer geschehen werde, wenn er einmal sein irdisches Leben beende – wobei der „Seelsorger“, der sich wirklich um unsere Seelen gesorgt zu haben scheint, ganz gewiß hoffte, daß dieser Zeitpunkt nicht mehr allzu lange auf sich warten lassen werde. Hitler werde, wollte er uns sagen, bestimmt in die Hölle kommen, er sei ein Anwärter auf das ewige Feuer.

Wir verstanden damals die Anspielung genausowenig wie die Parallele, die der Kaplan zog. Es wäre uns nicht eingefallen, von Napoleon auf Hitler zu schließen. Trotzdem war, scheint mir, die Erzählung des Kaplans im Pfarrheim der erste mir bekannte Versuch einer Umerziehung von jungen Menschen, die seiner Meinung nach falsch erzogen worden waren. Deswegen noch einmal: Was heißt Umerziehung? Und war sie notwendig?

Als die ersten Tageszeitungen der Alliierten erschienen, wurden sie den Kolporteuren aus der Hand gerissen. Ich erinnere mich an ein Foto, das damals um die Welt ging. Auf einem Handwagen steht ein Zeitungsverkäufer, der von einer Menschentraube umlagert ist. Jeder streckt ihm eine Hand mit ein paar Münzen entgegen, und er hat Mühe, zu vermeiden, daß ihm dabei der Karren demoliert wird. Das begehrte Blatt war, glaube ich, die von mir schon einmal erwähnte britische „Weltpresse". Der Name der Zeitung war zu Recht gewählt. In der ersten Zeit brachte die „Weltpresse" nur Ausschnitte aus westlichen Zeitungen und dann auch Agenturmeldungen, aber keine Zeile war Produkt einer Recherche. Daß das Blatt trotzdem so beliebt war, ist ein Beweis dafür, auf welch fruchtbaren Boden die „Umerziehung" fiel.

Denn sie wurde in erster Linie über die Medien ausgeübt, und da bekamen natürlich auch wir Kinder einen Teil davon ab. Medien: Das waren in dieser Zeit Filme, Radio und Bücher. Die immerwährende Präsenz des Fernsehens in den Wohnzimmern gab es nicht, die Television steckte sogar jenseits des Atlantiks noch in den Kinderschuhen.

Da drängt sich im übrigen eine Randbemerkung auf: Was wäre geschehen, wenn Josef Goebbels, der Reichsminister für Volksaufklärung und Propaganda bereits das Fernsehen zu Hand gehabt hätte? Wenn die Reichsparteitage, die Lichtdome, dieser „Triumph des Willens" (Leni Riefenstahl), aber auch die Hitlerreden aus dem Sportpalast vom Fernsehen übertragen worden wären? Jedenfalls den letzteren hat es gut getan, bestenfalls in der Wochenschau gebracht zu werden. Als wir Buben nach 1945 zum ersten Mal in Filmaufnahmen, die aus guten Gründen von Goebbels verboten worden waren, das verschwitzte Gesicht des „Führers" sahen, kamen wir aus dem Staunen nicht heraus. Dieser Mensch konnte die Massen begeistern? Umerziehung wäre da gar nicht notwendig gewesen.

Es sind indes vor allem die Amerikaner, die sich um die Umerziehung der Österreicher bemühen. Sie haben diesbezüglich die meisten Ressourcen – Hollywood ist da nur eine davon. Wir bekommen literarische Produkte en masse in die Hand, und vor allem die Leseratten unter uns sind froh, in Büchern schmökern zu dürfen, von deren Autoren wir bisher keine Ahnung gehabt haben. Viele kommen in jener Billig-Ausführung zu uns, die eigens den „Umerziehungszwecken“ dienen sollen. Es sind nicht zuletzt auch politische Bücher, aber solche, die wir begreifen, und vor allem Bücher, die den jungen Österreichern die amerikanische Geschichte näherbringen sollen. Das Leben Benjamin Franklins zum Beispiel oder Thomas Jeffersons, das Werden der amerikanischen Verfassung, den Unabhängigkeitskrieg, den Amerikanischen Bürgerkrieg. Wenn dies Umerziehung sein soll, dann durchaus mit unserem Einverständnis. Wir sind froh, auch in dieser Hinsicht ein Fenster zur Freiheit, zur vorläufigen jedenfalls, aufgestoßen zu haben, besser: aufgestoßen zu bekommen.

Hauptnachrichtenquelle freilich ist das Radio. Noch in Mauterndorf, bereits kurz nach Kriegsende, werden mir zwei Begriffe zur Alltäglichkeit. Der erste österreichische Sender, den ich höre, nennt sich „Österreichischer Freiheitssender Graz“ und ruft als Hauptteil der Nachrichten, diesen Eindruck habe ich jedenfalls, die Bewohner bestimmter Straßenzüge zu Aufräumungsarbeiten. Graz ist damals von den Russen besetzt, und in mir verfestigt sich der Eindruck, daß die Freiheit des Freiheitssenders vorerst darin besteht, die Straßen von Trümmern freimachen zu lassen. Die ersten Englischkenntnisse verschafft mir wieder der amerikanische Sender Rot-Weiß-Rot, der von dieser Besatzungsmacht installiert worden ist. In einer, wie ich mich zu erinnern glaube, täglichen Sprachsendung, die aus den USA kommt (was aus dem An- und Abschwellen des Tons und gelegentlichen Pfeifgeräuschen erkennbar ist), wird versucht, die Hörer mit den Grundbegriffen der englischen Sprache vertraut zu machen, und zwar auf eine Art und Weise, die didaktisch hervorragend und zudem total unpolitisch ist. Es ist dies der erste Schritt zu einer

Amerikanisierung Österreichs – und ganz Europas, aber das ist uns nicht bewußt –, der damit beginnt, das Englische als „Lingua franca“ einzuführen.

In der Tat, die Amerikanisierung beginnt 1945. Damals sind die Engländer noch arme Teufel, ökonomisch gesehen, und die Franzosen nicht viel besser dran, wie ich später als Austauschschüler sehen werde. Von den Russen, den am meisten Leidtragenden des Krieges, muß an dieser Stelle keine Rede sein. Nur die Amerikaner (erinnern wir uns: A wie „Alles“) können mit vollen Händen austeilen und tun dies meist, wenn auch nicht immer, mit politischen Hintergedanken. Wenn wir Wrigley-Kaugummi geschenkt bekommen, haben wir Amerika im Mund. Wenn wir gelegentlich eine Tafel Schokolade erhalten, was selten genug ist, wissen wir, wo das Paradies liegt. Wenn wir in amerikanischen Propagandavitrinen oder in der Besatzungsillustrierten „Heute“ Fotos von amerikanischen Drugstores sehen, meinen wir, mit Bildern aus einer anderen, besseren Welt konfrontiert zu sein.

Zudem werden sämtliche amerikanischen Filme, und es gibt viel mehr US-Streifen als solche der anderen Alliierten, in Originalsprache mit deutschen Untertiteln gespielt. Später verfügen die USA auch in Österreich über eine eigene Organisation, die MPEA (Motion Picture Export Association), und sie stechen damit die bisweilen viel besseren englischen Filme aus. Viele der amerikanischen sind im Krieg hergestellt worden und verfügen über den entsprechenden patriotischen Unterton. Die meisten sind zudem jugendfrei und unterscheiden sich in dieser Hinsicht, aber nicht nur in dieser, total von den deutschen Filmen unseligen Angedenkens. Daß in diesen US-Streifen, sofern sie Abenteuerfilme sind, die Indianer stets als Erzfeinde der aufrechten Amerikaner hingestellt werden, stört uns nicht, im Gegenteil, mehr als einmal jauchzen wir vor Vergnügen, wenn im letzten Augenblick die US-Kavallerie eingreift, um die „Inskis" niederzumachen. Umerziehung? Und wenn Greer Garson als „Mrs. Miniver" leidvoll von der Leinwand blickt, unterdrücken wir die Tränen – denn Buben weinen ja nicht...

Die anderen Besatzungsmächte merken, was da gespielt wird – gespielt im buchstäblichen und übertragenen Sinn. Sie wollen gleichziehen. Im Apollo-Kino, das unversehrt geblieben ist, obwohl (oder vielleicht weil) direkt gegenüber im Esterhazypark einer der riesigen Flak-Betonklötze stand, gibt es ein „Vierertreffen" interalliierten Filmschaffens. Jede der vier Besatzungsmächte ist mit der wichtigsten Szene eines Streifens vertreten, den sie als den besten der letzten Zeit betrachtet. Die Briten haben den berühmten Ausschnitt aus Shakespeares „Heinrich V." mit Laurence Olivier in der Titelrolle geschickt, in dem die Schlacht von Azincourt gezeigt wird; die Franzosen lassen sich durch Jean Marais und „L'éternel retour" (nach dem Tristan-und-Isolde-Stoff) vertreten; die Russen zeigen einen im wahrsten Sinn des Wortes traumhaften Farbfilm mit dem Titel „Die steinerne Blume", der einem russischen Märchen nachempfunden ist. Und die Amerikaner? Sie präsentieren einen Film mit Barbara Stanwyck: die Guten siegen, die bösen Indianer verlieren. Wir sind von der Schule aus in diese Vierer-Aufführung geschickt worden – und natürlich hat uns der amerikanische Film am besten gefallen.

Was ist das eigentlich gewesen? Auch eine Facette der Umerziehung? Eines der Mittel, uns Jungen, die schön langsam dem Kindesalter entwachsen, beizubringen, was Demokratie ist? General Eisenhower hat seinerzeit von einem „Kreuzzug der Freiheit" gesprochen. Eisenhower ist uns ein Begriff, Montgomery ist uns ein Begriff, der Sowjetgeneral Malinowski sagt uns etwas – nicht zuletzt wegen der umgetauften Floridsdorfer Brücken. Die Laxenburger Straße heißt jetzt Tolbuchinstraße. Die Reichsbrücke ist in „Brücke der Roten Armee" umbenannt worden; daß sie, wieder als Reichsbrücke, ungefähr in der gleichen Epoche einstürzte, als sich in der Roten Armee die allerersten Anzeichen von Auflösungserscheinungen zeigten, mutet an wie eine weltgeschichtliche Skurrilität.

Welche französischen Generäle mit ihren Truppen in Österreich einrückten, wissen wir nicht. Sie sind für uns offenbar eine „Quantité négligeable". Dafür begeistern wir uns für General Patton, den Panzergeneral, dessen Soldaten die weißen Rösser der Spanischen Reitschule „befreit" haben.

Der amerikanische Einfluß in diesem ersten Jahr nach Kriegsende ist unverkennbar, nicht nur in Salzburg, auch in Wien. Da sind etwa die „Vier im Jeep", die indessen berühmt, ja weltberühmt gewordenen Vertreter der interalliierten Militärpolizei, jene Soldaten, die im vierfach besetzten ersten Bezirk der österreichischen Hauptstadt, in der City, ihre Kontrollfahrten unternehmen. Es gibt keine Sektoren hier, sondern monatlich wechselt die Oberaufsicht über diesen Stadtteil – wobei es zu jenen in dieser Zeit zahlreichen historischen Eigenheiten gehört, daß gelegentlich Amerikaner und Russen direkt aufeinanderfolgen.

Bei den „Vier im Jeep" ist der Russe auf die Hinterbank verdammt, neben ihm sitzt der französische Polizist, vorne nimmt jeweils der Brite mit seiner roten Tellerkappe Platz, und den Wagen steuert der Amerikaner. Deswegen, weil es sich um ein US-Fahrzeug handelt? Oder soll auf diese Weise gezeigt werden, wer in Wahrheit unter den Besatzern den Ton angibt?

Schon lange vorher, und nicht nur, weil ich „English by radio" gleichsam in Form eines Intensivkurses gelernt habe, beginne ich zu radebrechen. Auch da hat ein Jeep eine Rolle gespielt. In Mauterndorf stand er vor dem Gasthaus, das die Amerikaner beschlagnahmt hatten, allein und unbewacht, mit offenem Verdeck und ohne Zündschlüssel – die Armeeversion dieses Fahrzeuges war in Gang zu setzen, wenn man bloß einen Schalter umlegte. Welcher Bub läßt sich die Gelegenheit entgehen, mit einem Jeep wenigstens ein paar Hüpfer zu unternehmen, und sei es nur mit Hilfe der Batterie! Freilich stürmte schon im nächsten Augenblick ein GI aus dem Haus, bedachte mich mit amerikanischen Flüchen und schmiß mich aus dem Wagen. Am nächsten Tag passierte das gleiche und auch am übernächsten – meine Kenntnisse des Englischen begannen damit, daß ich im Slang Verwünschungen ausstoßen konnte, ohne zu verstehen, was sie bedeuteten; aber der Akzent war unverkennbar amerikanisch.

Umerziehung? Es ist eine Inkulturation. Amerika ist für uns in der Tat das Land der unbegrenzten Möglichkeiten. Noch in der NS-Zeit war im Non-Stop-Kino ein Kurzfilm über die Mißstände in den USA gezeigt worden; es muß in der Zeit gewesen sein, als die Vereinigten Staaten in den Krieg eintraten. Man sah Prügeleien zwischen Gewerkschaftern und Polizei, gelynchte Schwarze, und einen Filmausschnitt, der auf mich, aus welchen Gründen auch immer, einen besonderen Eindruck machte: Von Scheinwerfern angestrahlt, steht ein Selbstmörder hoch oben auf dem Sims eines Wolkenkratzers. Unten drängt sich eine Menschenmenge, wartet darauf, daß er springt. Und er springt wirklich.

Land der unbegrenzten Möglichkeiten. Oder auch: God's own country. So scheint es uns jetzt. Ich bin älter geworden, weiß offenbar auch zwischen Fakten und Propaganda zu unterscheiden. Auch die Umerziehung ist reich an Propaganda, und manches an der Inkulturation geht schief. Die Amerikaner versuchen uns einiges von dem goutieren zu lassen, von dem sie glauben, daß es auch den Österreichern, vor allem den Jungen, gefallen würde. Sie lassen uns wissen, was ein „Soap box derby" ist, mehr holprig als akkurat mit „Seifenkistelrennen" übersetzt. Buben (die Mädchen wurden als eine Art von Cheerleaders, als Winkerinnen an den Straßenrand abgeschoben) liefern sich in selbstgebastelten Rennautos, die aus Kisten oder Schachteln und vier primitiven Rädern bestehen, auf einer abschüssigen Straße ein Wettrennen. Nach den ersten Karambolagen verschwindet die anfangs von der amerikanischen Wochenschau eifrig gefilmte „Sportart" wieder, wird freilich in allerjüngster Zeit künstlich wiederzubeleben versucht.

Der älteren Bauernjugend wieder werden die „Vier – H-Clubs" eingeredet, eine typisch amerikanische Organisation, die vor allem für jugendliche Farmer bestimmt ist. Sie hat eine Verbesserung der landwirtschaftlichen Methoden und der Hauswirtschaft, in Amerika „Home economics" genannt, zum Ziel und soll nicht zuletzt die staatsbürgerlichen Qualitäten fördern. Die vier H's sollen zeigen, worauf die Clubs ihr Hauptaugenmerk lenken: der Verbesserung von Head, Heart, Hands, Health, also vom Kopf, Herz, Händen und Gesundheit. Alles das brauchen auch wir, aber nicht oktroyiert von einer Besatzungsmacht.

Die Amerikanisierung Europas beginnt also schon in diesen Monaten. Sie wird in den einzelnen Staaten verschieden aufgenommen. Die Engländer, Angehörige einer uralten Demokratie, sorgen sich offenbar als erste: Die amerikanischen Soldaten, sagen sie, sind „overfed, oversexed and over here" – übersättigt, was Nahrung und Sex betrifft, und „over here", also hier herüben. Wir jungen Österreicher wissen, daß die GI's overfed sind. Oversexed ist für uns vorläufig noch ein Fremdwort. Und over here? Gott sei Dank!

Aber kann man wirklich von Inkulturation sprechen? Ist es nicht eher die amerikanische Zivilisation, die uns mit offenem Mund dastehen läßt? Wenn der amerikanische Autor Samuel P. Huntington von einem „Clash of Civilisations“ schreibt, so hatte er zwar nicht Europa und im besonderen Österreich Anno 1945 und 1946 im Sinn, aber er könnte es gemeint haben. Wir stehen staunend vor der Tatsache, daß der Alten Welt immer wieder Proben der Neuen injiziert werden.

Es gelingt manchmal, noch öfter aber nicht. Uns Schülern gefällt, was wir von unseren Altersgenossen in Amerika hören und lesen: Daß in den Schulen so viel Wert auf Sport gelegt wird; daß junge Menschen, die kaum älter sind als wir, die Autos ihrer Eltern lenken dürfen; und vor allem, daß es dort in Hülle und Fülle zu essen gibt. Aus Bildreportagen erfahren wir, was eine „Sodafountain“ ist, und werden belehrt, daß es sich keineswegs um einen Springbrunnen handelt, aus dem Sodawasser sprudelt, sondern um jenen Teil eines „Drug stores“, wo es Schokolade gibt und Erdbeereis mit Schlagobers und viele andere Köstlichkeiten. God‘s own country in der Tat!

Die Umerziehung, die zur versuchten Inkulturation wird, spießt sich allerdings dort, wo das Österreichertum in Gefahr sein könnte. Wir wissen ja, daß wir Österreicher sind, daß wir eine für das ganze Land zuständige Regierung haben, daß wir nunmehr wieder in unserem eigenen Haus leben, das wir in Ordnung halten müssen. Wir wissen, daß wir – auch wir, die ganz Jungen – mit Hand anlegen sollen, um dieses Haus, das teilweise in Trümmern liegt, wieder aufzubauen, und sei es – weil wir es vorerst nicht anders tun können – nicht mit körperlicher, sondern mit geistiger Arbeit in der Schule. Es kommt uns nicht in den Sinn, darüber nachzugrübeln, ob die erwähnten Trümmer selbstverschuldet sind. Den

Begriff Drogen kennen wir nur aus den Geschäftsschildern „Drogerie“, in der man Seife kaufen kann und Waschpulver und nicht viel anderes.

Inkulturation? In der Volksoper, die vom Kino wieder in ein Theater umgewandelt worden ist, spielt man immer wieder den „Zigeunerbaron“. Im letzten Akt wird der Kaiserwalzer getanzt, und bevor die Männer aus dem Krieg zurückkehren, marschiert eine Musikkapelle auf und spielt „O du mein Österreich“. Jedesmal, wenn diese Takte des Marsches erklingen, rauscht Beifall auf, und auch die alliierten Offiziere, die in den ersten Reihen sitzen, klatschen. Haben auch die deutschen Offiziere geklatscht, wenn Wallenstein zum Oberst Wrangel sagte: „Der Österreicher hat ein Vaterland und liebt's und hat auch Ursach', es zu lieben ...“? War auch das damals schon eine Demonstration von – diesfalls noch unterdrücktem – Patriotismus? Nach 1945 war er offenkundig, er konnte uns nicht ausgetrieben werden.

Und auch wir Gymnasiasten fühlen mit und klatschen und wissen, was gemeint ist. Da ist ein Land, das mühsam den Weg zu sich selbst suchte und schließlich auch gefunden hat. Warum klatscht man begeistert, wenn in der Volksoper „O du mein Österreich“ gespielt wird? Warum ist im Burgtheater, jetzt und auf Jahre hinaus im Ronacher untergebracht, Hugo von Hofmannsthals „Jedermann“ eine der ersten Vorstellungen? Warum finden kurz nach Kriegsende bereits die ersten Salzburger Festspiele statt? Wir denken nicht darüber nach. Wir sind so hochmütig, selbst als Gymnasiasten in abgetragenen Lederhosen und durchlöcherten Schuhen und mit hungrigen Mägen so hochmütig, daß uns beinahe als selbstverständlich erscheint, was mir später ein französischer Austauschpartner in ein Buch schrieb: „La culture, c'est ce, dont on se souvient, quand on a tout oublié.“ Kultur, das ist, woran man sich erinnert, wenn man alles andere vergessen hat. Man kann auch sagen: „... quand on a tout perdu“ – wenn man alles verloren hat, was bei uns, so schien mir, in vieler Hinsicht der Fall war.

Ich habe aber einen Ausspruch im Kopf, den mein Onkel am Abend des 25. November 1945 tat, nachdem die Österreicher zum ersten Mal wieder in Freiheit zu den Urnen gerufen worden und diesem Ruf in Ruhe und Ordnung gefolgt waren: „Ein Kulturvolk hat gewählt.“ Eine Epoche, in der nicht immer Kultur gezeigt worden war, war vorübergegangen. Es folgten Frieden und Freiheit.

Wirklich? In einer Stimmung, die wir an ihm gar nicht kannten, setzte sich unser Klassenvorstand am letzten Tag vor den Weihnachtsferien 1948 in die erste Bank und ließ uns an Gedanken teilhaben, die nur von der Zeit und dem Ort her zu verstehen sind und die ich dennoch nicht vergesse. Kurz vorher war der Stephansdom teilweise geöffnet worden, und auf dem provisorischen Hochaltar stand kurz und bündig das Wort „Pax“. Was war damit gemeint? Es fehlte jede Interpunktion: kein Punkt, kein Komma, kein Rufzeichen, kein Fragezeichen. Also eine Feststellung: Frieden. Wir hatten ihn wieder. Der Dom war ein Zeichen – auch des Gleichmuts. Es war gleichsam eine Beschreibung des Ist-Zustands: Pax. Nichts weiter.

Dann aber auch: Warum kein Rufzeichen? Pax! Gott sei Dank! Es ist wieder Friede. Wir hatten ihn ersehnt, erhofft, erhalten. Das Rufzeichen hätte ein Ausdruck der Freude sein können.

Und doch: Warum kein Fragezeichen? War das wirklich Friede, was herrschte? Konnte man Friede nennen, was rundum passierte – Entführungen, Vergewaltigungen, Plünderungen? Und wie sah es in der Welt draußen aus?

Bewußt, so scheint es, war das nackte Wort hingeschrieben worden. Man konnte denken, was einem in den Sinn kam. Es war Frieden – soviel war sicher.

XV

Wir frieren, wir hungern. Auch wir, die Täterkinder. Es kommt uns nicht in den Sinn, jene, die in den sowjetischen Kriegsgefangenenlagern auf ihre Heimkehr warten und nicht wissen, wie lange sie noch warten müssen, als zumindest tatverdächtig, wenn nicht als Täter anzusehen. Welche Taten? Der Wahlonkel, der erwähnte Luftwaffenoffizier, kommt mir in den Sinn. Irgendwo in Rußland ist er gefallen. Ein Täter? Vielleicht hat er mit seinem Geschwader Angriffe gegen russische Städte geflogen. Vielleicht hat er feindliche Jäger abgeschossen, so wie Mölders und Galland und Marseille und Novotny. In Loipersbach, meinem Ferienort, herrscht Trauer in einer Bauersfamilie – ich habe es erzählt. Der älteste Sohn wird nicht mehr zurückkehren. Eine Granate! „Kein Beinl ist übrig geblieben!" War er ein Täter?

Wen Gott vernichten will, den straft er in seinen Kindern, heißt es. Aber es gibt keinen strafenden Gott. Wir hungern und frieren in diesem Winter 1945/46. Wir empfinden es nicht als Strafe, wir nehmen es als Selbstverständlichkeit hin. Es gibt eben keine Kohle. Es gibt eben kaum etwas, das man mit unseren Lebensmittelmarken einlösen könnte. Es geht uns schlecht, zugegeben. Aber das Leben beginnt seinen geregelten Lauf zu nehmen. Geregelt: das heißt, daß mich mein Schulweg tagtäglich an denselben Hausruinen vorüberführt. Geregelt: daß heißt, daß immer die gleichen Schlangen vor den Geschäften stehen.

Geregelt: das heißt aber auch, daß meine Mutter im Nebenhaus der Bombenruine unseres Geschäftes im

„Witwenfortbetrieb“ wieder eine Parfümerie eröffnet. Die Waren werden ihr zugeteilt. Eine Schachtel Zahnbürsten etwa, ihr Stiel ist aus rohem Holz. Seifenpulver auch. Am Abend werden die Abschnitte der Bezugsscheine geklebt; allmonatlich müssen sie auf der Kartenstelle eingereicht werden.

Die Erwachsenen mögen verzweifelt sein, hoffnungslos, ohne Aussicht auf Besserung. Wir sind voll Optimismus – unser Alter, scheint es, bringt es mit sich. Aber noch steht uns das Ärgste bevor. Der Winter 1946/47 ist der kälteste seit Menschengedenken. „Gestern betrugen die Temperaturen in Innsbruck minus 23 Grad, in Klagenfurt minus 22 Grad, von allen europäischen Orten hält bislang Tamsweg mit minus 31 Grad den Rekord. Wegen der Kälte und der Kohlennot bleiben die Schulen bis zum 20. Jänner geschlossen... Seit Monaten verhandeln die E-Werke mit den verantwortlichen Stellen der Alliierten wegen der Zuweisung der zur Stromversorgung Wiens notwendigen Mengen von Kohle und Öl, ohne daß es bisher zu einem Resultat gekommen ist“, steht in der Zeitung. Und der Landeslastverteiler Wien verfügt, daß der zulässige Stromverbrauch für Haushalte mit Gasversorgung (was heißt hier Versorgung!) von 0,6 kwH auf 0,5 kwH im Tag herabgesetzt wird. „Die gesamte Industrie mit Ausnahme der Lebensmittelindustrie hat den Betrieb einzustellen.“ Der Sozialminister Karl Maisel, gleichzeitig Obmann der Metall- und Bergarbeitergewerkschaft, veröffentlicht einen Hilferuf: „Wir sind in der schlimmsten Situation seit Bestehen unserer jungen Republik. Bergarbeiter, ihr könnt helfen! Wenn es gelingt, bis zur Beendigung der Trockenheit noch mehr Kohle zu fördern, können wir das Ärgste, nämlich die gänzliche Stillegung der Industrie, verhüten. Dies ist ein Appell in ärgster Not.“

Kohle für die Haushalte gibt es schon längst nicht mehr. In manchen Theatern muß ein Brikett gegen die Eintrittskarte eingetauscht werden. Meine Mutter „heizt" die Wohnung mit dem Küchenrechaud. Wenn es Gas gibt, steigt die Temperatur im Wohnzimmer auf 12 Grad. Die Schulen öffnen nicht am 20. Jänner, sondern bleiben monatelang gesperrt. Wir müssen uns zweimal in der Woche in den Klassen einfinden, um Hausaufgaben zu erhalten und jene abzugeben, die wir fertiggestellt haben. Mit wollenen Mützen, Schals und Wintermänteln sitzen wir und schreiben mit klammen Fingern, was uns die Professoren aufgeben. Täterkinder, jawohl!

Trotzdem hat es in dieser Zeit bereits eine Ausstellung unter dem Titel „Wien baut auf" gegeben. In einem Begleitbuch zu dieser Schau heißt es über die Aufbauarbeit des Wiener Schulwesens, die stärkste Beeinträchtigung sei „aus der Kältekatastrophe des Winters 1946/47" erwachsen.

> „Im Winter vorher, der verhältnismäßig mild war, litt der Schulbetrieb gleichfalls unter dem Mangel an Heizmaterial, vor allem aber an den noch in großem Maße unbehobenen Kriegsschäden. Lehrer und Schüler mußten bei Temperaturen nahe dem Gefrierpunkt in meist unbeheizten Schulräumen ohne Fenster ausharren. Dank dieser heroischen Haltung der Lehrer und Schüler konnte der Schulbetrieb ohne Unterbrechung fortgeführt werden."

Sind wir Heroen? Sind wir Helden, weil wir in Klassenzimmern ohne Fenster lernen, solange es geht? Kälte ist bitter. Sie ist noch bitterer, wenn ihr nicht jene Körpertemperatur entgegengesetzt wird, die mit Sättigung einhergeht. Noch einmal: Wir frieren nicht nur, wir hungern. Die Kälte schleicht sich auch bei Zehnjährigen, Zwölfjährigen, Dreizehnjährigen in den ganzen Körper. Da hilft kein Latein büffeln und auch kein Griechisch, da ist Mathematik unnütz, weil man ja doch nicht Kalorien mit Formeln berechnen kann.

Dann aber heißt es in der Broschüre weiter:

> „Der völlige Zusammenbruch der Kohlenversorgung Wiens in der Frostperiode zu Jahresbeginn 1947 machte eine Beheizung der Schulgebäude vollkommen unmöglich, sodaß die Schulen nach den Weihnachtsferien nicht mehr eröffnet werden konnten, weil bei Außentemperaturen bis zu 15 Grad unter Null in den ungeheizten Räumen kein Unterricht möglich war. Um den vielen Schülern, die zu Hause kein warmes Zimmer hatten, die Möglichkeit zu geben, sich wenigstens tagsüber in einem geheizten Raum aufzuhalten, wurden in vielen Schulen Wärmestuben eingerichtet und in diesen die Schülerausspeisung und ein behelfsmäßiger Gruppenunterricht durchgeführt. Später wurde dieser zu einem klassenweisen Aufgaben- und Nachholunterricht ausgestaltet. Erst im März 1947 konnte allmählich der Unterricht an allen Schulen wieder aufgenommen werden. Es bedurfte der intensivsten Arbeit der Lehrer und Schüler, um den Verlust durch die zweimonatige Unterbrechung aufzuholen und das vorgeschriebene Lehrziel zu erreichen."

Einspruch: Es waren fast drei Monate!

Hurra, die Schule brennt? Würde sie es doch tun, dann könnte man sich wärmen. Hurra, zweieinhalb Monate Winterferien? Wir leiden mehr darunter, als wir uns freuen können. Nicht nur, weil wir in den ebensowenig warmen Wohnungen vor unseren Aufgaben sitzen. Weihnachtsferien von Ende Dezember bis Mitte März: Waren das eigentlich Energieferien, wie die Semesterferien, eine Woche lang, heute noch immer genannt werden? In der Tat wurden sie ja „erfunden", als es in der ganzen westlichen Welt eine Ölkrise gab. Daß sich auch damals bereits die Autokarawanen in die Schiorte ergossen, wodurch die „Jännerlücke" der Hotels auf einträgliche Weise geschlossen werden konnte, so daß die „Energieferien" nicht zu einer Ersparnis, sondern zu einem Mehrverbrauch von Energie führten – was tat's?

Die Ferien von 1947 beginnen uns lästig zu werden. Sie sind eine Belastung. Tatsächlich bedarf es dann intensivster Arbeit, um aufzuholen, was wir versäumt haben. Und das ohne Taschenrechner und PC. Und ohne Fernsehen. Aber das hätte in folge Strommangels ohnehin nicht funktioniert.

Auch Kinos und Theater laufen auf Sparbetrieb. Noch vor nicht allzu langer Zeit, als noch „normal" gespielt wurde, obzwar das Kriegsende gerade erst vorüber war, wurden die Vorstellungen so angesetzt, daß man bereits am frühen Abend wieder daheim sein konnte. Es war nicht nur wegen des Zwanges, den Heimweg zu Fuß zurückzulegen, weil viele Straßenbahnlinien noch nicht verkehrten. Die Stadt war auch unsicher. In der „Arbeiter Zeitung" las man zum Jahreswechsel 1946/47:

> „Am Heiligen Abend gegen sechs Uhr umzingelten sechs Banditen einen Straßenbahnzug der Linie 118, zwangen den Motorführer mit vorgehaltener Waffe stehenzubleiben und begaben sich in das Innere der Wagen, wo sie die Fahrgäste, die sie mit Maschinenpistolen in Schach hielten, völlig ausraubten. Geldbörsen, Brieftaschen, Ringe, Uhren, Bargeld und auch

> Schmuckstücke, alles wurde den erschrockenen Menschen abgenommen.
> Da gelang es einem entschlossenen Fahrgast unter Lebensgefahr zu flüchten. Er verständigte die alliierte Militärpolizei auf dem Matzleinsdorfer Platz, die wenige Minuten später auf dem Tatort erschien. Als die Verbrecher die Militärpolizei erblickten, ergriffen sie die Flucht, wobei es zu einem Feuergefecht kam. Die Täter konnten in Margareten eingeholt und festgenommen werden. Ihre Beute warfen sie auf der Flucht zum Großteil weg; nur ein kleiner Teil konnte sichergestellt werden. Unter den Fahrgästen kam es zu einem Tumult, als sie in den Besitz ihrer Habe zu kommen trachteten...Dieser Überfall ist nicht der erste seiner Art; schon früher haben derartige Raubüberfälle auf Straßenbahnzüge stattgefunden."

Banditenüberfälle in Wien, so wie einst die Überfälle auf Postkutschen, die uns jetzt aus amerikanischen Streifen geläufig sind? Die „Arbeiter Zeitung" nennt die Täter Banditen, wohlgemerkt. In Wirklichkeit waren es sowjetische Soldaten. Jeder weiß es, auch die „AZ". Aber es ist nicht geraten, die Dinge beim Namen zu nennen. Man kann sich die Fakten zusammenreimen, wenn man liest, daß die alliierte Militärpolizei verständigt wurde. Später nennt sich die „Arbeiter-Zeitung" in ihrer Werbung „die Zeitung, die sich was traut". Sie hat sich wirklich etwas getraut, sie hat fürderhin die Russen immer wieder als Täter, Entführer, Räuber angeprangert. Sie durfte trotzdem weiter erscheinen.

Weiter erscheinen durfte auch das „Neue Österreich", obgleich sich auch diese Zeitung – ebenso wie alle anderen mit Ausnahme der sowjetischen „Österreichischen Zeitung" und der kommunistischen „Volksstimme" –

immer ausführlicher mit den Überfällen und Entführungen befaßte. Man durfte jetzt sogar schon schreiben, daß es „offensichtlich sowjetische Soldaten“ gewesen waren und mußte sich nicht mehr auf jenen Ausdruck beschränken, der in Wien der ersten Nachkriegszeit und auch bei uns Buben zum geflügelten Wort geworden war: „Unbekannte“. Wir scherzten sogar schon, obwohl dieses Thema gar nicht lustig war: „Unbekannte“ haben dieses und jenes gestohlen, „Unbekannte“ haben eingebrochen, jemand ist von „Unbekannten“ überfallen worden.

Man scherzt auch gelegentlich über ein geflügeltes Wort, das in der sowjetischen Besatzungszone fast schon zur Umgangssprache gehört: „Uhra, Uhra!“ Gemeint ist die Lieblingsbeute der Russen, die zuerst, als noch gekämpft wurde, den deutschen Kriegsgefangenen abgenommen worden war und jetzt auch den Zivilisten. Die Uhren nämlich. Die Armbanduhren, die Taschenuhren. Uhra, Uhra – das ist der Schrei, mit dem sich die russischen Soldaten in Wohnungen Einlaß verschafften. Uhren suchen sie, in erster Linie Uhren. Vor allem solche, die sie bequem tragen können. In der Schule erzählen wir einander von Soldaten, die mehrere Armbanduhren übereinander am Arm getragen haben. Ich berichte immer wieder von meinem Abenteuer mit den zwei Russen im Mühlviertel, die haben mir ja auch meine alte, aber geliebte Armbanduhr abgenommen. Haben die Witze, die im Volk kursieren und die wir auch in der Schule erzählen, nicht einen gewissen, wenngleich auch zynischen Wahrheitsgehalt?

Einer dieser Witze berichtet von einem Rotarmisten, der einen Uhrmacherladen aufsucht und dem Meister eine Armbanduhr überreicht: „Du wieder gut machen!“ sagt er und deutet dem Uhrmacher, daß die Uhr stehengeblieben sei. Der Uhrmacher öffnet das Gehäuse – und findet eine tote Wanze! „Ah“, sagt der Russe, „Maschinist kaputt!“ Ein anderer trägt auf der Schulter eine große, offenbar requirierte Standuhr. Auch er findet einen Uhrmacherladen und sagt zum Meister: „Da ist große Uhr. Du mir daraus sechs kleine machen!“ Die Wiener, aber nicht nur sie, lachen auch dann, wenn ihnen dabei eigentlich nicht zum Lachen zumute ist.

Die Polizei ist machtlos. Sie agiert in der ersten Zeit nur in Zusammenarbeit mit den Alliierten, etwa bei Razzien gegen den Schleichhandel. Dessen Zentren sind Resselpark und Naschmarkt. Vor allem der erstere ist Mittelpunkt eines Tauschhandels. Rund um die Monumente von Johannes Brahms und Ressel, des Erfinders der Schiffsschraube, geht es um Lebenswichtiges – oder was man dafür hält. Um Schmalz und Eier und Butter und Zigaretten und Schokolade. Gelegentlich auch um Waffen. Sogar meine Mutter scheut sich nicht, in der Menge der Handelnden unterzutauchen und etwas zu verkaufen, das zwar wertvoll ist, dessen Veräußerung aber die sofortige Verhaftung zur Folge haben kann. Noch hat sie keine Einnahmequelle, noch ist die Kriegshinterbliebenenrente nicht „erledigt“, also bietet sie eines der wertvollsten Dinge feil, die in unserem Besitz sind: die Dienstpistole meines Vaters. Wo sie die Waffe verwahrte, weiß ich nicht mehr. Sie ist jedenfalls gereinigt, geölt, zum sofortigen Gebrauch bestimmt. Sie habe, erzählt sie uns später, die Pistole innerhalb kürzester Zeit verkauft, um eine schöne Stange Geld. Aber an die Summe kann ich mich nicht mehr erinnern.

Oft gehe ich, sofern ich nicht mit der Stadtbahn fahre, auf dem Weg ins Akademische Gymnasium durch den Resselpark, dränge mich durch die Massen, werde hie und da angesprochen – gelegentlich sogar von alliierten Soldaten. Warum führt mich mein Weg eigentlich immer wieder durch dieses Zentrum des Verbotenen? Ist es

Abenteuerlust – die gleiche, die mich auch in die Arme der beiden betrunkenen Sowjetsoldaten getrieben hat? Warte ich auf eine der häufigen Razzien, um mich dann dieser in gestrecktem Lauf zu entziehen? Man rennt schnell, wenn man den Warnruf „Razzia“ hört, der erklingt, noch bevor alliierte Militärautos und Wiener Polizeiwagen mit kreischenden Bremsen vor dem Resselpark halten. Für Notfälle trage ich meinen Schülerausweis in der Tasche. Ich habe ihn Gott sei Dank nie gebraucht.

In einem Buch über die damaligen Zustände steht das ebenso wichtige wie interessante Wort „Obrigkeitslosigkeit“. Man könnte darunter, scheint mir, einen Mangel an dem verstehen, was man heute so gerne „law and order“ nennt. Der Begriff ist, wie man weiß, negativ besetzt. Law and Order ist offenbar gleichbedeutend mit Repression. Zergliedert man ihn, fällt es schwer, ihn zu kritisieren. Law heißt Gesetz und order heißt Ordnung. Gesetz und Ordnung – ist das abzulehnen? Das, was sich in und um den Resselpark und auf dem Naschmarkt tut in dieser Zeit, hat mit Gesetz und Ordnung, mit law and order, nichts zu tun. Dennoch wird es toleriert, jeder weiß darum, auch die Obrigkeit – egal nun, ob es sich um die österreichische oder um die alliierte handelt.

Für uns ist die Schule in diesen Jahren der Inbegriff von law and order, obzwar wir gelegentlich, wie gesagt, bei Heinrich Spoerls „Feuerzangenbowle“ Anleihen nehmen. Wir akzeptieren Gesetz und Ordnung, wo uns solches vernünftig erscheint. Gymnasiastenscherze, wie sie Spoerl erdichtet hat – jawohl! Aber die Schule ist Anno 1946 und auch noch 1947 eine Ordnung, der man sich fügt. Selbst dann, wenn man mit halb erfrorenen Fingern griechische Buchstaben schreibt oder aus seinem Kochgeschirr Graupensuppe löffelt.

Die Obrigkeitslosigkeit führt zu Phänomenen, wie sie sich in Wien in den April- und Maitagen 1945 gezeigt haben. Menschen, die früher nie daran gedacht hätten, sich fremdes Gut anzueignen, traten als Plünderer auf. Das Beispiel der Ankerbrotwerke ist nur eines, wenngleich vom Hunger diktiert. Geplündert wurde auch anderswo. Etwa auf dem Stephansplatz, wie berichtet, mit jenen verhängnisvollen Brandfolgen, die das Wahrzeichen der Stadt beinahe vernichteten.

Obrigkeitslosigkeit. Oder auch: Gelegenheit macht Diebe. Treffender kann der Wahrheitsgehalt dieses Sprichwortes nicht bewiesen werden. Es ist an den österreichischen Schulen selbst im Chaos der Nachkriegszeit vorübergegangen: „Erfreulicherweise konnte festgestellt werden, daß die Verwahrlosung der Schuljugend viel geringer ist, als nach diesem Krieg angenommen werden könnte", heißt es in dem Begleitbuch zur Ausstellung „Wien baut auf". Die Frage, warum dem so war, ist noch nicht beantwortet worden. Daß es in der Schule heute weitaus mehr Gewaltbereitschaft, ja sogar Gewalt gibt als damals, ist eine bittere Tatsache. Aber noch ein Faktum ist in diesem Zusammenhang erwähnenswert. In den Auslagen der Spielzeuggeschäfte, und zwar nicht nur in Europa, sondern vor allem auch in Amerika, gibt es so viel Kriegsspielzeug wie nie zuvor. Vielleicht sind es heute nicht so sehr die Panzer (auch zum Selbstbasteln) als vielmehr die Laserschwerter, die Verkaufshits zu sein scheinen.

Haben wir 1945 wirklich eine Zeitlang genug gehabt von Krieg und Kriegswirren? War die Friedensbewegung, die es schon damals gab, wirkungsvoller als die von heute? Oder ist, was immer wieder behauptet wird, wirklich nur das Fernsehen schuld? Wir haben als Kinder mit Holzschwertern aufeinander eingeprügelt und mit Gewehren gespielt, die wir aus Ästen zusammenbauten.

Man gab der „Reizüberflutung“ durch die militaristische Propaganda des NS-Regimes die Schuld. Mich wundert, daß noch niemand die Gewaltbereitschaft der Kinder von heute einer faschistischen Erziehung zugeschrieben hat.

XVI

Wir Täterkinder. Wir Bombenkinder. Wir Ruinenkinder. Wenn ich heute Fotos von zerstörten Wiener Straßenzügen, von den schwer beschädigten Kulturdenkmälern, vor allem aber vom Stephansdom sehe, diesem ausgebrannten Heiligtum, ist mir zum Weinen. Wien ist indessen längst wieder zu einer der schönsten Metropolen Europas geworden. Aber es mutet an wie ein Wunder, betrachtet man die Bilder von 1945, 1946, 1947, die Altvertrautes, allzu Altvertrautes in einem Zustand zeigen, der heute unvorstellbar scheint. Allein, wir sind Schulbuben, schleppen uralte Schultaschen, tragen abgewetzte Lederhosen und haben uns an die Ruinen gewöhnt. Wir sind, wie das Stück von Thornton Wilder heißt, noch einmal davongekommen. Aus gutem Grund und aus gegebenem Anlaß wird das Stück im Theater in der Josefstadt gespielt, in einer der wenigen Spielstätten, die unversehrt geblieben sind.

Wir wandern an Denkmälern vorbei, die wir nicht sehen können, weil sie von Schutzmauern aus Ziegeln umgeben sind – wie etwa die Pestsäule am Graben. Wie sie wirklich aussieht, haben wir vergessen. Wir sehen die Trümmerberge der Albertina, wissen noch nicht, daß unter dem Schutt des Philipphofes hunderte Tote begraben sind. Wir überlegen, wie lange es wohl dauern wird, bis wir im Dianabad wieder Schwimmunterricht haben werden – vorerst ist es eine Brandruine.

Der Wurstelprater, erfahre ich, existiert nicht mehr. Der Traum des Kindesalters ist vernichtet. Der Calafati, der große Chinese, ist verbrannt, das Riesenrad ein

Gerippe, die Ringelspiele nur noch Drahtgewirre. Ich wage mich nicht in diese Stätte wüst und leer. Erstens ist die Gegend gefährlich geworden, zweitens aber ahne ich schon damals, daß dieser Inbegriff der Kinderphantasien nie mehr so werden wird, wie er einmal war, mit dem Drachen, der die Grottenbahn zog, und dem Geisterschloß und dem Toboggan und dem geheimnisvollen „Hotel Mysteriös".

Wir hätten, lese ich jetzt in einer kulturellen Monatsschrift, die Tatsache verdrängt, daß der Krieg, der alle diese Zerstörungen verursachte, von Hitler begonnen worden sei. Wir nehmen nicht zur Kenntnis, daß das Unheil, das die Bomben mit sich brachten, eine Retorsionsmaßnahme gewesen sei für die Aggression des Hitlerismus. Aber gehören auch unsere Väter zu den Aggressoren? Noch sind wir nicht in der Lage, jene Generalisierung zu verstehen, die später der uns vorangegangenen Generation vorwirft, mitschuldig zu sein an allem, was geschehen ist, und demnach auch zu den Tätern gezählt zu werden.

Weshalb wir also – immer wieder kommt es mir in den Sinn – Täterkinder sind. Besser: sein sollen. Wir Täterkinder, immer wieder wir Täterkinder. Dabei können die meisten von uns, selbst wenn sie es wollten, ihre Väter nicht für Täter halten. Wir selbst wissen nichts, und wir sind überzeugt, daß auch die Väter nichts wissen von den Greueln, die geschehen sind. Von uns verschuldet? Wer ist „uns"? Wer sind „wir"? Gewiß, die Schuld vieler meiner gleichaltrigen Freunde besteht darin, einfach zur Kenntnis genommen zu haben, daß Menschen, die gestern noch wie du und ich in den Parks saßen, auf den Straßen spazierten, in die Geschäfte einkaufen gingen, plötzlich einen gelben Stern trugen. Es wurde einfach zur Kenntnis genommen, daß diese Menschen dann plötzlich nicht mehr da waren. Haben wir gefragt?

Kinder fragen viel. Sie stellen mehr Fragen, als beantwortet werden können. Hat es an den Fragen oder an den Antworten gemangelt? „Feind hört mit“ war die Devise, bis es für den Feind nichts Hörenswertes mehr gab. Den Feind gab es auch in den eigenen Reihen. Jetzt gibt es ihn nicht mehr. Aber Gleichmut hat das Bedürfnis ersetzt, zu erfahren, warum die Staatsoper brannte, Schönbrunn um ein Haar vernichtet worden wäre, ganze Stadtviertel in Schutt versanken und man die Bombentrichter am Zentralfriedhof nicht mehr zählen konnte.

Ich fragte nicht, warum die Häuser, die den Schienenweg des später legendär gewordenen 13ers säumten, tags zuvor zerbombt worden waren. Ich fragte auch nicht, warum ich den Blindgänger übersehen hatte, der auf dem Grund des riesigen Bombenkraters lag.

Es war Gleichmut. Besser noch: Gleichgültigkeit. Wir lebten, das war uns genug. Unsere Mütter lebten. Ein Mann wurde nach der Französischen Revolution gefragt, was er in dieser Revolution getan habe. „Ich habe gelebt“, sagte er. Er hätte auch sagen können: Ich habe überlebt.

Wir haben überlebt. Irgendwie halten die, denen solches vergönnt ist, und es ist ja doch die überwiegende Mehrheit meiner Generation, dieses Überleben für selbstverständlich. Wir reden in der Schule auch eigentlich nicht darüber, daß wir im Bombenhagel in den Kellern saßen. Das ist Vergangenheit. Wir sind nicht stolz darauf, daß wir im „Stahlbad“ fast ertrunken wären. Wir nehmen es zur Kenntnis, aber wir schauen nicht zurück. Die Generation der 32er lebt für die Gegenwart, und die ist schwierig genug. Wir Dreizehn- und Vierzehnjährige denken an die Schulaufgaben. An die Hausübungen, daran, wie viele Verse der Illias wir auswendig lernen müssen. Auch daran, daß die Kinos wieder spielen. Wir schotten uns gleichsam ab. Wir leben mehr, als wir es im letzten Kriegsjahr getan haben, wo es wahrscheinlich berechtigter gewesen wäre – wir leben in den Tag hinein. Heute wundere ich mich bisweilen über diesen Gleichmut.

Und jetzt: Wiederaufbau. Erste zaghafte Anstrengungen, zu erreichen, was man später als „Österreichisches Wunder" bezeichnen wird. Es ist uns nicht bewußt, noch nicht bewußt. Wir klettern abenteuerlustig über den Steg, der anstelle der gesprengten Marienbrücke den ersten Bezirk mit dem zweiten verbindet. Manchmal vertrauen wir uns einem der Fährleute an, die gegen einen Pappenstiel den Donaukanal überqueren.

Wiederaufbau. Die Männer sind in Kriegsgefangenschaft, und selbst noch so heimelige Weihnachtskerzen können sie nicht herbeizaubern. Die Frauen stehen im „Kriegseinsatz", nur daß es jetzt „Friedenseinsatz" ist und oft im Schutträumen und Ziegelschupfen besteht. Die Kinder nehmen Anteil am Geschehen, ohne sich nach den Ursprüngen dieses Geschehens zu erkundigen. Ich studiere die Österreichische Zeitung, die in Schaukästen angeschlagen ist. Alles Heil, verkündet sie verklausuliert in jedem Artikel, komme von der Sowjetunion. Stalin lächelt und streichelt Kinderköpfe. Zu dieser Zeit ist in mir noch nicht die Lust erwacht, Journalist zu werden. Noch hängt mir der (begründete) Wunsch meiner Eltern nach, einmal Chemie zu studieren. Aber ich gebe einen Teil meines (minimalen) Taschengeldes aus, um mir täglich den amerikanischen „Wiener Kurier" zu kaufen. In der Stadtbahn, zwischen den Stationen Stadtpark und Pilgramgasse, blättere ich ihn durch. Es ist, wie gesagt, ein zusätzlicher Hauch von Freiheit, der mich in Gestalt einer freien, nicht reglementierten Zeitung umweht. Dann schaue ich mir wieder die Österreichische Zeitung an. Beide Blätter werden von den Alliierten herausgegeben. Alliiert? „Österreichische" Zeitung? Das „Neue Österreich" ist mir lieber.

„Organ der Demokratischen Einigung". Sind die

Kommunisten Demokraten? Sie gelten als solche, in der ersten Nachkriegszeit jedenfalls und bei den ersten Wahlen. Wir Gymnasiasten halten sie ebensowenig für Demokraten, wie es die überwiegende Mehrheit der Österreicher tut. Die anderen beiden Parteien, die großen, sind unzweifelhaft demokratische. Viele ihrer führenden Männer haben einander im Konzentrationslager kennengelernt, was später als „Kameradschaft der Lagerstraße" bezeichnet wird. Leopold Figl ist einer von ihnen. Sein Sohn Johannes – er ist eines frühen Todes gestorben – war eine Zeitlang mein Klassenkamerad im Akademischen Gymnasium. Er erzählte uns einmal über die Freude, die in seiner Familie herrschte, als sein Vater vorübergehend aus der Haft entlassen wurde – nur um alsbald wieder ins KZ transportiert zu werden.

Leopold Figl, der populäre Bundeskanzler. Auch bei uns Gymnasiasten ist er populär. Wir schätzen ihn, obwohl wir ihn fast nie in natura, sondern meist nur in der Wochenschau sehen. Er verkörpert für uns das wirklich neue Österreich. Er ist, wie man so schön sagt, ein Mann des Volkes und dadurch, daß sein Sohn ein Mitschüler ist, gleichsam einer von uns. Beim Elmayer-Kränzchen, dem stets am Faschingsdienstag stattfindenden Ball der berühmten gleichnamigen Tanzschule, führte er die Gruppe der Ehrengäste an und zog unter den Klängen von „O du mein Österreich" ein. So wie in der Volksoper wurde auch diesmal bei den Takten dieses Marsches wieder geklatscht.

In der Tat, Figl ist populär. Ich wundere mich, daß die Leute immer lachen, wenn er in der Wochenschau auftritt. Wirklich und wahrhaftig, sie lachen. Warum eigentlich? Sie haben nicht gelacht, als er seine erste Weihnachtsrede hielt. Sie haben nicht gelacht, als er die ersten Lebensmittellieferungen der UNRRA in Empfang nahm. Warum lachen sie jetzt?

Es muß, denke ich, so etwas wie ein Liebesbeweis sein. Kann man aus Liebe lachen? Man kann aus Liebe weinen, sang Zarah Leander. Wir weinen nicht in diesen Monaten. Aber ich stimme auch nicht in das Lachen ein. Viel später, nach Figls Tod, wird mir klar, wie groß die Zuneigung der Österreicher zu diesem Politiker wirklich gewesen ist. Nach seinem Begräbnis am 14. Mai 1965 regnete es tagelang. Warum? Die Wiener wußten es. Figl, sagten sie, könne im Himmel kein Wasser sehen. Die Anspielung auf seine Vorliebe für reschen Wein hatte für mich einen vielleicht sogar tiefenpsychologischen Hintergrund. Ganz selbstverständlich herrschte offenbar die Meinung vor, daß Leopold Figl jetzt im Himmel sei.

Figl, der KZler. Der Bundeskanzler, der aus der Haft kam. Und der zum Symbol wird. Selbst für uns nun schon Halbwüchsige ist er ein Beweis dafür, daß dieses Land sich nicht durch eine Geschichtslüge in die Reihe der Überfallenen geschlichen hat. Die Generation von 1932 hat als Selbstverständlichkeit angesehen, was ihr heute, wenngleich sie damals nicht einmal alt genug war für die „Heimatflak“, nun vorgeworfen wird: daß sie ihre Väter achtete.

Ich werde über das Problem noch zu berichten haben. Es ist eines, daß uns noch lange verfolgen wird. Und es dreht sich um die Kernfrage: Haben wir gewußt? Was haben wir gewußt? Wieviel haben wir gewußt, wir, die Täterkinder? Haben wir geglaubt oder gar gewußt, daß unsere Eltern Täter waren? Ich darf dazu einen Politiker zitieren, der über jeden Verdacht der Schönfärberei erhaben ist, nämlich den Sozialdemokraten Heinz Fischer. Ich habe das, was er in seinem Buch „Reflexionen“ schrieb, schon einmal angeführt, als ich „Die roten Bürger“ verfaßte, möchte es aber neuerlich festhalten:

„Daß Juden verfolgt wurden, verhaftet wurden, zur Emigration gezwungen oder einfach zusammengetrieben und verfrachtet wurden, wußten meine Eltern, weil man das in Wien beobachten konnte und weil ihnen manche jüdische Mitbürger Gegenstände zur Aufbewahrung ‚bis später' übergaben oder um die Weiterleitung von Botschaften und Mitteilungen ersuchten. Sie wußten aber nicht – und mein Vater hat mir das bis heute immer wieder bestätigt –, wie es in den Konzentrationslagern tatsächlich zuging, wie mit den Juden in Polen oder in Orten mit größerer jüdischer Bevölkerung umgegangen wurde. Sie wußten damals auch vieles andere nicht, obwohl das, was sie wußten, ausreichte, um dem NS-Regime mit Entsetzen gegenüberzustehen."

Habe ich gewußt? Der Güterzug aus Ungarn. Die Frauen und Kinder vor dem Südbahnhof. Oder auch: die Damen, die bei uns aus und ein gingen und deren Parfumdüfte ich einsog, während sie mir über die Haare strichen. Daß sie dann nicht mehr kamen, war für mich, wie man heute sagt, kein Thema. Es fiel mir einfach nicht auf. Habe ich mir zusammenreimen können, was mit ihnen passierte? Und was hätte ich tun können, als selbst Gefährdeter, als Kind?

Auch im Gymnasium, dessen erste drei Klassen ich, wie gesagt, noch in der NS-Zeit absolvierte, konzentrierten sich Professoren wie Schüler auf den Lehrstoff: Latein, Griechisch, Mathematik, Deutsch. Freilich, die Aufsatzthemen waren dem Tausendjährigen Reich gemäß. Wie gehabt: „Die Herren an der Themse und im Kreml ..." Was war das? Die feste Überzeugung eines fanatischen „deutschen Jungen" – oder das Futter des Schutzmantels, den die Familie über einen gebreitet hatte? Als der Deutschprofessor mir das Heft zurückgab, lächelte er. Ich konnte das Lächeln nicht interpretieren, nahm es als Lob für die mannhafte Schreibe.

Der Deutschprofessor war einer von jenen, die aus Gründen, die ich nicht kannte, nicht „eingezogen" wurde, nicht an der Front stand, sondern unterrichten durfte – so wie der Geschichtsprofessor, der mit dem Parteiabzeichen, von dem ich schon berichtet habe. Der Deutschprofessor verlegte sich ansonsten mehr auf Grammatik als auf Aufsatzthemen. Und wenn er uns schreiben ließ, dann war es über „das schönste Ferienerlebnis" und Ähnliches. Es wurde uns vorgegaukelt, daß alles normal verlaufe, daß es keine Gestapo gebe (von der wir ohnehin nichts wußten, die Sache mit Onkel Gabi hatte ich längst vergessen), daß wir nur eine Sorge haben sollten: möglichst gute Noten zu haben, und nicht „für den Führer", wurde hinzugesetzt.

Es gilt, scheint mir, was auch für Heinz Fischer und dessen Vater gilt: Wir haben nichts gewußt und auch die Eltern nicht. Sie fürchteten sich. Aber können sie wirklich sagen, sie seien dabeigewesen? Ich weigere mich, in den Chor jener einzustimmen, die behaupten, auch die Österreicher seien „Hitlers willige Vollstrecker" gewesen.

XVII

Als sich der Brandrauch verzieht, wird auch mein Blick auf das, was sich in den letzten sieben Jahren getan hat, nicht mehr getrübt. Irgendwie geschieht mir wie damals, als mir meine Mutter unter Tränen mitteilte, mitteilen mußte, daß ich auch einer „von denen“ sei, auf die ein guter Deutscher nur mit Verachtung herabblicke. Der Ariernachweis, der in meinem Fall keinen Arier nachwies, hatte für mich so etwas wie Schuldbewußtsein zur Folge. An einem Tag bist du zäh wie Leder, flink wie die Windhunde, hart wie Kruppstahl – und am anderen Tag nichts von alledem; nur durch Geheimnistuerei kommst du über die Runden, diesfalls sogar buchstäblich, nämlich bei DJ-Sportfesten.

Und dann kommt auf einmal die zweite, weitaus heftigere Erschütterung des Gemüts eines Buben, der sich das Unvorstellbare nicht vorstellen konnte, bis er es im Kino sah. „Todesmühlen“ heißt der Film, dessen Besuch uns Anfang 1946 (oder ist es schon Ende 1945?) angeraten wird, von der Schule, die es sich angelegen sein läßt, wenigstens selektiv auf die Greuel hinzuweisen, die geschehen sind. Selektiv: das heißt, daß man eben erst dem Kindesalter Entwachsenen nicht zumuten will, allzu viel von dem Furchtbaren zu sehen, das da von alliierten Kameraleuten aufgenommen worden ist. Unsere jungen Nerven seien dem nicht gewachsen, was da sichtbar werden würde.

Todesmühlen. Darunter waren die Konzentrationslager zu verstehen, die von den westlichen Alliierten (die Russen stellten kein Material bei) befreit worden waren und deren Befreiung gefilmt wurde. Wir gingen ins Kino, als ob es eine der üblichen Vorstellungen wäre, ein amerikanischer Streifen – „Todesmühlen“, das klang wie der Titel einen jener Filme, die wir nicht sehen durften, weil wir noch nicht achtzehn waren.

Todesmühlen. Als es wieder Licht wird im Saal, schauen wir einander an. Keiner spricht, wir schauen nur. Einer sagt, daß er erbrechen müsse. Ich beruhige ihn. Fast hätte ich gesagt: Es ist ja nur ein Film. Aber ich kann es nicht. Ich weiß nicht, wie oft ich in meinem späteren Leben bleich geworden bin, welche Ursache plötzliche Blässe (es sei denn krankheitshalber) gehabt haben könnte. Als das Licht angeht im Saal, sind wir alle bleich.

Todesmühlen. Karren mit nackten Leichen. Ausgemergelte Körper, die zuhauf neben Baracken liegen. Öfen, in denen noch die Reste von Särgen stecken, und schwarze Dinger, die wie Knochen aussehen. Männer in gestreiften Anzügen, die so, als ob sie gekreuzigt worden wären, im Stacheldraht hängen. Kinder, die ihre Ärmel hinaufschieben und eintätowierte Zahlen zeigen, und wieder Leichen und wieder Leichen – Tote, die wie Mehlsäcke auf die Ladeflächen von Lastautos geworfen werden.

Mühlen des Todes. Ich sehe die Toten, deren Arme und Beine so dünn sind, ach so dünn, deren Rippen kaum noch von Haut bedeckt scheinen und die auf Armeeautos geworfen werden, und plötzlich schiebt sich eine makabre Erinnerung dazwischen: „Müller, Müller Sackl“. Als Kleinkind bin ich so geschleudert worden, wie jetzt diese Menschen, die kaum noch solche genannt werden können. Furchtbarer Vergleich – aber irgendwie ein Schutz vor dem, was mir gezeigt wird.

Noch einmal: Wir können uns nicht vorstellen, daß das, was wir soeben gesehen haben, von Menschen anderen Menschen angetan worden ist. Ich denke plötzlich doch wieder an Onkel Gabi, will den Gedanken sofort wieder wegwischen und kann es nicht: Ist auch er einer gewesen, den man auf einen Karren geschleudert hat?

Wir sehen SS-Männer, Reste der Wachmannschaften, mit Angst in den Augen, zusammengetrieben und gefilmt. Wir sehen Aufseherinnen, gleichfalls in Uniform, und meinen, daß es Abschaum sein muß, der noch vor Monaten über jene herrschte, die jetzt in Massengräbern bestattet werden. Und ich frage mich, wir fragen uns, immer wieder und wieder: Sind das Gespenster? Ist alles das ein Kino-Alptraum? Gestern noch waren wir Buben. Morgen werden wir es wieder sein. Morgen werden wir wieder Schiller-Balladen lesen und den Erlkönig rezitieren und von den Homerischen Helden hören und versuchen, Caesar zu übersetzen. Heute aber, heute denke ich an das, was mein Onkel am Abend des 25. November 1945 gesagt hat: „Ein Kulturvolk hat gewählt." Kulturvolk. Sind auch Österreicher darunter gewesen – nicht nur unter den Opfern? Sind auch unter den Tätern Landsleute gewesen, Menschen wie du und ich?

Kein Moment der Umerziehung, der „Re-education", ist so wirkungsvoll gewesen wie jener Film, den wir Schüler gesehen haben. Wir sind nicht hineingetrieben worden, man hat uns freigestellt, ihn zu sehen. Er wurde zum Kontrapunkt der Leichtlebigkeit, die wir uns auch in der Stunde Null noch bewahrt hatten. Auch die Erwachsenen haben die „Todesmühlen" gesehen. Sie sind ebenso erschüttert wie die Halbwüchsigen. Sie lügen nicht, wenn sie nachher sagen, sie hätten das alles nicht gewußt. Sie haben es wirklich nicht gewußt.

Haben es die Soldaten gewußt, „unsere" Soldaten? Es ziemt sich gewiß nicht, von der deutschen Wehrmacht so zu reden, als ob wir uns mit ihr identifizieren würden. Aber es sind ja doch unsere Soldaten gewesen – immerhin haben 1,2 Millionen Österreicher in dieser Wehrmacht gedient, ohne es zu wollen, gezwungenermaßen und doch – kaum wage ich es zu sagen – aus Pflichtgefühl. Pflicht gegenüber wem, gegenüber was? Wir Buben haben uns damals nicht den Kopf darüber zerbrochen und denken auch jetzt über dieses Pflichtgefühl nicht nach. Wir sehen nur, was die „Todesmühlen" angerichtet haben und glauben ganz fest, daß es eine verschwindende Minderheit war, die solches tat. Die Umerziehung hat bei uns Gymnasiasten mehr die Gegenwart, wahrscheinlich auch die Zukunft erfaßt, aber nicht so sehr die Vergangenheit.

Und dann tritt diese Vergangenheit urplötzlich wieder vor unser geistiges Auge. Eigentlich auch in die Ohren. Der Nürnberger Kriegsverbrecherprozeß beginnt. Wir hören erstmals diesen Begriff: Kriegsverbrecher. Offenbar jemand, der im Krieg Verbrechen begangen hat. Später, viele Jahre später soll das Wort fast zu einem werden, das zur normalen historischen Kriminologie, fast zur weltgeschichtlichen Alltäglichkeit gehört, staatenübergreifend, nationenübergreifend. Der Bogen reicht von My Lai, dem vietnamesichen Ort, dessen Bewohner von amerikanischen Soldaten hingemetzelt wurden, bis zu Slobodan Milosevic. Allein, Ende 1945 hören wir zum ersten Mal davon, daß es nicht nur Kriegsverbrechen gibt, sondern auch Verbrechen gegen den Frieden und Verbrechen gegen die Menschlichkeit. Von vieltausendfachem Mord hat man gar nicht reden müssen, obzwar allein schon dieser (später sagt man dazu Genozid und meint damit die Ausrottung ganzer Personengruppen und Völker) Hauptanklagepunkt hätte sein können. Nicht zuletzt deshalb wird immer noch die Frage diskutiert, ob der Nürnberger Kriegsverbrecherprozeß nicht eine grundlegende Forderung des römischen und dann überhaupt des europäischen Rechts unbeachtet gelassen habe, nämlich daß es kein Verbrechen ohne Gesetz und auch keine Strafe ohne Gesetz geben solle (nullum crimen sine lege, nulla poena sine lege).

Solche Gedanken kommen uns nicht, wenn wir jetzt allwöchentlich im Nonstop-Kino oder im „Ohne Pause", das wir kurz OP nennen, in der Wochenschau die Berichte über den Nürnberger Prozeß sehen. Eine immer wiederkehrende Signation, eine Kennmelodie, düster und durch die Wiederholung bereits zur akustischen Gewohnheit geworden, dient jeweils als Einleitung. Dann fährt die Kamera die Reihen der Angeklagten ab, und wir sehen sie fasziniert an, diese einstigen Größen des Dritten Reichs, die jetzt als Delinquenten auf der Anklagebank sitzen. Wir, die wir einige dieser Männer noch auf dem Höhepunkt ihrer Karriere gesehen haben, haben irgendwie den Eindruck, dieser Prozeß sei unwirklich, historischer Fantasie entsprungen. Hermann Göring auf der Anklagebank: Ich erinnere mich noch an Mauterndorf, sein Schloß und die SS-Bewachung. Ich erinnere mich aber auch an die vielen Filmaufnahmen des sogenannten „Reichsmarschalls" in seiner prunkvollen Uniform, den Marschallstab in der Hand.

Oder Wilhelm Keitel, einst Oberbefehlshaber der Wehrmacht. Noch im Krieg hat man ihn „Lakeitel" genannt, weil er sich aufführte wie ein Lakai Hitlers. Oder Karl Dönitz, Oberbefehlshaber der Kriegsmarine, vorher Oberkommandierender der U-Boot-Waffe und 1945, wie gesagt, der Nachfolger Hitlers. Oder Erich Raeder, der Großadmiral. Immer wieder sind sie in der Wochenschau aufgetreten, habe ich ihre Bilder in der Zeitung gesehen. Oder Rudolf Hess, einst der „Stellvertreter des Führes", von dessen geheimem Flug nach England im Jahre 1940 ich schon damals als Achtjähriger gehört habe. Er sei plötzlich verrückt geworden, hieß es.

Noch andere sitzen auf der Anklagebank, ich kenne sie nicht oder bloß vom Hörensagen. Hans Frank? Generalgouverneur von Polen war er. Selbst in tausend Jahren würde diese Schuld nicht getilgt werden, sagt er im Prozeß. Todesmühlen! Wer war Walther Funk? Reichswirtschaftsminister und Reichsbankpräsident. Ein Name ist mir geläufig: Alfred Rosenberg. Ich habe von seinem Buch gehört: „Der Mythos des 20. Jahrhunderts". Er war der Theoretiker der NSDAP. Von Ernst Kaltenbrunner, dem Chef des Reichssicherheitshauptamts, habe ich keine Ahnung. Ein Österreicher, wirklich ein Österreicher?

Wer war, wer war, wer war? Jetzt sind sie angeklagt, in alten Jacken oder Joppen sitzen sie in den zwei Bänken, amerikanische Militärpolizisten bewachen sie, und ein Tribunal richtet. Noch einmal: Jede Woche gibt es einen Filmbericht in der Wochenschau. Jede Woche dieselbe Signation, dieselbe Kennmelodie. Bisweilen ist ein Originalton eingeblendet. Ich höre Hermann Göring zum ersten Mal. Immer dann, wenn die erwähnte Kennmelodie des Prozesses ertönt, erinnere ich mich an andere solche „Signations". An die Musik beispielsweise, von der das Millionenheer der russischen Kriegsgefangenen begleitet wurde. An die Passage aus den Liszt-Préludes, die vor den Sondermeldungen erklang: „Das Oberkommando der Wehrmacht gibt bekannt ...". An die Marschlieder, die die Filmberichte jeweils begleiteten: „Denn wir fahren gegen Engeland" oder „Vom Nordkap bis zum Schwarzen Meer – vorwärts!".

Im Radio habe ich alles das gehört und in der Wochenschau gesehen, als es noch „Vorwärts!" hieß. Jetzt sitzen sie alle im Prozeßsaal in Nürnberg und bekennen sich nicht schuldig. Auch das höre ich im Originalton: Immer wieder „Nicht schuldig". Es ist, scheint mir, Teil der Umerziehung, die Nazibonzen von einst jetzt als arme Sünder zu sehen. Doch was heißt hier „arm"? Wieder kommt mir der Film von den Todesmühlen ins Gedächtnis. Nicht schuldig? Langsam baut sich auch im Vierzehnjährigen die Überzeugung auf, daß es eine Schuld gibt, die unermeßlich ist. Wie hat Hans Frank gesagt? Tausend Jahre. In der Schule hatten wir immer wieder den Ausdruck „Tausendjähriges Reich" gehört. Tausend Jahre – und jetzt ein paar Wochen, bis die Falltüren der Galgen poltern.

Das Programm der Wochenschaukinos ist bunt zusammengestellt, bunt teilweise auch im wörtlichen Sinn: der Prozeßbericht, ein „Kulturfilm", ein amerikanischer farbiger Trickfilm. „Tom and Jerry" zumeist. Vielleicht ist auch das ein Teil der „Re-education": Amerika als strafende Macht, Amerika als Quelle der Heiterkeit. Ist es verwerflich, daß ich den Prozeßbericht über mich ergehen lasse und mich auf den Trickfilm freue? Muß ich gerügt werden, weil mir die optische Schilderung der Vorgänge im Nürnberger Gerichtssaal vorkommt wie die Mühe, der man sich unterziehen muß, um dann in das gelobte Land des Frohsinns zu gelangen?

Amerika, die strafende Macht. Immer wieder sehen wir Bilder von zerstörten deutschen Städten. Der eben erst der Kindheit Entwachsene fragt sich, ob das, was er jetzt zu erkennen gezwungen ist, vom Himmel gerächt wurde, da ja doch die Bomben, die Großstädte in Ruinenfelder verwandelten, von diesem Himmel kamen. Und dann kommt doch immer wieder die Frage, ob sich auch jene vielen tausend Frauen und Kinder schuldig gemacht haben, die unter den Ruinen liegen.

Wir Täterkinder fragen nicht zuletzt angesichts der Szenen vom Nürnberger Prozeß, ob wir – jawohl, wir – diese Strafe verdient haben. Sind es nicht einzelne gewesen, die sich schuldig gemacht haben? Am 16. Oktober

1946 werden jene Hauptkriegsverbrecher, die zum Tode verurteilt worden sind, hingerichtet. Ich bin schon eifriger Zeitungsleser, aber man hat, vielleicht aus guten Gründen, vielleicht um allfällige Mitleidsregungen von vornherein auszumerzen, auf detaillierte Schilderungen der Vollstreckung verzichtet. Erst Jahre später lese ich Details:

> „Alles soll schnell gehen. Im Dunkeln bleiben die Gesichter der wenigen Zeugen: vier alliierte Generale, Oberst Andrus, acht ausgewählte Pressevertreter, der bayerische Ministerpräsident Dr. Wilhelm Hoegner, den man als ‚Zeugen für das deutsche Volk' eilig nach Nürnberg geholt hat. Der Geruch von Whiskey, Nescafé und Virginiazigaretten liegt über der Szene.
> Alles soll schnell gehen. Master-Sergeant John C. Woods aus San Antonio, Texas, der U.S. Hangman – der amerikanische Scharfrichter – hat zwei Assistenten. Jeder Verurteilte wird hereingeführt, bekommt mit schwarzen Schuhriemen die Hände auf den Rücken gebunden, muß die Stufen des Gerüsts hinaufsteigen, immer links und rechts von einem Militärpolizisten am Arm geführt.
> Alles soll schnell gehen. Ein paar Sekunden bleiben noch für geistlichen Zuspruch, für letzte Worte. Dann hüllt die schwarze Kappe die Welt für den Delinquenten in Finsternis. Woods zieht die Schlinge über den Kopf. Gleich darauf öffnet sich polternd die Klappe unter den Füßen."

So geschah es mit Ribbentrop, Keitel, Kaltenbrunner, Rosenberg, Frick, Frank, Streicher, Sauckel, Jodl und Seyss-Inquart. Hermann Göring hatte kurz vorher Selbstmord begangen.

Die Weltgeschichte, ist einmal gesagt worden, sei das Weltgericht. Das muß wohl stimmen, denkt der Gymnasiast. Gewiß, er hat die Filmberichte vom Nürnberger Prozeß gleichsam „überschlagen", wie beim Lesen einer Zeitung, um so schnell wie möglich zu Tom und Jerry zu kommen. Aber das Ende ist dann doch eines, das zwar zu erwarten gewesen ist, auch für die Halbwüchsigen, jedoch trotzdem überraschend. Ich erinnere mich: Die Herren, die auch solche der Welt sein wollten, in den übergroßen Mercedes-Autos. Die Männer in ihren braunen Uniformen, umtost von Jubel einer tobenden Menge. Ich erinnere mich an die Fotos triumphierender Bonzen. Und nun saßen sie belämmert, ja feige im Nürnberger Gerichtssaal in ihren schäbigen Uniformjacken und nicht minder schäbigen Joppen und Zivilsakkos, und sie bekannten sich alle, wie gesagt, „nicht schuldig". Nicht schuldig an den Todesmühlen. Tom und Jerry sind dann auf einmal nicht mehr da, und wir denken nach. Wir sind sehr nachdenklich.

Wir denken nach: Vom Sturm der Begeisterung zum Nürnberger Prozeß. Vom „Heil Hitler" zum Todesurteil. Von der Betroffenheit, jawohl, einer Betroffenheit, die uns trotz allem Gleichmut der Jugend heimsuchte, als die Meldung vom Tod des „Führers" kam, zum plötzlichen Erkennen, wessen er und seine Kumpane sich schuldig gemacht hatten. Gleichmut der Jugend? Man müßte an den Häusern, die einst das „Non-Stop"-Kino und das „Ohne Pause" beherbergt haben, Gedenktafeln anbringen: „Hier hat die Umerziehung der Jungen ihre nachhaltigste Wirkung erzielt." Keines der Bücher amerikanischer Provenienz, die uns nach 1945 in die Hand gedrückt wurden, hat sich als zweckmäßiger erwiesen als die Filmberichte aus Nürnberg. Innerhalb eines halben Jahres sind aus den Herrschern Beherrschte geworden, aus jenen, deren Wort über Leben und Tod von Millionen entschied, Angeklagte, nervös, mit zum Teil zitternder Stimme, oft lügend, sich reinwaschen wollend, schließlich zu Recht schuldig gesprochen. Welch eine Wende für unser Bewußtsein!

XVIII

Man spricht von „Normalisierung“. Was heißt Normalisierung? Das Leben wird normal, immer normaler. Fast alle Straßenbahnlinien sind in Betrieb. Die Fenster der Waggons sind sogar alle wieder verglast, vorüber ist die Zeit, da selbst die Scheinwerfer der Triebwagen und der wenigen Autos verdeckt sein mußten und nur durch einen Schlitz das Licht hervordrang.

Normalisierung. Auf den Plattformen der Tramway stehen russische Soldaten. Alliierte in Uniform haben freie Fahrt. Am häufigsten machen die Sowjet-Soldaten davon Gebrauch. Ihr Geruch nach süßem Eau de Cologne und starkem Machorka-Tabak füllt die Waggons. Sie lieben den Geruch, die Russen. Sie lieben ihr Eau de Cologne. Sie lieben es aus mehreren Gründen. Etliche Male kommen sie paarweise – sie treten recht häufig paarweise auf – in das Parfümeriegeschäft, das jetzt meine Mutter im Nachbarhaus des bombengeschädigten Ladens betreibt. Sie schicken meine Mutter in einen Hinterraum. Auf dem Verkaufstisch, der „Budel“, stehen große Flaschen mit Kölnischwasser. Als meine Mutter den Verkaufsraum wieder betritt, setzt einer der Soldaten schnell die Flasche ab. Er und sein Kamerad haben je einen tüchtigen Schluck genommen. Alkohol ist Alkohol, in welcher Gestalt auch immer.

Die Russen. Besatzungstruppen sind alle vier Alliierten, „Besatzer“ sind eigentlich nur die Sowjets. Nur sie gelten als furchterregend, und zumeist zu Recht, auch wenn ihre Offiziere in den ersten Reihen des Theaters an der Wien sitzen und sich auf diese Weise als Opernfreunde deklarieren. Die Russen. Irgendwie drücken sie der Stadt ihren Stempel auf. Daß sie uns langsam gleichgültig werden – ist auch dies dem Gleichmut der Jugend zu verdanken? Wir nehmen die Besetzung als selbstverständlich hin, als Folge eines Krieges, für den wir nichts können, für den auch unsere Eltern nichts können, meine am allerwenigsten. Wir sind gleichmütig geworden, weil wir – aber das wissen wir nicht, das wird uns vielleicht erst später zu Bewußtsein kommen – durchgemacht haben, was andere Generationen nach uns nicht erleben müssen. Wir sind gleichmütig geworden, weil wir die Bomben überlebt haben und jetzt wissen, daß wir auch die Russen überleben werden. Wir befinden uns in einer Art seelischen Gleichgewichts.

Noch einmal: Normalisierung. Die Kinos spielen, die Theater spielen. Ich entdecke eine Möglichkeit, sogar von den Besatzungsmächten zu profitieren. Bald finde ich heraus, daß jedes Lichtspieltheater bis zum letzten Moment Eintrittskarten in den besten Reihen für Besatzungssoldaten aufheben muß, auch wenn die Vorstellung für „Normalverbraucher" ausverkauft ist. Das aber ist immer wieder der Fall, die Menschen strömen in die Kinos, auch für die Nachmittagsvorstellungen ist oft keine Karte mehr zu ergattern – es sei denn, man trägt eine alliierte Uniform.

Schon einmal habe ich gebettelt, damals, als in Mauerndorf die Amerikaner ihre Essensreste uns Kindern in die mitgebrachten Kochgeschirre leerten. Jetzt bettle, nein: bitte ich wieder. Ich liege auf der Lauer, und wenn Soldaten vorüberkommen, zumeist Amerikaner, bitte ich sie, mir aus ihrem Kontingent eine Karte zu kaufen, gegen den entsprechenden, an der Kasse angeschlagenen Preis selbstverständlich. Ich werde kaum zurückgewiesen, jedesmal ist der jeweilige Uniformträger überrascht, von einem Buben angesprochen und um etwas gebeten zu werden, das weder kriminell noch unsittlich, sondern höchstens ungebräuchlich ist. Sie gehen zur Kinokasse, wo sie sich, wenn eine Schlange davor steht, auch nicht anstellen müssen, und kommen mit der gewünschten Karte wieder heraus. Etliche Male verzichten sie sogar auf Bezahlung. Ich habe mein Geheimrezept für solchen „Kulturgenuß" niemandem verraten.

Normalisierung. Noch gehen wir an Ruinen vorbei. Aber die Exhumierungen sind Gott sei Dank vorüber. Langsam ist der Schutt geräumt; ehemalige NS-Funktionäre und höhere Parteimitglieder waren zum Schaufeln eingeteilt. Langsam wachsen Gerüste aus dem Boden. Langsam, sehr langsam werden die Lebensmittelkarten umfangreicher, die „Aufrufe" – das, was man pro Woche auf Marken bekommt – reichhaltiger. Langsam füllt sich sogar ein Teil der Vitrinen im mütterlichen Geschäft wieder, und die Auslagen nehmen sich eine Spur weniger primitiv aus.

In der Schule lernen wir die neue Hymne. Die Melodie sei, sagt man uns, von Mozart, und der ursprüngliche Text beginne mit den Worten „Brüder, reicht die Hand zum Bunde". Daß es anfänglich ein Freimaurerlied war, erfahren wir erst später. Jetzt hat Paula von Preradović den Text-Wettbewerb gewonnen: „Land der Berge, Land am Strome". Und dann: „Vielgerühmtes Österreich". Nachher: „Vielgeprüftes Österreich". Und schließlich: „Vielgeliebtes Österreich". Mit allen drei Beiwörtern erklären wir uns voll und ganz einverstanden. Vielgerühmt? Das wissen wir aus dem Geschichtsunterricht. Bis zum Ende der vielhundertjährigen Monarchie hat er ja gereicht. Vielgeprüft? Da brauchen wir nur ein, zwei Jahre zurückzudenken, an unsere Zeit im Keller. Und vielgeliebt? Darüber zu diskutieren ist müßig, es ist uns selbstverständlich.

Nicht selbstverständlich erscheint uns, daß Mozarts umfunktioniertes Freimaurerlied unsere neue Hymne geworden ist. Immerhin hat es da ja doch die von Joseph Haydn gegeben, alt, aber gut, auch in Österreich vor 1938 gesungen, freilich mit anderem Text. Aber die Haydn- Hymne ist entweiht worden durch das aggressive „Deutschland, Deutschland über alles". Felix Hurdes, erster Unterrichtsminister nach den ersten Nationalratswahlen im Kabinett Figl, ist allergisch gegen alles das, was deutsch ist oder klingt. Ihm als ehemaligem KZler macht daraus niemand einen Vorwurf, man versteht es durchaus. Er hat ja auch, wie ich bereits erzählt habe, in den Schulzeugnissen für das Fach „Deutsch" das Wort „Unterrichtssprache" einsetzen lassen.

In einer Rundfunkansprache begründete Hurdes damals sein Eintreten für das Mozart-Lied:

> „Weite Kreise haben es nicht verstanden, warum wir uns von der Haydn-Hymne trennen müssen. Man betonte ausdrücklich, daß es sich hier um altes österreichisches Kulturgut handle, das uns durch Deutschland entwendet wurde. Dem wird die Tatsache entgegengehalten, daß die Hymne Haydns durch das Deutschlandlied in der Hitler-Zeit so sehr mißbraucht wurde, daß die Erinnerung an diese blutbefleckte Zeit nach 1938 nicht mehr ausgelöscht werden könne. Man sagte ferner, daß diese Melodie den unterdrückten Völkern Europas während der Jahre ihres Leidens als Hymne der nazistischen Gewaltherrschaft so verhaßt wurde, daß künftig jedes Abspielen der Haydn-Hymne im Ausland als Provokation empfunden werden würde."

Weit gefehlt, wie sich später herausstellen sollte. Die Bundesrepublik Deutschland, in deren Ministerrat sich ähnliche Debatten abgespielt hatten wie im österreichischen, war beileibe nicht so „feinfühlig". Sie übernahm kurzerhand als neue Hymne die alte Haydn-Melodie und wählte als Text die dritte Strophe des Deutschlandlieds:

„Einigkeit und Recht und Freiheit
Für das deutsche Vaterland!
Danach laßt uns alle streben
Brüderlich mit Herz und Hand!
Einigkeit und Recht und Freiheit
Sind des Glückes Unterpfand –
Blüh im Glanze dieses Glückes,
Blühe, deutsches Vaterland."

Ich werde nie vergessen, wie sonderbar es mich anmutete, als der erste Staatsbesuch eines israelischen Staatspräsidenten in Bonn vom Fernsehen übertragen wurde und nach der israelischen Hymne die Melodie des alten neuen Deutschlandliedes ertönte.

Zurück zur „Verteidigungsrede" des österreichischen Unterrichtsministers. Da sich auch der Ministerrat nicht einigen konnte, hieß es, sei beschlossen worden, „im Wege eines Preisausschreibens an das Volk selbst heranzutreten". Aus 1800 Einsendungen, las man in der Wiener Zeitung vom 9. März 1946, sei das Lied von Paula von Preradović (gemeint war: der Text) angenommen worden. Das Bundeslied von Mozart sei mehrfach abgelehnt worden, weil es angeblich nicht von Mozart stamme, was wissenschaftlich widerlegt sei, und weil die Melodie „freimaurerischen Ursprungs" sei. Dies, sagte der Unterrichtsminister, solle nicht stören: Die Freimaurerei sei zu Mozarts Zeiten nicht antikirchlich gewesen, sonst hätten ihr nicht Erzbischöfe und Haydn selbst angehört, „der doch 15 Messen, Litaneien und Oratorien komponiert hat". Erst lange nach Mozarts Tod, schrieb die Wiener Zeitung, sei die Melodie mit dem Text „Brüder reicht die Hand zum Bunde" versehen worden.

Heute mögen die Bedenken gegen Haydns Melodie skurril erscheinen. 1945 und 1946 wußte man, warum es geschah – dazu brauchte man keinen Felix Hurdes. Nach dem jubelnden Spalier von 1938 und dem, was nachher an Erschütterungen kam, zogen auch wir, die Gymnasialschüler, in unserem Bewußtsein einen strengen Strich zwischen deutsch und österreichisch, zwischen Deutschland und Österreich.

Die Frage des gemeinsamen Kulturraums stellen wir nicht, die deutschen Klassiker lesen wir, als ob es österreichische wären, es ist uns egal, ob Schiller als deutscher Nationaldichter gilt und Goethe als der Inbegriff deutscher klassischer Literatur. Es gibt keinen Nationalgedanken mehr, die Jungen haben mit dem Braunhemd auch das Nationale abgestreift. Goethe ist eben Goethe und Schiller bleibt Schiller – siehe auch: „Der Österreicher hat ein Vaterland". Wir reihen unseren Grillparzer selbstverständlich unter die Klassiker ein – immerhin hat er seinen Ottokar von Horneck ja ein Hohelied über Österreich sprechen lassen und sich, wie wir meinen, schon deswegen dafür qualifiziert, dem Wallenstein-Dichter an die Seite gestellt zu werden. Die Horneck-Rede aus „König Ottokars Glück und Ende" habe ich irgendwann in der ersten Nachkriegszeit dann auch im Festsaal des Akademischen Gymnasiums vom Rednerpult vortragen dürfen. Es war eine Feier, deren Anlaß ich nicht mehr weiß – es dürfte sich um ein Schuljubiläum gehandelt haben, und Bürgermeister Körner war Ehrengast. Im – Pardon – Deutschunterricht mußte ich den Vortrag üben, und als ich rief: „Blickt rings umher!", unterbrach mich der Deutschprofessor, der hauptamtlich Direktor der Schule war, er hieß Hofrat Ludwig Marcus: „Um Gottes willen! Doch nicht ‚blickt'! Natürlich muß es ‚schaut' heißen. Das klingt doch viel getragener und daher auch richtiger!"

Schaut rings umher! Wir nehmen das Hohelied auf Österreich genauso natürlich hin, wie es uns ein paar Jahre vorher natürlich schien, „Von der Maaß bis an die Memel, von der Etsch bis an den Belt" zu singen, gezwungen freilich, aber doch auch nicht unfreiwillig. Schaut rings umher! Wir sehen Ruinen, aber auf dem Altar zu Sankt Stephan steht „Pax". Und ich durfte vor allen Mitschülern im vollbesetzten neugotischen Festsaal der Schule deklamieren: „Da tritt der Österreicher hin vor jeden, denkt sich sein Teil und läßt die andern reden!" Ein Hohelied auf Österreich, fürwahr – und ich war stolz, daß ich es vortragen konnte. Selbst lange nach dem Staatsvertrag wurde dieser Satz übrigens, im Theater gesprochen, stets akklamiert.

Den musikalischen Teil dieser festlichen Stunde bestreitet unser Musikprofessor, der mit einem Schüler der Maturaklasse am Klavier vierhändig Beethovens „Egmont-Ouvertüre" spielt. Schaut rings umher! Es ist fast so etwas wie eine frühe Weihestunde mit Schulbuben. Sie sitzen dicht gedrängt in den Bänken, die aussehen wie Kirchengestühl, und es ist eigentlich verwunderlich, daß keiner lacht oder schwätzt oder Unruhe stiftet.

Schaut rings umher! Grillparzer schrieb vom „Manne Deutschland". Uns ist bewußt, daß er entmannt worden ist. Wir hören und lesen, daß es einen großen Unterschied gibt zwischen Deutschland und Österreich. Jenes ist geteilt, dieses kann sich seine Einheit und Eigenständigkeit bewahren. Aber wir müssen auch als Vierzehn- und Fünfzehnjährige viersprachige Identitätsausweise besitzen, die eine bestimmte Zahl von Stempeln aufzuweisen haben, widrigenfalls ein Passieren der Demarkationslinie – soll heißen der Übertritt von einer

Besatzungszone in die andere – unmöglich ist. Wer reist, braucht anfangs auch noch ein sogenanntes „Interallied Travel Permit“, gleichfalls viersprachig und als Paß zu verwenden.

Den ersten richtigen Reisepaß bekomme ich, als ich im Sommer 1947 mit dem Jesuitenpater, der unsere Mittelschüler-Kongregation leitet, und einem Freund meine erste Auslandsreise nach dem Krieg antrete – nach Frankreich zu einem Jugendtreffen in den Pyrenäen. Umsteigen in Zürich. Kioske in der Bahnhofshalle, die vielerlei Sorten von Schokolade feilbieten. Ein Blick in die Bahnhofstraße. Dichter Verkehr, unzählige Lichtreklamen, hell erleuchtete Geschäfte. Wenn Sie das noch erleben wollen, warnen die Plakate in den Wiener Stadtbahn- und Straßenbahnzügen, beachten Sie bitte die Gassperrzeiten. Zwei Welten!

Einige Tage Zwischenaufenthalt in Paris. Dann weiter nach Lourdes und schließlich in das Zeltlager am Berghang. Die anderen sind zumeist junge Franzosen. Mir wird hier zum ersten Mal klar, was mir dann immer wieder widerfahren ist, wenn ich im Ausland Gleichaltrige traf. Die Franzosen wissen nichts von Geschichtslüge und Vergangenheitsbewältigung. Sie wissen nichts von Kollektivschuld und allfälliger Mitverantwortung. Auch als Halbwüchsige unterscheiden sie, 1947 jedenfalls, streng zwischen Deutschland und Österreich. Dreimal nehme ich nachher in den Sommerferien an einem Schüleraustausch mit jungen Franzosen teil. Dreimal verbringe ich je einen Monat in einer französischen Familie, und der Partnerschüler lebt dann vier Wochen bei uns in Wien. Es waren drei verschiedene Orte, an denen ich aufgenommen wurde: Lille, Paris, Bordeaux, der Norden, die Mitte, der Süden. Nicht ein einziges Mal wurde ich gefragt, wie wir Österreicher es denn im Krieg gehalten hätten. Immer wieder wurde darauf hingewiesen, daß es doch einen gewaltigen Unterschied gäbe zwischen den „Boches“ und den „Autrichiens“. Weder die Jungen noch die Alten werfen mir, dem Wiener, politisches Fehlverhalten der Eltern vor. Die Austauschpartner wieder sind jeweils von Wien begeistert, meinen, daß es ein kleines Paris sei (wobei ich das Wort „klein“ keineswegs als Beleidigung betrachte), und lassen ihre Auffassung erkennen, daß die Deutschen böse und die Österreicher gut seien. Es ist zwar jene Zeit, da man beginnt, mit der Idee eines vereinten Europas zu spielen. Aber es scheint noch fern.

Der junge Österreicher fühlt sich im Nachkriegs-Frankreich pudelwohl. Er verschwendet keinen Gedanken an das, was in den letzten zehn Jahren geschehen ist. Er wundert sich auch später als Teilnehmer gemeinsamer französisch-österreichischer Schilager nicht über die Sympathien, die seinen Landsleuten entgegengebracht werden. Die Zeit für Sanktionen ist noch nicht reif, scheint es. Die Vergangenheit scheint keine Belastung zu sein. Sogar das, was mit Marie Antoinette geschah, ist nicht Gegenstand jugendlicher Erörterungen. Im Gegenteil: mir wird immer wieder gesagt, wie sehr Versailles und Schönbrunn doch einander glichen, daß das Schloß Schönbrunn aussehe wie eine kleine Version von Versailles. Vom Ersten Weltkrieg und dem berühmten Clemenceau-Wort über den Rest, der Österreich sei, wird nicht gesprochen, um so mehr von den Schönheiten Tirols, das ja von den Franzosen besetzt ist.

Die Deutschen, „les Allemands“, seien für den Krieg verantwortlich, die Österreicher, weil unrechtmäßig besetzt, seien in diesen hineingezogen worden, sagen die Franzosen in den abendlichen Diskussionen im gemeinsamen Jugendlager. Wieder einmal ist keine Rede von einer Täterrolle oder einer Geschichtslüge. Wir schreiben freilich 1948 und 1949. Die Franzosen, die jungen zumal, fühlen sich den jungen Österreichern zugeneigt. Sie bedauern, daß die Welt und vor allem ihr Land tatenlos zugesehen haben, als Hitler das Rheinland besetzte. In unseren Debatten über den möglichen Lauf der Weltgeschichte, die wir als Sechzehn- und Siebzehnjährige mit aller Emphase von Halbwüchsigen führen, wird von den französischen Partnern argumentiert, daß Österreich nie militärisch besetzt worden wäre, wenn man den Deutschen schon 1936 entgegengetreten wäre – allenfalls auch militärisch.

Ich merke, daß die jungen Franzosen viel mehr von der Geschichte wissen als ihre österreichischen Altersgenossen. Ihnen zu erklären, daß der Geschichtsunterricht in den österreichischen Schulen gewisse historische Mängel aufweise, ist müßig. Freilich haben auch wir Österreicher, die wir die Matura noch vor uns haben, eine politische Karte im Ärmel. Wir erkundigen uns bei den französischen Kommilitonen, warum in Frankreich die Kommunisten so stark seien, während sie in Österreich eine verschwindende Minderheit darstellten. Auf die Gegenfrage, wie dies zu erklären sei, haben wir die Antwort schnell parat. Die Kommunisten, sagen wir, hätten die Russen hinter sich, und die Russen, die doch ein rundes Viertel unseres Landes besetzt hielten, seien von allen Besatzungsmächten die – nun, sagen wir unangenehmsten. Auf diese Weise erinnern wir die jungen Franzosen wieder einmal daran, daß Österreich ein besetztes Land sei, wenngleich von den Alliierten – und die Russen gehören ja auch dazu – „befreit". Wir sagen nicht, was wir wissen: daß an „Unbeliebtheit" nach den Russen gleich die Franzosen kommen.

Warum das so ist, kann ich meinen französischen Freunden nicht erklären. Vielleicht stammt diese Meinung aus der Zeit, da die Lebensmittelkarten noch das „F" trugen, was im Volksmund, wie erzählt, mit

„Fast nichts" gedeutet wurde? Allein, meine Austauschpartner, die einige Wochen bei meiner Familie verbringen, merken nichts von allfälligen Antipathien. Sie bewundern die Ringstraße, deren Gebäudeschäden bereits repariert sind, sie sind überrascht, daß der Wienerwald mit seinen Hügeln fast bis in die Stadt hinein reicht, und bezeichnen Wien trotz all seiner Schäden, die der Krieg hervorgerufen hat, als eine der schönsten Städte der Welt.

Sie nehmen jetzt auch zur Kenntnis, daß diese Stadt vierfach besetzt ist. Wenn sie russische Soldaten sehen, werden sie zwar nervös, aber ich beruhige: Die tun euch nichts! Nur ein einziges Mal wandelt sich die Nervosität in nackte Angst. Die freilich hat keine politischen Gründe. Ein französischer Freund wird von uns auf einen Ausflug ins Raxgebiet mitgenommen. Er stammt aus dem nordfranzösischen Flachland und hat Berge bestenfalls auf Fotos gesehen. Beim Abstieg wirft er plötzlich die Nerven weg, setzt sich nieder und weigert sich partout, auch nur einen Schritt weiterzugehen. Er muß von der Bergrettung angeseilt werden. Wir andere haben uns für ihn geniert, es war uns peinlich. Der Freund, dann überzeugter Kommunist, wurde übrigens viele Jahre später, als die französischen Sozialisten mit den Kommunisten eine Linksregierung bildeten, in diesem Kabinett Minister – freilich nicht für lange Zeit.

In Wien geht indessen der Wiederaufbau weiter. Man spürt ihn, man sieht ihn, auch wenn er nahezu unmerklich stattfindet. Und wir, die Maturanten, freuen uns darüber. Es gibt keinen Schutt mehr, es gibt zwar noch Ruinen, aber sie fallen uns kaum noch auf, und gelegentlich summt der eine oder der andere in der Schulpause eine Melodie, die fast zu einer heimlichen Hymne der Wiener geworden ist: „Wenn der Steffl wieder wird, so wie er war – schon übers Jahr, vielleicht schon übers Jahr ..."

Der Steffl wird noch lange nicht so, wie er war. Noch ragt die Dachkonstruktion in den Himmel, das Dach des Langhauses soll später mit Hilfe der Spenden Tausender Wiener, die einen Dachziegel kaufen, rekonstruiert werden. Natürlich gibt es auch die Pummerin noch nicht wieder, die große Glocke, die fast so etwas wie ein Heiligtum war, gegossen aus Türkenkanonen. Aber doch und immer wieder: Pax. Heute nennen manche Nachgeborene das, was damals, in den Jahren zwischen 1945 und 1950, geschah, den „Mythos des Wiederaufbaus"; spöttisch redet man da und dort auch vom „Mythos der Wiederaufbaugeneration". Gemeint ist offenbar, daß diese Generation bewußt alles andere vergessen hat und sich mit dem Mantel des österreichischen Wunders umgeben habe – jenes Wunders, das nach der vielzitierten Stunde Null wieder ein wirtschaftliches blühendes Gemeinwesen entstehen ließ. Wir Täterkinder zählen uns zur Wiederaufbaugeneration. Wir waren zu jung, um bei diesem Aufbau mitzuarbeiten, aber wir haben ihn gesehen und miterlebt, und wir wissen, welcher Anstrengungen er bedurfte. Von einem Mythos zu sprechen, kann ich nur als reine Dummheit bezeichnen.

Freilich kommt keiner von uns auf die Idee, die jüngste Vergangenheit zu analysieren. Wir dürfen mit Hilfe von Austauschprogrammen ins Ausland fahren, viele, wie gesagt, nach Frankreich, etliche auch nach England, wo sie gleiches erleben wie ich, nämlich freundliche Aufnahme statt feindlicher Abneigung – und dies, obgleich auch etwa in London die Folgen der deutschen V1- und V2-Angriffe nicht zu übersehen sind. Meine Generation, jedenfalls die österreichische, wächst mit der Überzeugung auf, daß Österreich ein Opfer gewesen sei, ganz Österreich, und daß die Täter, die es gewiß gegeben hat, im Verhältnis zur Gesamtbevölkerung einige wenige waren. Diese Generation denkt auch nicht daran, ihren

Eltern Vorwürfe zu machen – nicht zuletzt deswegen, weil so viele Väter in russischer Kriegsgefangenschaft sind. Noch immer brennen am Weihnachtsabend die Kerzen in den Fenstern. Die ersten Heimkehrerzüge treffen zwar ein, aber es sind ganz wenige. In den Wochenschauen werden die herzzerreißenden Wiedersehensszenen gezeigt, die in dem noch immer baufälligen Südbahnhof Väter und Kinder, Männer und ihre Frauen, Mütter und Söhne vereinen. Die junge Wiederaufbaugeneration entsinnt sich des Bombenhagels und der Todesgefahr, die allerdings damals von vielen nicht als solche erkannt wurde, und sie fragt immer wieder: Was können wir dafür?

XIX

Wir haben also eine neue Hymne. Wir haben einen Bundespräsidenten, dessen bärtiges Antlitz von der Wand jeder österreichischen Schulklasse blickt. Wir dürfen, scherzen wir Buben, offenbar nicht vergessen, wer im Augenblick im Staat das Kommando führe. Wir sind, wohlgemerkt, fast alle im gleichen Jahr geboren, haben das gleiche erlebt, haben die Hitlerbilder an den Wänden gesehen, und einige sind dabeigewesen, als ihre Eltern solche Fotos verbrannt haben. Wir haben ein Kulturleben, um das uns jede andere europäische Großstadt, so glauben wir, beneiden könnte. Wo sonst als in Wien kann das Mozart-Ensemble der Staatsoper (die noch immer eine Trümmerstätte ist) in einem kaiserlichen Schloß spielen, nämlich im Redoutensaal der Hofburg, wo ich „Die Hochzeit des Figaro" ein halbes Dutzend Male sehe? Gewiß, die Theatervorstellungen beginnen in der ersten Zeit am hellen Nachmittag und enden am frühen Abend. Das ändert sich bald, obwohl es mit der Sicherheit in den Straßen noch immer nicht zum Besten bestellt ist. Immer wieder kommt es zu Zwischenfällen, ähnlich jenen mit dem jungen Johann Schloßnickel oder den uniformierten Gangstern, die Straßenbahnpassagiere beraubten. Immer wieder steht Menschenraub auf der Tagesordnung und dann auch in der Zeitung, sogar noch im Herbst 1948:

> „Um 18 Uhr versuchten zwei Männer in sowjetischer Uniform, auf der belebten Schwedenbrücke einen Passanten aufzuhalten und ihn in einen beim Kanal-

ufer stehenden Jeep zu zerren. Der neue Menschenraub zog eine große Menschenmenge herbei, die den Bedrängten schließlich den beiden Männern entriß, so daß er entkommen konnte. Ein zweiter Passant, der dem Bedrohten zu Hilfe geeilt war und dessen sich nun die Uniformierten bemächtigt hatten, wurde gleichfalls befreit. Die mehrhundertköpfige Menschenmenge zerstreute sich nach dem Vorfall, der großes Aufsehen erregte."

Fürchten wir uns? Haben wir Angst? Wagen wir es in diesen allerersten Jahren nicht, des Nachts durch die Straßen zu wandern? Ich bin in der Christmette 1946 in der Universitätskirche der Jesuiten am Universitätsplatz einer in der Schar der Ministranten. Nach dem Hochamt werden wir im Kloster mit Kakao gelabt, der aus Trockenpulver hergestellt worden ist. Nachher gehen wir nach Hause, und, wie ich mich erinnern kann, furchtlos.

Die Russenzeit. So nennen wir die ersten Jahre nach 1945, auch wenn ich in der englischen Zone wohne. Die Sowjet-Soldaten gehören zum Stadtbild wie die riesigen Konterfeis von Lenin und Stalin an der Fassade der Sowjetkommandantur, dem Palais Epstein an der Bellaria, und die Bilder am Hotel Imperial. Wir akzeptieren den „Führerkult". Nichts dergleichen sieht man am Hotel Bristol – außer der amerikanischen Flagge, die von der Zinne weht. Nichts dergleichen sieht man am Hotel Sacher, von den Briten besetzt, und am inzwischen reparierten Schloß Schönbrunn, das einen Bombentreffer davontrug und gleichfalls von den Engländern in Besitz genommen worden ist. In der Mariahilfer Straße machen sich die Franzosen breit, sie sitzen zum Beispiel im Hotel Kummer.

Russenzeit. Besatzungszeit. Schulzeit. Jugendzeit. Ich lerne Russisch. Das Akademische Gymnasium ist eine jener Schulen im ersten Bezirk, die diesen Fremdsprachenunterricht „relativ obligat" offerieren. Das heißt, man kann ihn sich aussuchen und muß ihn dann nehmen. Der Widerspruch ist in jener Einteilung zu suchen, von der die Gymnasien in der Inneren Stadt betroffen sind und die jeweils Englisch, Französisch oder Russisch anbieten – zwangsweise. Meine Russischkenntnisse erreichen einen Höhepunkt, als ich nicht nur primitive Plaudersätze von mir geben kann, in denen ich mich etwa nach dem Befinden meines Gesprächspartners erkundige, sondern in der Lage bin, sogar ein Wiegenlied zu singen. Dabei bleibt es im übrigen auch. Ich komme nie auf die Idee, es einem Sowjetsoldaten vorzusingen. Aber vielleicht hätte es die beiden Russen, die mich im Mühlviertel um ein Haar umgebracht hätten, milder gestimmt.

Während ich in der Schule Russisch lerne, kommen die Wiener in den Genuß der ersten CARE-Pakete. Aus ihnen weht ein Hauch jener Normalität, die wir – wie oft habe ich es schon gesagt? – bisher nur vom Hörensagen kenne und die sich langsam, ganz langsam auch bei uns wieder bemerkbar macht. Auch meine Familie zählt einmal, ein einziges Mal freilich nur, zu den Empfängern. Mein Bruder und ich tragen das umfangreiche Paket von der Auslieferungsstelle nach Hause, viel bewundert von den Passanten: „Jö, ein CARE-Paket!" Sie betonen das englische Wort auf der letzten Silbe, so wie jenes Stück vom Schwein, das sie irgendwann einmal wieder werden kaufen können: Karree.

Der Wind der Normalität? Vielmehr der Geruch der Normalität. Noch einmal: Gerüche haken sich fast mehr noch im Gedächtnis fest als Bilder. Das Kakaopulver im CARE-Paket, der Kaffee, das Bananenpulver – jawohl, Pulver -, die Seifen, sogar die Zahnpasta (offenbar sorgen sich die CARE-Leute in Amerika um die Mundhygiene der Österreicher) riechen, besser: duften so, wie meiner

Erinnerung nach der Frieden duftet, der echte Frieden, nicht „Pax“. Die Pakete kann man gegen Dollar im Ausland kaufen und Österreichern schicken lassen. Unser Spender ist jener Emigrant, der Anno 1938 meine Eltern zur Auswanderung nach Australien überreden wollte. Er ging, wir blieben.

Jö, ein CARE-Paket. Jö, ein Christbaum! Zurück zum Anfang der Normalität, als selbst Weihnachtsbäume noch eine Rarität sind. Ich wiederhole mich: Fast braucht man auch für sie einen Bezugsschein. „Christgestrüpp“ nenne ich, sehr zum Leidwesen meiner Mutter, das, was wir in den ersten Jahren nach Hause bringen. Unvorstellbar, wenn man die Christbaumwälder sieht, die heute in der Vorweihnachtszeit auf den Plätzen der Städte auf Käufer warten und von denen viele Bäume unverkauft bleiben. Unvorstellbar wie alles, was in diesen Jahren an Entbehrungen erlitten wird. Unvorstellbar aber auch, daß heute vom Mythos des Wiederaufbaus gesprochen wird.

Und noch einmal Normalität. Besser: das, was wir an Normalität erhoffen. Es gibt wieder so etwas wie eine Wiener Messe, im ersten Jahr als „Exportmusterschau“ deklariert. Das heißt: Es werden Artikel ausgestellt, die man im Land selbst nicht kaufen kann und die, von den intakt gebliebenen Produktionsstätten hergestellt, nur für den Export bestimmt sind, hauptsächlich Textilien, Hüte, Schuhe, Schmuck. Irgendwie erinnert die Schau an jene Läden, wie sie später in den Ostblockstaaten für Touristen aus dem Westen eingerichtet worden sind: Dinge wurden dort feilgeboten, die für die Bevölkerung unerreichbar waren. So geht es im übrigen gleich nach dem Krieg Reisenden, die mit Spezialerlaubnis in die CSSR fahren dürfen. Nach ihrer Rückkehr berichten sie, daß im Vergleich zu Wien die Geschäfte in Prag voll seien von Wurst und Schinken und Brot und Süßigkeiten. Aus dem reichen Böhmen kamen sie zurück ins verarmte, zerstörte Österreich – damals.

Meine Tante – dieselbe, die mich bei einer Fahrt ins Mühlviertel so schnöde im Stich ließ, worauf ich den betrunkenen Russen in die Hände fiel –, meine Tante also, die zu so früher Zeit Freunde in Prag besuchen durfte, erzählte von diesen paradiesischen Zuständen. Sie berichtete auch vom „goldenen Prag", der Stadt, die im Unterschied zu Wien von den Bomben und anderen Kriegshandlungen verschont geblieben war. „Die goldene Stadt" hieß denn auch einer der letzten Filme, die von dem in der NS-Zeit so beliebten Regisseur Veit Harlan gedreht worden war, mit seiner Frau Christina Söderbaum in der Hauptrolle, die damals allgemein als „Reichswasserleiche" bezeichnet wurde, weil sie häufig in Filmen ohne Happy End aufgetreten war. Ich habe mich davon nicht überzeugen können, der Film war nicht jugendfrei.

Auch von dem Überfluß in Prag, so er denn wirklich bestand, konnte ich mich nicht überzeugen. Er muß jenem in der Schweiz ähnlich gewesen sein, und den hatte ich ja im bewußten Umsteigebahnhof Zürich selbst gesehen. Die Schweiz, das wissen wir, war nicht im Krieg. Sie hat sich dafür, auch das wissen wir, gewissermaßen erkenntlich gezeigt: die „Schweizer Spende", Essen für die bedürftigen österreichischen Kinder, wurde zum geflügelten Wort, und die Glücklichsten unter uns – ich war nicht darunter – durften zu einem „Aufpäppel-Aufenthalt" in Schweizer Orte fahren.

Prag hinwieder wurde besetzt, das wissen wir. Wir wissen auch, daß es Hauptstadt des „Protektorats Böhmen und Mähren" wurde. Nur: Was heißt Protektorat? Den Ortsnamen Lidice haben wir nie gehört. Das Attentat auf Reinhard Heydrich erfahren wir aus der Wochenschau. Der hohe SS-Offizier und „Stellvertretende Reichsprotektor“ wurde von tschechischen Patrioten, die von den Engländern per Fallschirm abgesetzt worden waren, erschossen. Als junger Briefmarkensammler bekomme ich im Abonnement auch die Trauermarke für den „Ermordeten“. Was die Deutschen nachher angerichtet haben, die Ausrottung der Bevölkerung ebendieses Ortes Lidice und dessen Zerstörung bis auf die Grundmauern, auch davon wissen wir nichts. Hätten wir es erfahren, hätte uns das an die Zeiten der Antike erinnert, von der wir im Gymnasium so viel gelernt haben: als man Städte bis auf die Grundmauern schleifte.

Heydrich? Die Wannsee-Konferenz? Das, was man heute unter „Endlösung“ versteht? Erst langsam, gleichsam in homöopathischen Dosen, wird uns nach 1945 bekannt, was da – und anderswo – passiert ist. Und wieder stellt sich die Frage, die fast jenen gleicht, denen sich Petrus in den Evangelien nach Matthäus und Lukas stellen muß, freilich in anderem Zusammenhang: „Auch du warst mit diesem zusammen!“ Oder: „Du gehörst auch zu ihnen!“

Zu ihnen. Diesfalls nicht zu den Jesu-Anhängern, sondern ganz im Gegenteil zu den Mördern. Wer gehört zu ihnen? Wie ein roter, ein blutroter Faden zieht sich die Frage, die Erkundigung, das Problem durch meine Erinnerung. Immer wieder wird sie gestellt, und immer wieder beantwortet von der Generation der 32er: mit einem glatten Nein. Immer wieder komme ich zwangsläufig auf diese Frage zurück, die Feststellung „wir Täterkinder“ mehrfach interpretierend: Kinder von Tätern, Kinder, die irgendwie selbst, ideologisch gesehen, Täter waren? Und immer wieder muß ich erwähnen, was mir damals nicht erwähnenswert schien, nicht im Gespräch mit gleichaltrigen Franzosen, nicht später am College in Amerika: Keiner meinte, daß wir gesündigt hätten in Gedanken, Worten und Werken. Keiner hielt uns vor, daß wir eigentlich ein Schuldbekenntnis abzulegen hätten: Alles, was passiert sei, sei geschehen durch unsere Schuld, durch unsere Schuld, durch unsere große Schuld.

Wir sind zusammen, unsere Kollegen, unsere gleichaltrigen französischen Freunde, und keiner stellt die Petrus-Frage: Waren deine Leute, war dein Vater auch einer „von ihnen"? Auch einer von denen, die im Geiste in Oradour waren, jener Ortschaft, die so wie Lidice vernichtet wurde, diesmal in Frankreich, und der Carl Zuckmayer in seinem Drama „Der Gesang im Feuerofen" ein literarisches Denkmal gesetzt hat? Später wird das Stück im Burgtheater aufgeführt, eine Vorstellung wird speziell für das „Theater der Jugend" gegeben, und es wird gleichfalls zu einer Art Umerziehung.

Indessen wird für uns erstmals das große E bemerkenswert. E für Europa. Ein Europa ohne Grenzen. Ich denke zurück an die französischen Gefangenen in Loipersbach. In den französisch-österreichischen Jugendlagern hört man da und dort den Satz: Nie wieder Krieg! Ich erzähle, daß selbst mitten in diesem vorläufig letzten Krieg Franzosen gefangen waren und doch nicht gefangen. Sie wurden nicht als Feinde behandelt, jedenfalls nicht von den Familien, für die sie arbeiteten. E für Europa. Vielleicht war das damals im Jahr 1941 bereits der Beginn einer solchen Idee. Aber wir ahnten nichts davon.

Und später: War die Beantwortung der Petrus-Frage, besser: der Frage an Petrus, noch besser: der Feststellung über Petrus, eine Art von jugendlichem Eskapismus? Eine Art Abschottung? Führen wir 32er, jetzt zu Halbwüchsigen geworden, uns auf wie die berühmten drei Affen: nichts hören, nichts sehen, nichts reden? Keineswegs. Wir hören, wir sehen, wir reden. Wir hören Radio, wir lesen Zeitung, wir reden jetzt bereits mehr oder weniger intensiv über Politik. Wir sind inzwischen sechzehn Jahre alt. Wir wissen, wie viele Stempel ein Identitätsausweis haben muß. Wir wissen, wie viele Kalorien wir täglich zugesprochen erhalten, wozu noch die Schülerausspeisung kommt. Wir wissen, weil wir es aus der Zeitung erfahren, daß immer mehr emigrierte Künstler, Schauspieler und Sänger zumal, nach Wien zurückkehren. Und wir ahnen nicht nur, wir wissen, was aus den vielen Tausend jüdischen Wienern geworden ist, die nicht mehr zurückkehren. Allein, nicht nur deswegen ist Antisemitismus für uns kein Thema. Auch nicht die Umerziehung allein hat bewirkt, daß wir, in der Bewußtseinsbildung gereift, die Frage stellen, warum die einen Wiener, die einen Österreicher gut waren und die anderen schlecht, die einen brav und die anderen böse. Wir wollen vielmehr wissen, ob es wirklich Antisemitismus war, der zu diesen Auswüchsen führte, oder bloß Dummheit, Hysterie, negative Gruppendynamik.

Noch einmal: Antisemitismus ist für uns in diesen späten 40er Jahren kein Thema. Und Fremdenfeindlichkeit? Mir ist der Ausdruck kein Begriff. Das Wort, scheint mir, muß wohl eine Neuprägung sein. Aber natürlich, da ist der Terminus Xenophobie. Den kennen wir aus der griechischen Literatur: Angst vor dem Fremden. Angst vor dem Elenden, wie der Fremde auf Mittelhochdeutsch (oder ist es Althochdeutsch?) heißt. Wir beten, ohne die Worte auf die Waagschale zu legen, zu Maria, daß sie uns „nach diesem Elende" Jesus zeige, und wissen nicht, daß damit die Fremde gemeint ist, die Ferne, jenes Gebiet, das weit weg vom Gelobten Land liegt.

Gelobtes Land. Österreich von 1948, Wien von 1948 scheint für viele Hunderttausende, die über die Grenzen strömen, das gelobte Land zu sein. „Displaced persons" heißen sie, kurz DPs, die Myriaden von Flüchtlingen, die in dieser Zeit nach Österreich kommen. Sechs Millionen

Einwohner hat dieses Land in jener Zeit. 1,6 Millionen Flüchtlinge muß es beherbergen, das sind mehr als 27 Prozent der Bevölkerung. Unter diesen sind eine Million Menschen, die Deutsch weder sprechen noch verstehen. Wenn es einen Anlaß gäbe, Fremdenfeindlichkeit zu nähren, wäre er gegeben. In einem Appell an die Alliierten weisen österreichische Regierungsstellen darauf hin, daß auch diese ungeheure Zahl von Zuwanderern ernährt werden müsse.

Aber wir teilen. Es scheint uns selbstverständlich, dies zu tun. Wir wissen, daß die Menschen, die ihre Heimat verloren haben, auf immer verloren haben, eine unausbleibliche Folge des Krieges sind. Wir wissen noch nicht, unter welch grausamen Umständen etwa die Volksdeutschen von den Tschechen vertrieben wurden, welche Ausmaße der Rachefeldzug gegen Frauen und Kinder annahm, welche Todesmärsche sich ereigneten. Wir nehmen zur Kenntnis, daß Österreich mit einer neuen Situation konfrontiert ist, und wissen nicht, daß 1950 noch immer 266.000 Flüchtlinge im Land sein werden.

Noch immer DPs. Noch immer Menschen auf der Suche nach einer neuen Heimat – denn zurück können sie, wollen sie nicht mehr. Noch immer Menschen unterwegs – freilich nicht nur Flüchtlinge. Aber wer reist, gilt in den Augen der Amerikaner als irgendwie unrein – buchstäblich jedenfalls. Wie sonst ist es zu erklären, daß allen, Männern und Frauen und Kindern, bei der Überschreitung der Zonengrenze, beim Wechsel vom sowjetischen in das von den Amerikanern besetzte Gebiet, eine Unmenge eines weißen Staubs in den Kragen geblasen wird? DDT heißt der Staub, der sich alsbald als Insektenvertilgungsmittel entpuppt. Das Präparat, das Läusen und Flöhen den unverzüglichen Garaus verheißt, ist bei uns Buben bald fast so populär wie der I-Ausweis und seine Stempel. Gelegentlich versuchen Kleinkinder, am

Staub zu schlecken und müssen von ihren Müttern energisch zurückgerissen werden. Es sieht aber auch durchaus harmlos aus, dieses DDT – und ist doch giftig. Und es ist völlig geruchlos.

Es ist dies jene Zeit, da die Eisenbahnzüge so voll sind, daß es nicht einmal auf der Plattform der Waggons Platz gibt. Um von Linz nach Wien zu fahren, bleibt meinem Bruder und mir nur noch der Weg durchs Fenster. Wir werden in ein hoffnungslos überfülltes Coupé geschubst, in dem Frauen mit vollbepackten Taschen sitzen. Zehn Minuten später erscheinen zwei Gendarmen, um zu kontrollieren, ob die Taschen nicht verbotenerweise Lebensmittel enthalten, die offensichtlich im „Schleich" erworben worden sind. Sie werden gefunden, aber die Beamten drücken ein Auge zu. Es werden viele Augen zugedrückt in dieser Zeit.

XX

Gerüche, Gerüche, Gerüche. Ich kann es nicht oft genug sagen: Der Geruchssinn scheint mir vor allem der zu sein, der aus dem Säuglingsalter über Kindheit und Jugend bis ins Alter herüberreicht. Der Duft, der aus den CARE-Paketen strömt. Der Durf, der jenem Kaugummi eigen ist, den wir bisher nicht gekannt haben und der uns Pfefferminzgeschmack auf den Gaumen zaubert. Jener eigenartige Duft, der die russischen Zigaretten von den süßlichen britischen und den kräftigen amerikanischen unterscheidet. Der typisch parfümierte, den jene Spritze verbreitet, mit der ein Billeteur zwischen zwei Vorstellungen im Kino den Zuschauerraum desinfiziert; Perolin heißt das Mittel, und wer es riecht, denkt unwillkürlich an Film. Der Schweißgeruch, den die Russen ausströmen. Das Aftershave der GI's. Oder, wie es Theodor Ottawa beschreibt: „Im Konzerthaus, Circle, zweite Reihe. Es duftet nach Sardinen. Früher hätte dies Entsetzen hervorgerufen, heute blickt alles lüstern nach dem Paar, das friedlich die Fischzuteilung genießt. Und dann ziehen die beiden noch etwas hervor. Die Sitznachbarn wehen sich den kräftigen Duft zu, und der eine beugt sich ganz nah zum Quell hin und fragt: ‚Sagen Sie, wo haben Sie denn die feinen Quargel her?'"

Damals schrieb man 1945. Ein paar Jahre später sind Sardinen nicht mehr jene Kostbarkeit, die sie waren. Andere Gerüche wehen um meine Nase. Gelegentlich entströmen sie dem fülligen Haar junger Männer, die auf dicken Gummisohlen einherschreiten, als ob es sich um Kothurne handeln würde. Wir bezeichnen die Träger solchen Schuhwerks mit einem Namen, der sich aus den letzten Kriegsjahren in die ersten der Nachkriegszeit hinübergerettet hat: Schlurfs. Ihrer Pomade hat später Helmut Qualtinger ein unsterbliches Denkmal gesetzt, als er seinen „G'schupften Ferdl" beschrieb, der mit Brillantine seine Locken einrieb.

Nein, Schlurfs wollen wir nicht sein. Unsere Alltagskleidung ist die kurze Lederhose, weil wir die Textil-Bezugsscheine für notwendigere Dinge benötigen. Erst als wir ins Theater gehen, als wir „Tanzschulreife" erreichen, ändert sich das. Dann versucht man auszusehen wie aus dem Ei gepellt.

Tanzschulzeit in den Nachkriegsjahren. Natürlich gehe ich wie etliche meiner Klassenkameraden zum „Elmayer", zum Herrn Oberstleutnant, dessen Schule mit dem „Fränzel", wie er in der Jeunesse dorée kurz genannt wird, in einer Art von Wettstreit liegt: Wer eröffnet mehr von jenen Nobelbällen, die es jetzt schon wieder gibt? Der erste, den ich besuchen – und eröffnen – darf, ist Anno 1948 der „Johann Strauß Ball" im Rathaus. Bürgermeister Theodor Körner mischt sich nach dem ersten Walzer unter das Komitee und wird um Autogramme gebeten. Da er kein Schreibwerkzeug bei sich trägt, reiche ich ihm eine Füllfeder – die alte meines Vaters. Ich weiß nicht, wie viele Unterschriften er damit auf Programmhefte gesetzt hat. Ich bin jedenfalls stolz, daß ich dem populären Bürgermeister helfen kann. Daß dies mein erster Kontakt mit der Politik ist, weiß ich zu diesem Zeitpunkt noch nicht. Ich bin sechzehn. Der Vater meiner Tanzschulliebe, die ich nach Elmayer-Vorschrift von zu Hause abhole, nachdem ich am Tag vorher eine Visitenkarte (die ich mir für diesen Anlaß eigens habe anfertigen lassen) abgegeben habe – „abgeworfen", wie der Herr Oberstleutnant es nannte – der Vater also steckt mir heimlich Geld zu, damit ich die

Taxifahrt hin und zurück bezahlen kann und dazu auch „etwas zum Trinken“. O tempora, o mores!

O Zeiten, o Sitten. Die Zeiten werden von Monat zu Monat, von Jahr zu Jahr besser. Und die Sitten? In der Tanzschule muß geplaudert werden, so will es der Herr Oberstleutnant. Worüber reden? Natürlich über die Schule. Natürlich über die nächsten Schularbeiten. Natürlich über Filme, aber das viel weniger. Das Taschengeld reicht nicht immer fürs Kino. Ich gebe Nachhilfestunden, darf für sechzig Minuten immerhin 50 Groschen kassieren. Genug für einen Kinobesuch, der 30 bis 40 Groschen kostet.

Und die erste Berührung mit der Journalistik? In der siebenten Klasse kommt uns die Idee, etwas zu fabrizieren, was unserer Meinung nach in einer Schule, in einem Gymnasium, im Akademischen Gymnasium gar, eine unbedingte Notwendigkeit sein sollte: eine Schülerzeitung. Ein Redaktionskomitee wird gegründet, mich ernennt man zum „Chefredakteur“, und als Titel wählen wir Lateiner „höheren Grades“ selbstverständlich einen, der uns am nächsten liegt: „Juventus“. Der Inhalt setzt sich aus Schulnachrichten zusammen, gelegentlich darf auch das Gedicht eines Kommilitonen erscheinen, und einer, der immer schon gut hat zeichnen können, steuert Karikaturen bei. Mein neues Amt ist das zweite auf jener Liste, die an amerikanischen Schulen „extracurricular activities“ heißt. Ich bin nämlich auch Schulreferent des Theaters der Jugend – in einer Zeit, da es in Wien viel mehr Theater gab als heute. Da war das Bürgertheater (beim Hauptzollamt), das Stadttheater in der Strozzigasse, das Theater „Die Insel“ (das später dann zum Metro-Kino wurde). Da war auch noch der Redoutensaal, ein Ausweichquartier der Staatsoper für Mozart-Opern. Ich aber bin Kartenverwalter und Inkassant für jene geschlossenen Vorstellungen, die der Jugend aus dem regulären Spielplan regelmäßig geboten werden. Da man dem Ochsen, der drischt, nicht das Maul verbinden darf, gehe ich fast jede Woche ins Theater – mit von mir selbst bezahlter Karte, versteht sich. Meine Liebe zur Bühnenkunst erwerbe ich mir auf diese Weise – und zudem die Zuneigung der ganzen Schule. Ich habe nämlich die Erlaubnis, mitten während des Unterrichts die Klassen zu betreten und die Karten zu verkaufen. Wenn dies im Griechischunterricht, in den Lateinstunden oder in jenen der Mathematik passiert, umrauscht mich der Beifall der Schüler, denen die Störung willkommen ist – im Unterschied zu den Professoren, die mich verfluchen.

Dank meiner Funktion als „Theaterbeauftragter" sehe ich (werkgetreu und textgetreu) nahezu alle Klassiker im Ronacher, wo das Burgtheater jetzt spielt. Ich sehe „Hanneles Himmelfahrt" von Gerhart Hauptmann im Bürgertheater. Ich sehe den „Seidenen Schuh" von Paul Claudel. Und noch etwas: Die Buben und Mädchen der verschiedenen Mittelschulen Wiens werden nicht klassenweise in die Theater geschaufelt. Sie müssen die Karten einzeln kaufen, der Preis ist je nach Kategorie verschieden. Einer meiner „Ausflüge" in andere Klassen endet mit einer Riesenblamage. Ich schreibe unter den aufmerksamen Blicken der Schüler an die Tafel, für welches Stück noch Karten erhältlich seien. Darunter ist auch der Nestroysche „Zerissene", wie ich ihn schreibe. Leider ist gerade Deutschstunde, und der Professor, ohnehin schon wütend ob der Unterbrechung, kann nicht umhin, mich vor 30 Schülern „anzupatzen". Er hält mir fast zehn Minuten lang vor, daß es natürlich „Der Zerrissene" heißen müsse. Bisweilen haben schulöffentliche Ämter eben auch ihre Nachteile.

Die „geschlossenen" Repertoirevorstellungen in den Wiener Theatern, auch die im Theater an der Wien und in der Volksoper, finden selbstverständlich stets in

Originalbesetzung statt. Wir sehen im Theater „Die Insel“ zum ersten Mal einen jungen Josef Meinrad im Shakespeare-Stück „Die beiden Veroneser“. Wir bewundern die metallene Stimme von Albin Skoda, lachen über Hermann Thimig, lassen uns von der Kunst des legendären Wiener Mozart-Ensembles bezaubern. Und ich bin keinesfalls der einzige: Alle diese Vorstellungen, die im Rahmen des Theaters der Jugend gegeben werden, sind ausverkauft. Freilich gibt es hierzulande kein Fernsehen – ich selbst lerne es erst 1951 in den Vereinigten Staaten kennen.

Es ist eine Zeit, die den Jungen kaum Anlaß gibt, über jenes Faktum nachzugrübeln, das dann, als wir älter werden, uns zur Existenzfrage unseres Staates wird. Wir hören zwar immer von ihm, aber noch ist uns die Schule wichtiger, und auch die Möglichkeit, billig ins Theater zu gehen. Er: das ist der Staatsvertrag. Wir wissen, daß wir ihn brauchen, ihn haben wollen. Aber wir haben uns an die Besatzung gewöhnt, wir nehmen an, daß irgendwann einmal ein Vertrag zwischen den Besatzern und Österreich ausgehandelt werden wird. Inzwischen haben wir es uns mit diesen Besatzern und in unserem besetzten Land eingerichtet, haben uns gleichsam arrangiert, wir können uns gar nicht vorstellen, daß nicht in jeder zweiten Straßenbahn Russen mitfahren. Die Besatzung ist Teil unseres Lebens, wir kümmern uns nicht mehr um sie, seit sich dieses Leben wieder normalisiert hat.

Irgendwann ein Vertrag. Irgendwann ein Staatsvertrag. Denn wir wissen, wir Jungen, daß wir noch lange nicht frei sind. Jawohl. Wir haben uns arrangiert. Sogar ausländische Freunde, Freunde von Übersee, fürchten sich nicht mehr. Da ist zum Beispiel jener Ernö Vadas, der Kollege meines Vaters, der nach Australien emigriert ist. Er kommt herüber, macht mit seiner Frau einen Besuch in Wien. Er ist einer jener Emigranten, die sich nicht scheuen, ihre alte Heimatstadt wiederzusehen, wiederzuerleben, obwohl Wien gar nicht seine Heimatstadt ist: er wurde in Budapest geboren. In London haben sich die beiden ein Auto gemietet und sind über Paris und Zürich in die besetzte österreichische Hauptstadt gekommen. Sie wissen bereits, daß mein Vater nicht mehr bei uns ist, und der Emigrant fühlt sich um so mehr hingezogen zur Familie seines alten Freundes. Mein Bruder und ich hören fasziniert den Erzählungen eines Neu-Australiers zu, dem es gelungen ist, sich nicht nur eine neue, sondern auch eine überaus lukrative Existenz in Sydney aufzubauen, als Generalimporteur einer Reihe von amerikanischen und französischen Kosmetika.

Es ist die weite Welt, die sich da verlockend öffnet, von der ich höre und die mich immer wieder grübeln läßt, nachdenken über die Frage: Was wäre wohl gewesen, wenn ... ? Wenn wir, dem Rate des Freundes folgend, gleichfalls emigriert wären? Wenn wir uns auf dem fünften Kontinent eingerichtet hätten? Wenn wir das Grauen des Krieges nur aus der Ferne miterlebt hätten?

Es gibt nur wenige Momente, in denen ich meinen Optimismus zwangsweise gegen eine Art von Frustration eintausche, einzutauschen gezwungen bin. Da ist einerseits das Wien des „Dritten Mannes“, unser Wien, mit seinen Ruinen, seinen Wunden, die man trotz beginnendem Wiederaufbau immer noch sieht, da ist Österreich, befreit zwar, aber längst noch nicht frei. Da ist Hoffnung, aber nicht viel mehr. Und da ist andererseits der gutgekleidete, gutgelaunte, Wohlhabenheit zeigende väterliche Freund aus Australien. Daß er Geld hat, läßt er uns nicht spüren, er ist nicht aufdringlich. Da ist auch keine Spur von satter Zufriedenheit, er zeigt keinen Augenblick lang, daß es ihm gut geht und uns schlecht. Es ist auch nicht Mitleid, das er erkennen läßt. Nur Bedauern: Habe ich es euch nicht gesagt, damals, 1938?

Da ist aber, jedenfalls scheint es mir so, auch kein Hochgefühl der Vergeltung, geübt an jenen, die ihn aus dem Land getrieben haben. Nichts ist da von erfolgreicher Rache, nichts (oder nichts mehr?) ist da von jenem „Das habt ihr jetzt davon!", von jener Wut, von der die Seelen so vieler anderer Emigranten zerfressen werden. Ernö Vadas ist froh, wenigstens ein paar Tage lang wieder in Wien sein zu dürfen.

Für mich freilich ist da auch Erinnerung. Frau Vadas ist die einzige Übriggebliebene von jenen nach Parfum duftenden Damen, die mir seinerzeit immer, wenn wir bei ihnen zu Besuch waren, einen Kuß auf die Wange drückten. Die anderen sind, sofern sie überlebt haben, in alle Winde zerstreut. Erinnerung: Es wird schon nicht so arg werden, sagte mein Vater, als ihm die Emigration nahegelegt wurde. Es wurde noch viel ärger.

Mein Bruder und ich hören gebannt zu, als Herr Vadas erzählt, daß er über Fidschi, Honolulu, Los Angeles und New York nach Europa geflogen ist. Namen, die ich nur in Abenteuerbüchern gelesen habe. Viele, viele Jahre später habe ich auf einer Reise nach Neuseeland in Australien haltgemacht, wo ich weder Herrn Vadas noch seine Frau mehr vorfand, weil sie längst gestorben waren, und bin über Fidschi, Honolulu, Los Angeles und New York heimgeflogen. Ich hatte die Zwischenstopps eigens deswegen gewählt, weil ich gleichsam auf den Spuren des Besuchers von Anno dazumal wandeln wollte. Weil ich sagen wollte: „Was du damals gekonnt hast, kann ich heute auch!"

Das graue Wien. Die Zithermelodie des Anton Karas aus dem „Dritten Mann" bleibt Leitmotiv für die Besatzungszeit, auch wenn sie keine Ruinenzeit mehr ist. Sie bleibt noch viel länger Leitmotiv. In den achtziger Jahren werde ich einmal gebeten, gemeinsam mit Vertretern der US-Botschaft eine Gruppe von amerikanischen Ladies, die gerade aus Budapest gekommen sind, zum Heurigen zu führen. Die Wortführerin glaubt, uns ein Kompliment zu machen, als sie sagt: „You know – coming from Hungary, Vienna looks like a western city." Die Grenze zwischen dem freien und dem kommunistischen Europa liegt für diese Damen offenbar noch immer in der Schweiz. Und bei uns geistert noch immer der „Third Man" herum.

Das graue Wien. Familie Vadas fährt wieder nach Australien, nachdem sie am letzten Abend noch mit uns, auf ihre Kosten natürlich, in der Volksoper den „Zigeunerbaron" gesehen hatte. O du mein Österreich! Sie fahren fort und wir bleiben da. Die weite Welt reduziert sich wieder auf die Enge einer Stadt, eines Landes, dessen wichtigste Grenze die Enns darstellt und dessen wichtigstes Dokument der Identitätsausweis ist. Gewiß, es ist mir schon möglich gewesen, nach Frankreich zu fahren. Aber das war eine Ausnahme. Gewiß, österreichische Pfadfinder – die gibt es längst wieder – dürfen an einem Jamboree im westlichen Ausland teilnehmen, an einer internationalen Zusammenkunft von Buben, die alle ihre breitkrempigen Hüte tragen und aus aller Herren Ländern kommen. Aber auch das war eine Ausnahme.

Noch einmal: Das graue Wien. Dabei ist es gar nicht mehr so grau. Ein paar Tage nach der Abreise der Familie Vadas fühle ich mich bereits wieder völlig integriert in eine Umgebung, die sich, so hieß ein Buch des damaligen Außenministers Karl Gruber, „zwischen Befreiung und Freiheit" befindet. In einem geistigen Niemandsland gleichsam. Auch mir, auch uns wird dies immer mehr bewußt.

Geistiges Niemandsland? Die Kirche konnte Halt geben. Schon 1946 war ich wieder Ministrant, in der Universitätskirche, war dort auch in der Marianischen

Kongregation. Es waren Buben dabei, die nachher ganz andere Wege gingen; einer wurde ein hoher sozialdemokratischer Funktionär. Gottes Wege sind unerforschlich, und die Katholische Jugend von einst ist mit der von heute nicht zu vergleichen. Die „Bekenntnistage" führen Tausende von Jugendlichen auf die Ringstraße; auch hier drängt sich ein Spalier, es wurden Fahnen mit Kreuz und Krone vorangetragen, jede Wiener Pfarre stellte Abordnungen.

Massenbeteiligung der Jungen gab es auch bei Predigten, etwa wenn Otto Mauer sprach, einer der bekanntesten Priester der Stadt. Gewaltiges tat sich auch bei Predigten, die der italienische Pater Lombardi vor der Kirche am Hof hielt, in italienischer Sprache mit deutscher Übersetzung. Die Begeisterung war dennoch genauso groß wie bei den Ansprachen des deutschen Jesuitenpaters Leppich. Er predigte vor dem Schloß Schönbrunn vor mehreren Tausend jungen Menschen.

Und er predigt, so wie auch die anderen populären Priester, in völlig freier Rede, ohne Manuskript. Es dies die Zeit, da die Kanzeln noch ihrer eigentlichen Bestimmung dienen und nicht nur noch ausschließlich als Kunstwerke bestaunt werden. Es ist dies auch die Zeit, da die Geistlichen nicht auf das Mikrophon angewiesen sind und ihre Predigten auch nicht verlesen wie einen Hirtenbrief. Zugegeben aber: Es ist auch die Zeit, da die Schafe akzeptieren, was die Hirten sagen, und allfällige „Kirchenvolks-Begehren" noch in weiter Ferne liegen. Den Kardinal – es ist Theodor Innitzer – und die Bischöfe zu kritisieren, kommt niemandem in den Sinn. Wir kennen kaum die Namen der Oberhirten.

Aber wir kennen den des Pontifex Maximus. Pius XII. ist für uns eine hehre, unanfechtbare, Ehrfucht gebietende Gestalt. Die Maturareise führt uns nach Rom, im Heiligen Jahr 1950. Am Ostersonntag stehen wir in brütender Hitze inmitten einer vieltausendköpfigen Menschenmenge auf dem Petersplatz und empfangen den päpstlichen Segen. Bei einer öffentlichen Audienz im Petersdom wundern wir uns dann über den für uns völlig ungewohnten Applaus und die Beifallsrufe der Menschen, als der Papst auf der „Sedia gestatoria“ vorübergetragen wird, auf jenem Tragsessel, der ihn über die Menge erhebt und von dem aus er, sich nach links und rechts neigend, den Segen erteilt. Die „Sedia gestatoria“ hat Johannes XXIII. dann abgeschafft. Für mich ist trotz aller Kritik, die Jahre nach seinem Tod laut geworden ist und sich vor allem auf sein vermeintliches Schweigen über den Holocaust bezog, Pius XII. noch immer der Inbegriff einer Papstfigur, wie ich sie mir vorstelle.

XXI

Maturareise. Wir sind glücklich und stolz, daß sie uns in jenes Italien führt, von dem wir so viele Jahre gehört und gelernt haben. Wir haben das Glück gehabt, in den alten Sprachen von Professoren unterrichtet zu werden, die später überaus erfolgreiche Universitätskarrieren absolvieren: Rudolf Hanslik und Walther Kraus, ersterer für Latein, der andere für Griechisch zuständig. Professor Kraus ist dann sogar Rektor der Alma Mater Rudolfina gewesen, und zwar ausgerechnet im ominösen Studienjahr 1968/69. Ein feinsinniger Herr, der anfangs mit den Studentenunruhen nichts anfangen konnte und eher eingeschüchtert wirkte, war er dann doch einer von jenen Universitätslehrern, denen es mit zu verdanken war, daß die Wogen der 68er-Revolution in Österreich weit weniger geistigen Schaden anrichteten als etwa in Deutschland.

Doch zurück zur Maturareise. Mitgewirkt an der schulischen Vorbereitung für diese Romfahrt, die uns zuerst nach Venedig und dann auch nach Florenz und Neapel führt, hat unser Religionsprofessor, Monsignore Troschky, den wir respektlos die „zahnlose Offenbarung„ nennen. Und doch haben wir uns mit ihm gefreut, als er später zusammen mit einem päpstlichen Titel auch ein violettes Cingulum (vulgo Bauchbinde) tragen darf.

Noch einmal Maturareise. Die gleichsam offizielle führt uns, wie gesagt, nach Italien. Aber es ist Ostern. Der Maturatermin steht in Wahrheit noch vor der Tür. Ist es also keine richtige Maturareise? Doch, sie ist es.

Aber es zeigt die Zuvorkommenheit der Schule, daß sie vor der eigentlichen Abschlußprüfung stattfindet, um jenen, die nachher durchfallen sollten (und es sind dann einige geworden), das unbeschwerte Mitfahren zu ermöglichen.

Die Vorbereitung läßt mich im buchstäblichen Sinn am eigenen Leib verspüren, wie leicht und aus welchen hanebüchenen Gründen Kriege entstehen, konsequenzenreich, opferreich. Es ist dies gleichsam der erste hautnahe, wirklich hautnahe Kontakt mit Realpolitik. Um die Reisekasse der Klasse aufzufüllen, spielen wir Theater – eine Tätigkeit, die das Akademische Gymnasium bis heute beibehalten hat. Freilich wählen wir diesmal nicht einen griechischen Tragöden, sondern einen Zeitgenossen Nestroys, Friedrich Kaiser und dessen Komödie „Der Schneider als Naturdichter". Man betraut mich mit einer der Hauptrollen. Am Tag der Generalprobe rempelt mich in der großen Pause der Hauptdarsteller, der Schneider Stich, aus irgendeiner bösen Absicht an, während ich, der kommende Journalist, Zeitung lese. Ich schlage sie ihm um den Kopf, er versetzt mir einen Kinnhaken. Schon umringt uns die Klasse: Hoppauf! Der Klassenvorstand erscheint, merkt die Kriegsstimmung, muß unglückseligerweise noch einmal ins Konferenzzimmer eilen, warnt: „Wehe, wenn etwas passiert!"

Politische Warnungen, Ultimaten gar, werden oft nicht beachtet. Kaum ist die Tür geschlossen, beginnt im Ring der anderen der Zweikampf aufs neue. Ich bin Sieger nach Punkten, der Gegner geht zu Boden, ich werde mit einer leichten Gehirnerschütterung ins Lehrerzimmer gebracht. Der Klassenvorstand, wieder erschienen, kündigt an, daß alles aus sei, keine Generalprobe, kein Stück, keine Maturareise.

Es endet wie erwartet: Verhandlungen führen zum Erfolg. Wir dürfen spielen, wir dürfen fahren. Bei der

Aufführung muß ich zum Schneider, dessen Mund total verschwollen ist, die bedeutsamen Worte sagen: „Ja Herr von Stich, wie schauen denn Sie aus?“ Bisweilen ist das Leben ein Theaterstück.

Meine „echte“ Maturareise findet dann gemeinsam mit einem Kollegen im Sommer statt – und per Rad. Keines der hochkomplizierten Fahrräder von heute ist es, sondern ein primitives, aber strapazfähiges von Steyr, ein sogenanntes Waffenrad, auf das ich mir eine Dreigangschaltung montieren lasse. Unser Weg führt uns durch ganz Österreich über sämtliche Pässe und bis in die Schweiz, 2.100 Kilometer insgesamt. Wir nächtigen auf Heuböden, in Jugendherbergen, in Klöstern, wo wir als Entgelt bei der Frühmesse ministrieren. Wir verbrauchen pro Woche 100 Schilling. Sieben Wochen sind wir unterwegs.

Maturareise. Schon ein Jahr vorher versuche ich, dem Beispiel eines Klassenkameraden zu folgen, der nach der siebenten Klasse begonnen hat, als freier Mitarbeiter für eine Tageszeitung zu werken. Ich wandere von Redaktion zu Redaktion und werde verständlicherweise jedes Mal vertröstet: „Machen Sie erst die Matura!“ Am längsten unterhält sich mit mir der damalige Chefredakteur der „Arbeiter-Zeitung“, Dr. Oscar Pollak. Die „Arbeiter-Zeitung“? Das Zentralorgan der SPÖ? Ich, der Abkömmling einer zutiefst bürgerlichen Familie? Das ist mir in diesem Augenblick egal. Ich will Journalist werden. Die „Arbeiter-Zeitung“ hat deren viele und gute, und der beste ist angeblich ihr Chefredakteur. Karl Kraus hat über ihn zwar boshaft geschrieben: „Die ‚Arbeiter-Zeitung‘ ist auf den Pollak gekommen, der ist ihr Austerlitz.“ Er meinte damit einerseits Pollaks Vorgänger Friedrich Austerlitz, andererseits aber die größte Niederlage, die Österreich (und Rußland) gegen Napoleon erlitten hatte. Aber das war Kraus. In Wirklichkeit zählen

Pollaks Leitartikel, stets gezeichnet mit „O.P.“, zu den besten der Wiener Journalistik.

Pollak fragt mich nicht, warum ich ausgerechnet die „Arbeiter-Zeitung“ als Ziel meiner journalistischen Wünsche erkoren habe. Er hört mich an und sagt dann das Erwartete: Er fordert mich auf, in einem Jahr wiederzukommen, dann könne ich bei ihm anfangen.

Ich bleibe unermüdlich, versuche es weiter. In der „Presse“ gerate ich an einen altgedienten Redakteur, der den Eindruck erweckt, als hielte er mich für verrückt: Als kaum Siebzehnjähriger für diese ehrwürdige Zeitung arbeiten? Im „Wiener Kurier“, damals noch amerikanisch, wirft man mich nicht hinaus. Mein Ansprechpartner dort läßt mich sogar einige Recherchen anstellen – für nichts und wieder nichts, wie sich herausstellt. Später ist er Presseattaché in Washington und dabei, als ich für die „Presse“ einen Preis als beste ausländische Zeitung des Jahres entgegennehme. Da bin ich schon leitender Redakteur dieses Blattes.

Vorerst aber folge ich dem Rat der in Ehren ergrauten Journalisten und absolviere die Maturaklasse. Ich bin indessen siebzehn. Aber es ist jetzt nicht nur die Matura, die ich mit Spannung erwarte. Immer mehr ist es auch die Politik, die mich interessiert. Und immer mehr heißt das, daß ich – und ich bin nicht der einzige, viele Schulkameraden denken ebenso – die Nachrichten verfolge, die sich mit der zukünftigen Situation Österreichs befassen. Diese Zukunft ist nicht mehr ungewiß, sie gibt sogar zur Sorge Anlaß, auch bei uns Halbwüchsigen.

Frage eins: Wird unser Land geteilt werden wie Deutschland? Ich weiß nichts Genaues, studiere aber mit Akribie die Zeitungsberichte. Frage zwei: Wird am Ende Wien, das vierfach besetzte, genauso abgeschnitten werden, wie das mit Berlin geschah? Weiters: Wird man die Zufahrten der westlichen Alliierten abwürgen? Und auch: Wird Wien, diese Insel im „roten Meer", dasselbe Schicksal erleiden wie die deutsche Hauptstadt, die eine Zeitlang nur durch eine Luftbrücke versorgt werden konnte?

Ich sorge mich auch mehr und mehr, wiewohl erst siebzehn, um die Frage, wie und vor allem wann wir jenen Vertrag bekommen werden, der uns die Freiheit geben wird. Ich gehe konform mit den Ergebnissen von Sondierungen der österreichischen „public opinion", Anfang 1947, die zeigen, daß nach Meinung der Menschen die Normalisierung der Verhältnisse in Österreich aus Verschulden der Alliierten gehemmt sei. Ein großer Teil der Österreicher, so wird erklärt, sei der Auffassung, daß die Besetzung noch bis Ende 1948 dauern werde. Die Zahl jener, die sich optimistischer zeigen, ist wesentlich geringer.

In der Tat, diese allgemein geäußerte Meinung stimmt alle, jung und alt, hoffnungsfroh. Denn die ersten Verhandlungen über diesen Vertrag beginnen dann ja ebenfalls Anfang des Jahres 1947, zur gleichen Zeit, da die Amerikaner – sie sind es ja, die Österreichs öffentliche Meinung ausloten wollen – den „Pessimismus" der Österreicher eruieren. Abzug der Alliierten, vor allem der Russen, erst 1948? So lange werden wir noch warten müssen, meint offenbar die Mehrzahl der Österreicher. Es ist dies die Zeit, da im Auftrag des Bundespressedienstes die Staatsdruckerei ein Buch herstellt, das zu einem veritablen Bestseller wird, weil es, 1947 erschienen, auf jeder Seite jene Hoffnung manifestiert, die uns aufrecht hält. Es ist, nota bene, dieselbe Zeit, in der die Tschechoslowakei endgültig in kommunistische Hände fällt. Es ist andererseits die Zeit, in der die Hoffnung erstmals abgewürgt wird: 1948 Abzug? Daß wir nicht lachen!

Das Buch, das ich meine und das ich mit Begeisterung lese, führt den schlichten Titel „Das Österreich Buch" und ist vom damaligen Chef der Bundestheater, Ernst Marboe, herausgegeben. Es enthält Beiträge verschiedener Autoren, die sich die Feststellungen der Bundeshymne, „vielgerühmtes, vielgeprüftes, vielgeliebtes Österreich“ zu eigen gemacht haben, und soll zeigen, was Österreich in der und für die Welt bedeutet. Es erscheint später auch in Englisch, Französisch und Spanisch und erweist sich als wertvolle Bestandaufnahme österreichischer Eigenart. Und vor allem als ein Versuch, wieder einmal zu zeigen, wie sich diese Eigenart von der deutschen unterscheidet. Ich habe später, als ich bereits journalistisch tätig war, öfter mit Ernst Marboe, dem Vater des früheren ORF-Intendanten Ernst Wolfram, des ehemaligen Wiener Kulturstadtrats Peter Marboe und des Wirtschaftskammer-Manns Philipp Marboe, zu tun gehabt und ihn sehr geschätzt. Ernst Marboe starb, kaum älter als 50, im Jahre 1957 plötzlich. Sein „Österreich Buch“ ist ein Werk, das bleibt. Es hat nämlich bei den Jungen den von mir schon jetzt so oft erwähnten Patriotismus geweckt, den Stolz auf ihr Land und dessen Geschichte.

Das Marboe-Buch ist indes nicht der einzige Versuch, Österreich und sein Bemühen um den Staatsvertrag den Alliierten in Erinnerung zu rufen. Im Jahre 1952 kommt der Film „1. April 2000“ in die Kinos. Er schildert humorvoll die Fiktion, daß Österreich bis dahin noch immer besetzt sei und sich durch eine friedliche Revolution von den Alliierten befreien wolle. Eine Weltpräsidentin, dargestellt von Hilde Krahl, will Sanktionen über das unbotmäßige Land verhängen. Sanktionen? Immerhin, dem feschen österreichischen Regierungschef (Sie werden es nicht glauben, er wird von Josef Meinrad gespielt) gelingt es im Verein mit cleveren Wienern, nicht nur die Garde der Präsidentin beim Heurigen außer Gefecht zu setzen, sondern die attraktive Dame zu betören. Die Crême de la Crême der Wiener Schauspieler wirkt in diesem Film mit, in einer kleinen Rolle ist auch Curd Jürgens zu sehen. Der Streifen löst bei den Kinogehern Begeisterung aus, vermengt mit Betrübnis: Gerade damals waren die Staatsvertragsverhandlungen wieder einmal gescheitert.

Noch einmal: Staatsvertrag. Er dominiert nicht nur Österreichs Politik, sondern auch die Erwartungen selbst der Schuljugend. Warum eigentlich Staatsvertrag?, frage ich mich. Warum nicht Friedensvertrag? Die Antwort gebe ich mir selbst. Österreich war ja, überlege ich, nicht selbständig. Einen Friedensvertrag aber, sage ich mir, kann man ja nur mit einem Land abschließen, das nicht okkupiert oder annektiert worden ist. Ich habe zu dieser Zeit keine Ahnung von Völkerrecht, rechne mir aber aus, daß es da eigentlich verhältnismäßig schnell möglich sein müsse, einen Vertrag, wie immer er auch heißt, zu formulieren.

Weit gefehlt. Immer wieder wird, wie ich lese, auch die Deutschlandfrage ins Spiel gebracht, wird von den Russen dieser von uns so inständig herbeigesehnte Staatsvertrag mit einem deutschen Friedensvertrag junktimiert. Immer wieder Deutschland! Immer wieder diese vermeintliche auch ideologische Verbindung zwischen Deutschland und Österreich. Und dann auch immer wieder die Frage, ob denn die Entnazifizierung in Österreich wirklich so radikal durchgeführt werde, wie es die Alliierten verlangen. Ich, der eifrige Zeitungsleser – der Kolporteur bei der Stadtbahnstation Stadtpark macht mit mir ein gutes Geschäft, ich kaufe ihm täglich den „Wiener Kurier“ ab – ich also, der eifrige Zeitungsleser, weiß zu diesem Zeitpunkt auch von den Volksgerichten, die schwer belastete ehemalige SS-Leute und andere des vielfachen Mordes Angeklagte abgeurteilt haben. Die Volksgerichte fällten im Verhältnis weit mehr Todesurteile als die deutschen Gerichte, dreißig dieser Volksgerichts-Todesurteile seien vollstreckt worden, lese ich. Und ich erinnere mich an die Plakate, die in den letzten Kriegsjahren kundmachten, welche „Volksgenossen“, die freilich keine „Genossen“ mehr sein durften, zu Tode gebracht worden seien, weil sie dem Regime, das sie haßten, Widerstand entgegengesetzt hätten. In Deutschland wurde bis 1945 geköpft, wer sich wehren wollte, in Österreich bis 1950 gehängt, wer gemordet hatte.

Wieder zurück zur Matura. Wieder zurück zum „Geist der Antike“, der uns umweht. Wieder zurück zur Bilanz, die wir über fünf Jahre Latein und Griechisch ziehen. Heute höre und lese ich immer wieder mit größtem Bedauern, daß der Griechischunterricht nahezu ausstirbt und auch Latein in der Schule immer mehr vernachlässigt wird. Wir haben beides gebüffelt und geliebt. Wir haben nicht nur die griechischen Schriftsteller, sondern auch das Neue Testament in der Originalsprache gelesen. Wir haben Sophokles und Euripides nicht nur gelesen, sondern aufgeführt. Wir haben Vergil und Sallust auswendig gelernt und vieles mehr. Und wir sind alle der Meinung, daß wir mit alldem etwas gewonnen haben, das uns niemand rauben kann. Wir haben statt Ausbildung eben Bildung genossen. Und wenn wir das „Nicht mit zu hassen, mit zu lieben bin ich da“ lesen, läßt uns dies immer wieder nachdenken. Die Griechen wußten von Rachegöttinnen, aber auch von jener tiefen Humanität, die den Heutigen abgeht und uns partout zu Täterkindern stempeln will.

Ich aber werde jetzt in einer Zeitung arbeiten, die von einem Mann geleitet wird, der alles Leid der Konzentrationslager über sich hat ergehen lassen müssen und darüber auch eines der besten Bücher geschrieben hat. Ich werde nicht wieder beim „Wiener Kurier“ vorstellig, der mich nach der siebenten Klasse – zu Recht, wie ich heute meine – enttäuscht hat, sondern wage mich schüchtern in die Redaktion des „Neuen Österreich". Auch dort hat man mir vor einem Jahr gesagt: „Machen Sie erst die Matura." Jetzt ist es soweit. Ich kam, sah und siegte insofern, als ich nicht prompt abgewiesen wurde. Freilich widerfährt mir etwas Ähnliches. Man komplimentiert mich liebenswürdig wieder hinaus, indem man mir sagt: „Ein Journalist wollen Sie werden? Gehen Sie hinaus und kommen Sie wieder, wenn Sie etwas gesehen oder erlebt haben, das Ihnen wert erscheint, von uns berichtet zu werden!"

Soll ich aufgeben? Wie kann einer, der gerade erst Matura gemacht hat, etwas finden, das für die Zeitung geeignet ist? Was nützt es, die Deutsch-Matura mit „sehr gut" bestanden zu haben? Was nützt es, seit Jahren jeden Aufsatz überaus positiv klassifiziert erhalten zu haben? Ich gehe von der Seidengasse zur Mariahilferstraße und hinunter bis zum äußeren Burgtor. Und siehe: Dort stehen Wachen mit Stahlhelmen, und sie tragen schwarze SS-Uniformen. Heute, im Herbst 1950? Ich beginne das zu tun, was ich später immer und immer wieder getan habe: Ich recherchiere. Damals kenne ich den Ausdruck noch nicht, vielmehr erkundige ich mich. Ich frage. Es werde ein Film gedreht, ein amerikanischer, erfahre ich.

Ein Journalist, weiß ich, trägt immer einen Block Papier und einen Bleistift bei sich. Ich habe keines von beiden. Zum Glück gibt es ein paar Häuser weiter eine Papierhandlung. Zum Glück habe ich Geld bei mir. Und zum Glück gibt man mir, zum Schauplatz der Filmaufnahmen zurückgekehrt, bereitwillig Auskunft. Das Burgtor soll die Kulisse der Reichskanzlei darstellen. Der Film ist natürlich einer über Hitlers letzte Tage. Ton ab, Kamera läuft, Action! Luther Adler als der Führer. Ich rase in die Redaktion zurück, wo mich niemand mehr erwartet hat, und melde zur allgemeinen Überraschung, daß ich bereits gefunden hätte, was die Zeitung dringend benötige: einen Lokalbericht über SS- Leute auf der Ringstraße.

Und so werde ich Journalist. Einer, der, wie gesagt, den ungeheuren Vorteil hat, einen der besten Zeitungsleute jener Zeit zum Chef zu haben: Rudolf Kalmar, der einer der ersten war, die 1938 nach Dachau gebracht wurden. Er hat über seine Erlebnisse den Tatsachenbericht „Zeit ohne Gnade" verfaßt, der sich mit den besten Dokumentationen der NS-Greuel vergleichen läßt.

Ich kann mich zudem rühmen, als Chef der Lokalredaktion einen anderen Schriftsteller vorzufinden, Friedrich Lorenz, wie Kalmar ein Journalist der alten Schule, der die Kunst des Schreibens mit jener der Menschenführung zu vereinigen versteht. Sein Stellvertreter ist Hellmut Andics, ein Mann mit dem Gespür des „Lokalisten", dessen Reportagen man gleichsam – ich bitte um Entschuldigung für die Metapher – auf der Zunge zergehen lassen mußte.

Rudolf Kalmar wird von allen mit „Herr Doktor" angesprochen. Als er seinen fünfzigsten Geburtstag feiert, tritt die komplette Redaktion vor ihm an, und der älteste gratuliert. Ich bin der jüngste freie Mitarbeiter, mich nimmt er nicht zur Kenntnis. Ein paar Tage später sehe ich Dr. Kalmar im Stiegenhaus und grüße ihn ehrerbietig. Und siehe, er grüßt zurück. Am selben Abend erzähle ich meiner Mutter begeistert: „Ich habe den Kalmar gesehen und gegrüßt, und er hat mir sogar geantwortet!" Damals war ein Chefredakteur noch ein Chefredakteur.

Jahre später, als ich selbst Lokalchef bei der „Presse" war und Kalmar für uns Feuilletons schrieb, stand er neben mir, und ich redigierte seine Artikel. Eifersüchtig beobachtete er jeden Strich. Damals war ein Lokalchef noch ein Lokalchef ...

1950 also bin ich erstmals als Journalist tätig, als richtiger Journalist. Man akzeptiert mich als jüngsten Lokalreporter in jener Zeitung, die für ihren großen Lokalteil bekannt war, für den Lorenz, Andics, Sebastian Leitner, der leider zu früh verstorbene Mann der populären Autorin Thea Leitner und einige freie Mitarbeiter, unter denen auch ich mich befand, tätig waren.

Ich lerne, lerne, lerne. Ich lerne, wie man schreibt – „Schreib das auf", wird mir immer wieder gesagt, wie ja auch eines der Bücher des berühmten Prager Journalisten Egon Erwin Kisch, „Schreib das auf, Kisch!" geheißen hat. Ich lerne den Journalistenjargon von damals, aus der Zwischenkriegszeit übernommen, eine Mischung von Jiddisch und Hebräisch, der heute nur mehr den Alten geläufig ist, die etwa wissen, daß man mit „Rachmones ka Blatt machen kann". Soll heißen: nach Möglichkeit auf Mitleidsgeschichten verzichten. Fast alle von denen, die immer nur „Schickse" sagten, wenn sie weibliche Wesen meinten, und mir beibrachten, daß die Mehrzahl von Ganef (man findet ihn in vielerlei Gestalt) „Ganovim" heißt – fast alle von ihnen gibt es heute nicht mehr. Immer wieder meine ich, daß in Journalistenkursen eigentlich auch eine Prüfung darüber enthalten sein sollte, was die Mundart der „Jargonauten" (eine Verballhornung von „Jargon" und „Argonauten") war und leider nicht mehr ist.

Ein Jahr lang arbeite ich für das „Neue Österreich", immer gegen Artikelhonorar, aber so viel, daß ich ein schönes Einkommen hatte – immerhin als Neuling. Auch muß man in Betracht ziehen, wie hoch damals das Einkommensniveau ganz allgemein war und welche Honorare die Zeitungen zahlten. Eine Kollegin machte mich beispielsweise darauf aufmerksam, daß die „Volksstimme", die kommunistische Tageszeitung, einen jungen Reporter suche, den sie fix anstellen wolle. Wenn es nur nicht die „Volksstimme“ wäre! „Sie zahlen 700 Schilling“, sagt sie. „Da schau‘ ich mir gleich die Auslagen der Geschäfte ganz anders an!“

XXII

Journalistische Arbeit – und gleichzeitig Studium. Angehender Zeitungsmann und Student dazu. Also Werkstudent. Für mich ist ein Studium selbstverständlich – ich bin es nicht nur meiner Mutter schuldig, sondern auch mir selbst. Ich strebe ein Doktorat an – aber welches? Es gibt eine Berufsberatung, und wiewohl ich so halb und halb bereits einen Beruf für mich entdeckt habe, wende ich mich dorthin. Es ist diese Unterredung dann das, was man in Wien „für die Jetty-Tant'" nennt. Auf präzise Fragen bekommt man völlig unpräzise, schwammige, vage Antworten. Ich verlasse den Herrn, der mir hätte behilflich sein sollen, allfällige Berufsaussichten zu werten, im Bewußtsein, das zu tun, was ich ohnehin tun will. Und das ist, Journalistik zu betreiben, wenn auch gleichsam nur als Interregnum, wie mir damals klar zu sein scheint. Eigentlich schwebt mir vor, Diplomat zu werden. Vielleicht, weil ich manche ähnliche Züge bei diesen beiden Berufe sehe? Das Sammeln von Informationen etwa? Die Erfordernis, Kontakte zu schließen? Die Notwendigkeit, Berichte zu schreiben? Die Tatsache, daß beide Berufe keinen Platz haben für Menschen, die gehemmt sind und introvertiert?

Jedenfalls scheint klar, daß ich Rechtswissenschaften studieren werde. Das Jusstudium halte ich für dasjenige, das in puncto Breite und Berufsmöglichkeiten am geeignetsten ist. Ich bin im übrigen auch heute noch dieser Meinung.

Je länger aber die Sporen werden, die ich mir als Journalist verdiene, desto mehr reizt mich dieser, desto weniger jener Beruf. Ich habe nie bereut, mich für die Zeitung entschieden zu haben. Aber ich greife vor.

In dieser Zeit kommt Österreich erstmals in den Genuß eines internationalen Austauschprogramms, das seither zu einem der wertvollsten der Welt geworden ist. Es nimmt am Fulbright-Programm teil, geschaffen aufgrund der Idee des amerikanischen Senators J. William Fulbright. Diese Idee bestand – wie es der US-Staatssekretär für Erziehung und Kultur anläßlich des 50-jährigen Jubiläums formulierte – darin, „Budgetguthaben von Reparationszahlungen und Kreditrückzahlungen zu verwenden, um einen akademischen Austausch zu ermöglichen". Im Sommer 1951 kann die erste österreichische Studentengruppe aufgrund dieses Programms in die Vereinigten Staaten reisen. Ich bin dabei. Ich habe mich um ein Stipendium beworben und bin stolz, akzeptiert worden zu sein, stolz deshalb, weil von 100 Prüflingen jeweils nur zehn genommen werden.

Ich verabschiede mich demnach vom „Neuen Österreich" – was ich nach meiner Rückkehr tun werde, weiß ich nicht. Ich weiß nur, daß ich nun in jenes Land gehen werde, das mir in den letzten fünf Jahren nicht nur als das der unbegrenzten Möglichkeiten, sondern ganz einfach als das gelobte erschienen ist. Ich weiß, daß mit der Reise nach Amerika als Teilnehmer des Fulbright-Programms ein völlig neuer Lebensabschnitt beginnen wird. Ich weiß, daß ich aus der Enge der Wiener Welt, auch der Zeitungswelt, in eine Freiheit reisen werde, die wir noch immer nicht erleben, noch immer nicht gewährt bekommen haben.

Go west, young man, go west. Zu Schiff nach Amerika, heißa, zu Schiff mit einer Gruppe von Mädchen und Burschen, die alle darauf brennen, die Ungewißheit der Neuen Welt mit der Gewißheit verbinden zu können, nun irgendwie zu neuen Menschen geprägt zu werden.

Wir fahren von Genua aus auf der SS Constitution, einem amerikanischen Luxusliner, freilich in einer Innenkabine mit je vier Betten und der Dusche am Gang. Aber was tut's? Allein die Tatsache, daß jeden Tag die Uhren um eine Stunde zurückgestellt werden, zeigt, daß wir auf dieser neuntägigen Reise Amerika immer näher kommen. Und als wir kurz in Gibraltar stoppen und dann die Weite des Atlantik vor uns haben, fühlen wir uns bereits wie alte Seeleute, spielen Shuffleboard und sehen dem Spiel der Delphine zu.

Die Freiheitsstatue im Hafen von New York ist dann genau so, wie ich sie mir vorgestellt habe. Wir stehen alle an der Reling und können es nicht fassen: Amerika! Wir sind wirklich angekommen! Freude paart sich mit Nervosität, und zwar bei allen. Noch vom Wasser aus sehen wir eine weitgespannte Brücke und darauf eine ununterbrochene Kolonne von Autos. Wir kommen aus einem Land, in dem es noch immer einen überaus schwachen Autoverkehr gibt und demgemäß Parkplätze in Hülle und Fülle. Wir staunen über diesen schon von der Ferne aus erkennbaren Motorisierungsgrad des Landes, das uns jetzt für mindestens ein Jahr aufnehmen wird. Noch vergleichen wir, bald werden wir es nicht mehr tun. Dann fühlen wir uns fast wie Neueinwanderer, Neuamerikaner.

Vorerst ist nur Gedränge. Eine Menschenmenge am Pier, darunter der österreichische Generalkonsul, der uns abholt. Ein Autobus bringt uns zum Hotel, fährt durch Straßenschluchten, die von Wolkenkratzern gesäumt sind. Wolkenkratzer: die sind jetzt für uns Amerika. Die Freiheitsstatue versinkt bereits in der Dämmerung.

Ein paar Tage bleiben wir in New York, hören Einführungsvorträge. An einem Abend werden wir in die „Radio City Music Hall" geführt, ein großes Revuetheater. Ein Orchester spielt zu Beginn die Wilhem-Tell-Ouvertüre – und aus Gründen, die ich nicht orten kann, in einer Gefühlsaufwallung, die mir völlig fremd ist, überkommt mich das Heimweh. Noch dazu so gewaltig, so stark, daß ich zu schluchzen beginne. Heimweh gleich an einem der ersten Abende in der Neuen Welt – sonderbar, nicht wahr? Heimweh nach dem Wien des Dritten Mannes. Heimweh – ja, Heimweh nach der Heimat. Es geht dann gleich wieder vorüber. Später empfinde ich ähnliches, wenn ich Mozart oder Beethoven höre.

Mit der Eisenbahn fahren wir von New York nach Kalamazoo in Michigan, der nächstgelegenen Station des am Michigansee gelegenen Städtchens namens South Haven, wo ich mit anderen Österreichern den August über in einer Familie leben darf. Auf dem Bahnsteig warten die „foster parents", die provisorischen Eltern. Ein hochgewachsener Herr redet mich an: „Tom?" Es ist das erste Mal, daß ich so genannt werde. Das ganze Jahr über bleibt es mein Name.

Der Herr ist Arzt, in einem großen Buick – ich komme aus dem Staunen nicht heraus – fährt er mich nach South Haven in das abseits gelegene große Landhaus der Familie, wo ich, von der Frau des Hauses, die ich nun „Mom" nennen darf, und den drei Kindern begrüßt. Eine Tochter ist bereits Studentin, der Sohn so alt wie ich, die jüngere Tochter trägt Zahnspangen, ist aber, was mich wundert, da ich ein solches Gerät noch nie gesehen habe, völlig unbefangen.

Vier Wochen in der Familie. Vier Wochen bei provisorischen Eltern. Die Familie hat Schallplatten mit klassischer Musik vorbereitet, um mich heimisch werden zu lassen. Amerikaner, die dem Österreicher helfen, sich langsam dem American way of life anzupassen. Amerikaner. Noch vor sechs Jahren haben sie meine Heimatstadt zerbombt. Noch vor sechs Jahren hat man sie Feinde genannt. Jetzt ist da nichts als Zuwendung, Zuneigung, Herzlichkeit.

Die Familie führt mich an einem Wochenende nach Chicago, wir wohnen im „Palmer House“, einem der besten Hotels einer Stadt, die so gar nichts mehr an sich hat von einer Hauptstadt des Gangsterunwesens, als die sie in meiner Vorstellung existiert. Am Abend wird mir das größte Stadion der Metropole gezeigt, „Marshall Fields“, voll besetzt, weil eine indianische Sängerin auftritt. Als es dunkel wird, zünden die vielen Tausend Anwesenden Lichter an – Feuerzeuge, Taschenlampen, mitgebrachte Kerzen, offenbar eine amerikanische Sitte.

Ganz kurz wird eine Lampe auch in meinem Gedächtnis aufgedreht: Haben wir nicht gleichfalls Lichter in die Fenster gestellt in Wien, um unserer Kriegsgefangenen zu gedenken? Jetzt bin ich von Amerikanern umgeben, die von den Nachbarsitzen fragen, woher ich denn käme, und freudiges Erstaunen äußern, als sie mein Herkunftsland erfahren.

Es ist sonderbar, daß ich mich eigentlich nicht darüber wundere. Bin ich nicht „einer von jenen“? Nicht persönlich, um es genau zu nehmen. Aber doch ein Täterkind, eines, das mit dabeigewesen sein muß? Nichts davon. Nur Freundschaft. Ebenso wie später am College, wenn ich gebeten werde, von Österreich zu erzählen. Und das ist häufig der Fall. Ich werde von den Rotariern eingeladen und von den Lions und von Frauenclubs und Farmer-Associations und vielen anderen Vereinigungen. An die Vorträge schließen sich immer Diskussionen an. Nie werde ich über den Krieg gefragt. Nie über Konzentrationslager. Freilich auch nie über Bombenangriffe.

Die Schule, die mir ein Stipendium gewährt hat, ist ein Methodistencollege im Mittelwesten, genauer: in Ohio. Hier, an der „Ohio Wesleyan University“ in Delaware, erfahre ich erstmals, daß der erwähnte American way of life durchaus auch multikulturelle Züge trägt. Ich werde in einer Fraternity, der amerikanischen Version einer

Studentenverbindung, aufgenommen – wie ein Bruder. Ich wohne in einem Dormitory, in dem hauptsächlich ausländische Studenten, foreign students, leben, teile mein Zimmer mit einem Japaner, habe als Nachbarn zwei Burschen aus Nigerien. Mein bester Freund ist ein Grieche. Er stammt aus Saloniki, und seine einzigen deutschen Worte sind: „Achtung, Achtung!" Das haben, sagt er, immer die deutschen Soldaten gerufen. Er sagt es ganz ohne negativen Unterton.

Die Nigerianer spielen allabendlich eine Schallplatte mit der Dritten Symphonie von Beethoven, weil sie in ihrem Musikkurs – das College ist für sein Music department berühmt - ein Referat darüber halten müssen. Zugegeben, das wieder aufgeflammte leise Heimweh wird von Überdruß abgelöst. Kein Wunder, wenn man immer wieder dieselben paar Takte der Eroica aus dem Nachbarzimmer hört. Dann aber werde ich zweiter Geiger im Universitätsorchester, und wir nehmen unter anderem auch eine Beethoven-Symphonie auf Platte auf. Erraten: die Eroica.

Ein „speech course", ein Redekurs, ist am College obligat. Man unterrichtet Rhetorik an jeder Universität und fängt schon in den High Schools damit an. Das Reden ohne vorgeschriebenen Text wird den jungen Amerikanern fast schon in der Volksschule beigebracht. Der Höhepunkt sind dann die Debatten und die Wettbewerbe in der Redekunst.

Später habe ich mich dann immer an die obligaten Speech courses in den US-Colleges erinnert, wenn ich unsere Parlamentarier reden hörte, die zumeist keine drei Sätze herausbringen, ohne sich an Geschriebenes zu klammern. Daß gleiches auch für die Predigten gilt, habe ich bereits geschrieben.

Zurück zur Ohio Wesleyan University und dem Redekurs. Man kann sich ein Thema wählen. Ich schildere die Eröffnung eines Wiener Balls, sehr zum Vergnügen der amerikanischen Kurskollegen. Die zweite Ausländerin, die nach mir aufgerufen wird, ist eine kleine Japanerin. Der Titel ihres Vortrags: „Tiny little leaves of grass“. Winzige kleine Grashalme? Wir erfahren sofort, was gemeint ist: daß in Hiroshima wieder Gras zu wachsen beginnt. In oder über Hiroshima? Die japanische Studentin bekommt ein Sehr gut, ein A, sie ist die beste.

Es ist Anlaß für mich, den Österreicher, nachzudenken. Unbefangenes Amerika: Die Collegestudenten wissen sicher, was in Hiroshima und Nagasaki geschehen ist, wie viele Zehntausend Menschen jeder Atombombenabwurf getötet hat. Immerhin war das im August 1945, wir schreiben jetzt den Herbst 1951. Indes, wie lange wird den jungen Amerikanern der Name Hiroshima noch ein Begriff sein? Und daß die Atombombenabwürfe kriegsentscheidend gewesen sind, daß sie den Krieg beendet haben – einen Krieg, der mit dem japanischen Überfall auf Pearl Harbour begann? Sechzig Jahre später weiß, wie man in amerikanischen Magazinen im Zusammenhang mit dem Film „Pearl Harbour“, dem teuersten je in Hollywood produzierten Streifen, lesen konnte – in der Altersgruppe der Neunzehn- bis Vierundzwanzigjährigen keiner mehr, was sich hinter dem Namen dieses einstigen Flottenstützpunktes im Pazifik verbirgt. Daß dort noch elfhundert Leichen im gesunkenen Schlachtschiff „Arizona“ liegen, unweit von Honolulu, das heute von japanischen Touristen überschwemmt ist. Daß Präsident Roosevelt jenen Tag, Sonntag, den 7. Dezember 1941, als einen „day of infamy“ bezeichnete. Die jungen Amerikaner wissen das alles nicht mehr.

Allein, die kleine Japanerin, die 1951 von Hiroshima erzählt, es wagt, davon zu erzählen, wird gelobt, bekommt ein A, ist die beste im Rednerkurs. Alle applaudieren. Natürlich wissen sie noch, was Hiroshima ist, was Nagasaki ist, welche Konsequenzen die amerikanischen Atombombenabwürfe hatten. Die Collegestudenten wissen 1951 natürlich auch noch vom Holocaust (der damals freilich längst noch nicht so hieß). Sie wissen von Auschwitz und was dort passiert ist. Aber kein einziges Mal hat man mich darüber befragt, kein einziges Mal habe ich, der Student aus Wien, auch nur eine Spur von Kritik gehört. Auch einige deutsche Studentinnen waren da. Ihnen ist das gleiche widerfahren, besser: nicht widerfahren.

Glückliches Amerika! In unserer Fraternity gibt es einen Juden. Man weiß von einer anderen Studentenverbindung an der „Ohio Wesleyan University", die Wert darauf legt, keine jüdischen Kollegen aufzunehmen. Das erste Mal bin ich dergestalt mit Antisemitismus made in USA konfrontiert. Es ist hier freilich nur ein Einzelfall. Ausgerechnet dieser Fraternity-Bruder wird bei einer Juxveranstaltung aufgefordert, auf mich ein Gedicht zu fabrizieren, und er beschreibt mein „lockiges Haar", über das ich damals noch verfüge. Dann fragt mich dieser jüdische Kollege, ob ich in den Thanksgiving-Ferien nicht mit ihm in seinem Auto nach New York fahren wolle. Ich weiß, daß dort gute Freunde meiner Eltern leben, jüdische Emigranten aus dem Kreis jener, die mich schon als kleinen Buben gekannt haben, und ich sage freudig zu.

Ich besuche das Ehepaar in New York, und man setzt mir etwas vor, das ich monatelang nicht gegessen habe und hinunterschlinge als zusätzliches Erzeugnis von Heimweh: Spinat mit Spiegelei. Und dann werde ich gefragt, ob es noch dieses oder jenes Kaffeehaus an diesem oder jenem Eck gäbe, was man im Theater spiele und ob die Zerstörungen wirklich so schwer seien, wie man gehört habe. Soviel zum Anti- Austriazismus an der „Ostküste", wie ich ihn erlebte!

Am College bin ich so etwas wie ein Renommee-Österreicher. Als die auch in den USA bekannte österreichische Sopranistin Irmgard Seefried auf einer Konzerttournee in Delaware einen Liederabend gibt, werde ich gebeten, ihr Ehrenkavalier zu sein, was zur Folge hat, daß am nächsten Tag ein Bild von uns beiden im Lokalblättchen erscheint. Als die Theatergruppe das Stück eines Absolventen aufführt, das in den Südstaaten spielt, und in dem auch ein Franzose vorkommt, muß ich den spielen – des Akzents wegen, der, wie es tags darauf im selben Blatt heißt, „so realistisch" gewesen sei.

Freilich, ganz ohne Kritik bin ich als Österreicher, sind auch die Österreicher an den anderen amerikanischen Colleges nicht davongekommen. Aber die Kritik ist eine völlig unpolitische. Man nennt uns „curve raiser", auf Deutsch vage mit „Durchschnitts-Erhöher" zu übersetzen. Wir wurden ja als österreichische Maturanten drüben sofort ins dritte der vier Collegejahre eingestuft. Darüber hinaus sind wir, ohne es zu wollen (oder soll ich sagen: ohne uns anzustrengen?) in jedem Fach unter den besten. Dadurch werden die Durchschnittsnoten angehoben, was bei den Amerikanern keine reine Freude verursacht. Es ist dies die Zeit, da die österreichische Mittelschulmatura allgemein bewundert wird. Und nicht nur die Matura. Der grauhaarige Collegearzt hat in seiner Ordination an der Wand unter Glas eine Urkunde hängen, die aus der Zwischenkriegszeit stammt und ihm bestätigt, daß er eine Zeitlang an der „Medical School" der Universität Wien studiert habe. Stolz zeigt er mir das Dokument. Man schreibt 1951.

Man schreibt den Sommer 1952, als ich in Los Angeles an einem Studentenprojekt teilnehme: „Students in industry". Ich wohne in einem Studentenheim, tagsüber arbeite ich gegen Stundenlohn in einer Lackfabrik, abends gibt es Diskussionen. In der Fabrik ist es meine

Aufgabe, Farbkannen zu etikettieren. Bisweilen wird das Werken zur Fadesse. Dann klebe ich auf Kannen mit rotem Lack grüne Etiketten und stelle mir vor, was passiert, wenn vor dem Gebrauch das Gefäß geöffnet wird. In der abendlichen Diskussion verrate ich davon freilich nichts.

In Los Angeles erlebe ich ein übles Naturereignis. Eines Nachts bewegt sich plötzlich das ganze Haus, Bilder fallen von den Wänden, Gläser klirren, die Stockbetten wanken, wir alle versuchen, so schnell wie möglich das Erdgeschoß zu erreichen: Erdbeben! Es fordert in einem Ort fünfzig Kilometer von hier mehr als ein Dutzend Tote. In L.A. sind die Schäden gering, aber groß genug, um mir fürderhin eine panische Angst vor Erdstößen einzujagen.

Im September schiffen wir uns wieder Richtung Europa ein. Mit dem selben Schiff reist auch der neu ernannte Botschafter, gleichzeitig Hochkommissar, der USA in Österreich. Er heißt Llewellyn E. Thompson und unterhält sich freundlich mit der Gruppe von Studenten, die soeben sein Heimatland verlassen haben und in ihr eigenes reisen, das ihn nun von Amts wegen beherbergen wird. Thompson wird jener US-Botschafter sein, der die letzten Verhandlungen über den Österreichischen Staatsvertrag führen wird.

Aber bis dahin ist es noch weit.

XXIII

Der Student ist wieder Journalist. Der Journalist bleibt Student. Noch in Amerika erhalte ich einen Brief von Rudolf Kalmar: Ich könne, wenn ich wolle, nach meiner Rückkehr wieder im „Neuen Österreich" anfangen. Ebenfalls in Amerika, genauer: in New York, treffe ich Hellmut Andics, dem die Amerikaner ermöglicht haben, eine Studienreise zu unternehmen. Ich freue mich auf die Rückkehr, ich freue mich auf die Zeitung.

In der Seidengasse finde ich alles, wie ich es verlassen habe. Aber ich habe in Amerika Blut geleckt, es zieht mich wieder hinüber, am liebsten würde ich auswandern. „Wenn du nach sechs Monaten auch noch diesen Drang verspürst, mußt du es tun, dann bist du für Österreich verloren", sagt ein Freund. Er hat die Frist genau berechnet. Nach einem halben Jahr habe ich mich wieder eingewöhnt. Amerika ist eine schöne Erinnerung.

Es ist freilich noch viel mehr. Das Jahr in den USA, an einem amerikanischen College, mit amerikanischen Freunden und Freundinnen, hat mir eine Liebe zu diesem Land eingeimpft, die ich nie mehr verlieren werde. From sea to shining sea bin ich gekommen, habe die Ostküste und die Westküste und den Mittelwesten erlebt, und die Begeisterung für dieses große freie Land ist mir erhalten geblieben. Right or wrong, my country – in diesem Fall my USA.

Es geschieht aus diesem Grund, daß ich mich um eine Position bewerbe, von der ich gehört habe und die ich dann auch bekomme: Ich werde Redakteur im Pressedienst der amerikanischen Wirtschaftsmission – jenem

US-Amt, das die Marshallplan-Hilfe (damals hieß sie ERP-Hilfe) für Österreich vergibt und verwaltet. Aber auch dort hält es mich nicht lange, ich will wieder in einer österreichischen Zeitung arbeiten, und nach Möglichkeit als fix angestellter Redakteur. Die „Weltpresse“ bietet mir diese Möglichkeit. Sie ist indessen vom englischen zu einem österreichischen sozialistischen Blatt geworden. Sozialistisch? Wo ich doch ein Bürgerlicher bin, meine Familie immer bürgerlich gewesen ist – mit Ausnahme meines im Ersten Weltkrieg so hoch dekorierten erwähnten Onkels, der immer schon Sozialdemokrat war. Allein, mein Verhältnis zur heimischen Sozialdemokratie ist ein ambivalentes. Ich habe ja auch Oscar Pollak aufgesucht, der mir erste Ratschläge für meine künftige Laufbahn gegeben hat, und Pollak ist doch Chefredakteur der „Arbeiter-Zeitung“, des Zentralorgans der SPÖ!

Für mich ist der Berufswunsch stärker als eine allfällige politische Überzeugung, die noch keine Wurzeln gebildet hat. Aber irgendwie machen sich die Erziehung im Elternhaus und bei den Jesuiten doch bemerkbar. Bin ich nun bürgerlich? Oder konservativ? Oder katholisch? Bin ich sozialistisch? Bin ich links? Links-katholisch? Egal: ich bin endlich Journalist. Ein Anfänger, ein ganz junger. Aber einer, der den anderen zeigen will, daß er etwas kann – oder jedenfalls etwas lernen will.

Ich werde außenpolitischer Redakteur der „Weltpresse“. Es sind die anstrengendsten zwei Jahre meiner Jugend. Als jüngster muß ich nämlich täglich um fünf Uhr früh in der Redaktion sein, um die Fernschreiben vom Apparat zu reißen und auf die Ressorts aufzuteilen. Erst dann kann ich mich um die Außenpolitik kümmern. Es ist die Zeit, da die Franzosen in Indochina verlieren. Die Vietnamesen erobern Dien Bien Phu, die letzte französische Festung dort. Eisenhower ist neuer Präsident der USA. Die Italiener haben eine neue Regierung, die wievielte? Im Kreml gibt es Diadochenkämpfe nach Stalins Tod. Die Welt ist unruhig. In der „Weltpresse“ behandelt der Auslandsteil – zum Glück, wie mir scheint – auch die Auslandschronik, das unpolitische Weltgeschehen. Täglich schreibe ich darüber, etwa über einen geheimnisvollen Mord am Strand von Ostia – eine bildschöne Lebedame ist tot aufgefunden worden. Sie heißt Anna Maria Moneta Caglio. Der oder die Täter werden in der Hautevolee gesucht, aber nicht gefunden. Die „Weltpresse“ widmet, seit sie nicht mehr britisch ist, auch solchen Storys großen Raum.

Ausflüge in die Innenpolitik gibt es für mich nicht. Immerhin: ich gelte ja nicht als Roter, und in der „Weltpresse“ muß man ein Parteibuch haben. Am Vorabend des 1. Mai 1954 werde ich von einem alten Kollegen – jetzt darf ich bereits „Kollege“ zu anderen Zeitungsleuten sagen – gefragt, ob ich am nächsten Morgen „mit meiner Sektion“ aufmarschieren werde. Als ich ihm sage, daß ich keine Sektion habe, weil ich keiner Partei angehöre, schweigt er betreten. Er ist trotzdem auch weiterhin liebenswürdig.

In der Tat, die heimische Innenpolitik war für mich vorerst noch ein Buch mit sieben Siegeln, jedenfalls, was die Zeitungsarbeit betraf. Vor meiner Amerikareise, als ich nach der Matura im „Neuen Österreich“ mir Sporen zu verdienen versuchte, wurde ich mit einer politischen Situation konfrontiert, von der ich weder Entwicklung noch Ausmaß abschätzen konnte. Ich wußte nur, daß die Lage gefährlich war und noch gefährlicher werden konnte.

Es waren jene späten Septembertage 1950, die als „kommunistischer Putschversuch“ in der neueren Geschichte dieser Republik bekannt geworden sind. Nach dem 4. Lohn- und Preisabkommen, das nach Meinung eines Teils der Arbeiterschaft höhere Preise, aber nicht entsprechend höhere Löhne gebracht hatte, wiegelten die Kommunisten die Arbeiterschaft auf und versuchten einen Generalstreik zu inszenieren, der die Ordnungsmacht des Staates hätte zusammenbrechen lassen sollen. Österreich, so scheinen die Pläne gewesen zu sein, sollte zur „Volksdemokratie“ werden, nach dem Muster jener, die damals den „Cordon sanitaire“ der Sowjetunion bildeten. Was geschah, ist indessen längst in den Geschichtsbüchern nachzulesen. Auch, daß nicht zuletzt Franz Olah, Vorsitzender der Bau- und Holzarbeiter-Gewerkschaft, mit den kommunistischen Rollkommandos aufräumte.

Aber da waren die Russen. Würden sie sich einmischen? Ein paar Tage schien die Lage auf des Messers Schneide zu sein. Dann stellte sich heraus, daß die Sowjets kein Interesse daran hatten, die österreichische KP zu unterstützen. Ich saß in der Redaktion, hörte von Übergriffen da und dort, von Streikenden, die Beton in die Straßenbahnschienen gossen, und war doch nur ein kleiner Lokalreporter – noch dazu in einer Zeitung, die nach wie vor zu einem Drittel den Kommunisten gehörte und daher vorsichtig agieren mußte.

Der Spuk, der sich zu einer politischen Katastrophe hätte auswirken können, ging vorüber. Später erfuhr ich, was hätte passieren können. Etwa, daß die Amerikaner bereits Schilder vorbereitet hatten: „Zurück, es wird geschossen!“ Es erinnerte mich das an die Erzählungen vom Juli 1927 und Februar 1934. Damals war wirklich geschossen worden, diesmal nicht. Aber wir alle fürchteten jetzt umso mehr, daß das kommen würde, was fatal an Deutschland und Berlin erinnerte: eine Teilung der Stadt, vielleicht auch des Landes. Ausweiskontrolle für den Übertritt von Döbling in die Brigittenau, mit Identitätskarten samt entsprechender Stempelzahl?

Die Angst schwand mit der Zeit. Die Hoffnung blieb – eine, die uns vorgaukelte, es werde in absehbarer Zeit endlich nach der Befreiung die wirkliche Freiheit kommen. Die Russen, die sich im Herbst 1950 nicht in den „Kommunistenputsch“ eingemengt hatten, würden ihren hartnäckigen Widerstand gegen den Staatsvertrag aufgeben. Die von den Außenministern eingesetzten „Sonderbeauftragten“, die den Vertrag beraten sollten, würden ihre Arbeit prompt erledigen.

Die Hoffnung trog, die Verzögerung der Freiheit hatte mannigfache Gründe. Erst waren es die Gebietsansprüche Tito-Jugoslawiens an Österreich, dann die von den Sowjets gewünschte Junktimierung des Staatsvertrags mit der endgültig durch einen Friedensvertrag bereinigten Deutschlandfrage. Was nützten die Erleichterungen des Besatzungsregimes, wenn der Abzug ebendieser Besatzung eine Schimäre blieb?

Indessen wechselt immer noch das Kommando der Alliierten über den ersten Bezirk. Wenn die Amerikaner und die Russen aufeinandertreffen, scheint die Höhe des Schellenbaums der Musikkapellen ausschlaggebend für das Renommee. Einmal haben die Russen, dann wieder die Amerikaner das längere, höhere Glöckchengerät. Es gibt, denke ich, doch auch in dieser Situation immer noch Anlaß zum Lächeln und Lachen über die Besatzer. Das sind und bleiben sie ja noch. Wie lange?

Im Sommer 1953 fahre ich, diesmal als Student und nicht als Journalist, zu einem dreiwöchigen internationalen Hochschulseminar über die EWG an die Universität Amsterdam. Der Rektor hält am ersten Tag eine Begrüßungsansprache und heißt die Studenten, die aus nahezu allen Staaten Westeuropas kommen, in verschiedenen Sprachen willkommen. Er redet Englisch und Französisch und dann auch Deutsch. Seine kurze Ansprache beginnt er mit der Feststellung, daß er sich jetzt einer Sprache bediene, „die noch wie ein Fluch in unseren Ohren klingt“. Es ist dies das erste und, wie ich glaube, auch das einzige Mal, daß ich mich in den Jahren seit Kriegsende einer Geisteshaltung gegenüber sehe, die mehr zum Ausdruck bringt – und zwar wörtlich – als Abneigung. Es scheint mir ein Rest von Haß zu sein, der aus den Worten des Amsterdamer Rektors erkennbar wird.

Ich habe einige Minuten lang Lust, aufzustehen und den Saal zu verlassen. Etliche deutsche Studenten blicken betreten zu Boden. Immerhin sind seit dem Krieg acht Jahre vergangen. Hat die Magnifizenz nichts gelernt, nichts begriffen, jenen Europagedanken, dem diese Hochschulwochen gewidmet sein sollen, nicht zur Kenntnis genommen? Gewiß, auch die Österreicher sprechen Deutsch, und gerade die Holländer haben Grund, ihnen nicht wohlgesinnt zu sein. Der Wiener Arthur Seyß-Inquart ist ja Reichskommissar in den Niederlanden gewesen, der oberste Polizeichef dort war gleichfalls Österreicher. Aber was kann ich dafür? Was können die jungen Deutschen dafür, gleichaltrig mit mir, daß das erschütternde Schicksal von Anne Frank die Menschen bis zu Tränen rühren kann? Wieder einmal: Wir, die Täterkinder?

Die drei Wochen in Amsterdam sind dann eine spannende Zeit, die mich und die anderen die vielleicht verzeihliche Unbeherrschtheit des Rektors vergessen läßt. Ich schließe Freundschaften, unternehme Radtouren im Land, übernachte bei holländischen Familien. Ich lerne das Land schätzen. Ich weiß auch, daß Touristenautos mit holländischen Nummern vor allem in Westösterreich zahlreich sind und daß die vom Rektor hörbar geäußerte Abneigung offenbar nicht die allgemeine Meinung über Österreich darstellt.

Es fällt mir anderseits in diesen Jahren auf, daß Autos mit dem internationalen Kennzeichen „N“ auf Österreichs Straßen nicht zu sehen sind. „N“ für Norwegen. Dort scheut man sich, und das nicht nur in den fünfziger Jahren, Urlaub in Österreich zu machen. Nicht nur, weil die geographische Distanz so groß ist. Den Ausschlag gibt, nehme ich an, die Tatsache, daß die Gebirgsjäger, die im Krieg in Narvik eingesetzt waren, zu einem beträchtlichen Teil aus unserem Land stammten.

Indessen bin ich stolz, daß sich die Geltung dieses Landes anderwärts stark verbessert hat. Das freilich hat schon bei Kriegsende begonnen, und es setzte sich fort. Verständlich, daß mir zumindest zu dieser Zeit als Halbwüchsiger der Sport näher steht als die Politik. Am 6. Dezember 1946 zum Beispiel unterliegt das französische Fußball-Nationalteam dem österreichischen in Wien mit 1:4. Es ist der erste Nachkriegs-Sieg der Österreicher gleich in einem der ersten Länderspiele. Dem Triumph der heimischen Mannschaft entspricht die Begeisterung der Bevölkerung, auch jener Menschen, die sich ansonsten für den Fußballsport nicht interessieren. Es ist so etwas wie die Bestätigung: Wir sind wieder wer. Wir stehen wieder auf der Landkarte, zumindest auf der französischen. Wir haben zwar nicht genug zu essen, teilweise keinen Strom und nicht immer Gas, aber wir spielen hervorragend Fußball.

Ein zweites Mal triumphieren die Österreicher vor aller Welt, als sie Ende Juni 1954 in Lausanne bei der Fußballweltmeisterschaft die berühmte „Hitzeschlacht" ausfechten und gegen die Schweiz 7:5 gewinnen. Die Dramatik des Spiels wird in der Fußballgeschichte nie wieder erreicht: Die Schweiz lag 3:0 in Führung, die Österreicher konnten das Ergebnis „umdrehen", die Schweiz holte auf, desgleichen die Österreicher. Ich bin im Gänsehäufel, es gibt zu dieser Zeit nur wenige tragbare Radios, die öffentlichen Lautsprecher, auf Säulen montiert, sind jeweils von Dutzenden Badegästen umlagert, die jedes österreichische Tor mit einem Siegesgeheul quittieren, das man meiner Meinung nach bis zum Laaerberg am südlichen Stadtrand von Wien hören muß. Die Österreicher werden dann Dritte bei dieser Weltmeisterschaft. Es ist der höchste Rang, den sie in der langen Reihe dieser alle vier Jahre stattfindenden Endrunde um den „Coupe Rimet" erreicht haben. Die Mannschaft tritt nach der Siegerehrung die Heimreise per Bahn an. Ich werde von der Zeitung, damals noch der „Weltpresse", zum Westbahnhof geschickt, um über den Empfang zu berichten. Er ist – wie anders zu erwarten? – überwältigend. Der Bundeskanzler, damals Julius Raab, ist höchstpersönlich gekommen. Es ist skurril, daß mir von dieser Begrüßung durch eine gewaltige Menschenmenge, die dann auch auf der Mariahilferstraße Spalier bildet, eigentlich vor allem ein Faktum in Erinnerung bleibt: die Tatsache, daß die Unterhose des Regierungschefs einige Zentimeter über dem Bund der Anzughose sichtbar ist ...

Noch ein zweites Mal erweist sich in diesem Jahr 1954 die Mariahilferstraße als jener historischer Straßenzug, über den sowohl der alte Kaiser wie viele Jahr später der viel jüngere (Ver)Führer ihre Fahrt zur Innenstadt absolvierten. Am 29. November trifft Kaiser Haile Selassie von Äthiopien auf dem Westbahnhof zu einem Staatsbesuch in Wien ein. Wieder bin ich als Reporter dabei, stehe hinter einem Polizeikordon vor dem roten Teppich, erlebe den Kaiser, der langsam aus dem Salonwagen steigt, der ihm zur Verfügung gestellt worden ist, und betrachte dann ehrfurchtsvoll die Kolonne der schwarzen Limousinen, die das exotische Staatsoberhaupt vor dem Bahnhof erwarten. Die Chauffeure sind damals mangels anderer piekfein uniformierter Wagenlenker von der Post entlehnt, die ihre Angestellten mit nagelneuen Monturen ausgestattet hat. Nur an den orange-gelben Aufschlägen erkennt man ihre Herkunft.

Die Fahrt Haile Selassies und seiner Entourage geht über die Mariahilferstraße über den Ring zum Hotel Ambassador – das „Imperial", später traditionelle Herberge für alle Staatsbesucher, ist noch von den

Russen besetzt. Das Spalier am Weg zum Neuen Markt wird von Tausenden winkenden, applaudierenden Wienern gebildet. Sie haben, kann man dann nicht nur in den Redaktionen hören, endlich wieder einen Kaiser, der begrüßt werden darf. Blitzschnell kursiert dann auch ein Witz: Auf der Fahrt nimmt der äthiopische Kaiser plötzlich den Bart ab und ruft: „Ätsch, ich bin der Otto!“ Der Sohn des letzten österreichischen Monarchen ist zu dieser Zeit noch immer mit einem Einreiseverbot belegt.

Ein „annus mirabilis“, dieses Jahr 1954? Eines jedenfalls, das mich stolz macht. Beim Herrenabfahrtslauf der Skiweltmeisterschaften erreichen die Österreicher die ersten drei Plätze. Herbert Tichy bezwingt den 8189 Meter hohen Cho Oyu im Himalayamassiv. Die Schatzkammer in der Hofburg wird wieder eröffnet. Nicht in Nürnberg, sondern in Wien sind die Reichskrone und die übrigen Reichskleinodien ausgestellt, seinerzeit von den Amerikanern den Österreichern übergeben.

Und noch etwas ereignet sich in diesem Jahr, das die Österreicher glauben macht, eine Einigung der Alliierten über den Staatsvertrag müsse vor der Tür stehen, da Russen und Amerikaner trotz des Kalten Krieges in Österreich offenbar näher zusammenrücken. Im Sommer steigen die Donau und ihre Nebenflüsse nach intensiven Regenfällen auf eine Rekordhöhe und überschwemmen weite Gebiete in diesem Teil Niederösterreichs. Wieder einmal rücke ich aus, um an Ort und Stelle (den neuerdings gebräuchlichen Ausdruck „vor Ort“ lehne ich ab) die Situation in Augenschein zu nehmen und darüber zu berichten. Der Strom gleicht einem Meer, die Straße zur ungarischen Grenze (von der ich zwei Jahre später in meiner Zeitung noch viel mehr zu berichten haben werde) zieht sich wie ein Damm durch eine braune Wasserwüste. In den Wiener Redaktionen kursiert ein Bild, das dann auch von vielen großen Blättern des Auslands veröffentlicht wird: Russische und amerikanische Soldaten laden gemeinsam Sandsäcke ab, die den mitten in der Russenzone gelegenen US-Flugplatz bei Tulln, der ebenfalls von den Fluten bedroht ist, schützen sollen. Es ist wie ein Wunder: Russen und Amerikaner gemeinsam an der Arbeit! Russen, die einen amerikanischen Luftstützpunkt (das war er ja auch bis zu einem gewissen Grad) schützen helfen. Gemeinsamkeit in drohender Gefahr, auch wenn diese nur im Hochwasser besteht. Anno 1954 ist solches in der Tat fast als Wunder zu bezeichnen.

Also wirklich ein annus mirabilis? Oder nicht doch auch, ja in erster Linie, annus horribilis? Die Hoffnung auf die Freiheit nach der Befreiung bleibt auf unbestimmte Zeit unerfüllt, da sich die Außenminister der Alliierten wieder einmal außerstande sehen, zu einer Einigung über den österreichischen Staatsvertrag zu gelangen. Es geschah bei der Berliner Konferenz, die vom 25. Jänner bis 28. Februar stattfand. Auch eine österreichische Delegation, angeführt von Außenminister Leopold Figl, nahm daran teil. Ihre Erwartungen waren hoch gespannt, ihre Entäuschung dann um so größer.

Vielleicht haben sich die Österreicher und zumal die Wiener mit den Besatzern bereits arrangiert. Vielleicht sind sie daran gewöhnt, haben auch mit Befriedigung zur Kenntnis genommen, daß das Besetzungsregime zusehends erleichtert wird, bis es eigentlich gar kein Regime mehr ist. In der Tat: Ich selbst fühle mich eigentlich gar nicht mehr in einem besetzten Land. Es gibt längst keine Zensur mehr, die Besatzungszeitungen sind an österreichische Eigentümer weitergereicht worden, alle Reisebeschränkungen sind aufgehoben, sogar die Donau bildet nicht mehr die Grenze zwischen Linz und Urfahr. In der Wochenschau sehe ich, wie die Linzer Freude darüber äußern, daß Linz jetzt wieder mit Urfahr eine gemeinsame Stadt bildet.

Aber noch weht auf dem Gebäude des Alliierten Rats, der freilich kein Kontrollrat mehr ist, nicht die österreichische Fahne. Und vor allem: Noch sind fremde Truppen im Land. Und darum geht es auch auf jener Berliner Außenministerkonferenz, die als letzten Hauptpunkt die Österreich-Frage zum Thema hat. Der sowjetische Außenminister Molotow will den Abzug der Truppen hinauszögern. Er akzeptiert den Staatsvertrag unter der Bedingung, daß die Soldaten im Land bleiben, bis ein deutscher Friedensvertrag unterzeichnet ist. Die Österreicher gehen, um den Abzug zu erreichen, bis an den Rand des Erträglichen. Sie bieten an, den Truppenabzug bis Mitte 1955 hinauszuschieben, unter der Voraussetzung, daß der Staatsvertrag unverzüglich unterzeichnet werde. Alles das wird von den Sowjets abgelehnt. Sie wollen im Land bleiben – unter allen Umständen.

Die Konferenz ist gescheitert. Das Foto, das die österreichische Delegation nach der Rückkehr von Berlin zeigt, spricht Bände. Die Gesichter der Teilnehmer – neben Figl ist auch Bruno Kreisky, damals Staatssekretär im Außenministerium, bei der Konferenz gewesen – gleichen denen der Teilnehmer an einem Staatsbegräbnis. Zum ersten Mal auch zieht sich die bittere Entäuschung durch nahezu alle Bevölkerungsschichten. Man sieht sich bis zum Sankt Nimmerleinstag besetzt. Immer wieder erinnere ich mich in dieser Zeit an den Unterschied, der vermeintlich zwischen Deutschland und Österreich besteht. In Deutschland sei die Lage oft ernst, aber nicht hoffnungslos, wird scherzhaft gesagt; in Österreich sei sie hoffnungslos, aber nicht ernst. In diesem Fall herrsche Irrtum vor, denke ich nicht nur einmal in diesem annus horribilis: Die Lage ist ernst und zugleich auch hoffnungslos.

Daran erinnere ich mich auch, als ich zu Silvester 1954 an einer Studentenparty (heute würde man „Festl“ sagen) im Hause eines Freundes teilnehme. Als die Uhr Mitternacht schlägt und die Sektgläser klingen, fällt mir plötzlich das Jahr 1945 ein. „Kinder“, sage ich – und es ist eigentlich gar kein lustiger Neujahrswunsch – „Kinder, wißt's ihr, daß wir jetzt 1955 haben und zehn Jahre besetzt sein werden?“ Einen Augenblick lang verfliegt die Sektlaune auch bei den anderen – aber nur einen Augenblick lang. Dann wird die Runde wieder lustig. Was nützt denn auch die Traurigkeit? Soll man das neue Jahr mit „Bonjour tristesse“ begrüßen?

Ich bin jetzt bereits auf dem Sprung von einer Zeitung zur anderen, von der „Weltpresse“ zur „Presse“. Dort braucht man einen Lokalreporter, und der Lokalteil ist halt doch mein ureigenstes Gebiet. In der „Weltpresse“ bedauert man meinen Wechsel zwar, legt mir aber keine Hindernisse in den Weg.

Im „Vorwärts-Verlag“ hatte ich eine interessante Zeit verbracht, interessante Journalisten kennengelernt, etwa Richard Nimmerichter, der damals unter dem Pseudonym Nilius hervorragende Feuilletons schrieb und später als „Staberl“ in der „Kronen Zeitung“ Österreichs bekanntester, aber auch umstrittenster Journalist wurde. Ich hatte interessante Reportagen schreiben dürfen, kurz: ich war eigentlich recht zufrieden gewesen. Aber der Chefredakteur war eben doch ein hundertprozentiger, überzeugter „Roter“, ich galt gleichsam als schwarzes, was nicht politisch gemeint ist, als bürgerlich-konservatives Schaf. „Die Presse“ hat Milan Dubrovic als Chef, Otto Schulmeister ist dessen Vize, der Chef des „Economist“ ist ein Graf, der Redaktionsgehilfe ein Baron – ich passe, denke ich, besser in diese Atmosphäre eines (liberalen) Konservativismus. Am 1. Februar 1955 trete ich an meinem neuen Arbeitsplatz meinen Dienst an. Ich bin zweiundzwanzig Jahre alt. Als ich zwölf war, wurde Österreich besetzt. Vor zehn Jahren.

XXIV

Wie soll es weitergehen? Wie wird es weitergehen? Europa hat sich erholt, Westeuropa jedenfalls. Österreich gehört dazu. Man spricht jetzt immer von der „freien Welt“, eine Einteilung, wie sie später gebräuchlich wird, kennt man noch nicht. Es gibt keine erste, zweite, dritte, vierte Welt – wobei, nota bene, die vierte erst ganz spät hinzukommt. Es sind die Paria-Staaten, die ausgeschlossenen, ausgegrenzten, die verachteten, zu denen eine Zeitlang auch Österreich zählen wird, nach der Waldheim-Wahl und nach der schwarz-blauen Koalition. Aber das ist eine andere Geschichte.

Österreich ist zu Silvester 1954 zweifellos Teil dieser freien Welt. Daran ändert auch die Tatsache nichts, daß ein Viertel des Landes von den Sowjets besetzt ist. Das Jahr 1955 beginnt mit dem Gefühl, weiter warten zu müssen. Irgendwann, so sage ich mir, werden die Russen ja doch dem Staatsvertrag zustimmen. Irgendwann. Es kommt mir der Text eines Wienerlieds in den Sinn: „Vielleicht heut‘, vielleicht morg‘n, vielleicht gar net“. Ich bemühe mich, dieses Lied schnell wieder zu vergessen. Für den Zweiundzwanzigjährigen sollte es ja doch eine Zukunft in einem freien, souveränen Land geben. Oder nicht? Will ich jetzt doch auswandern?

Und dann kommt auf einmal neue Hoffnung auf, verdichtet sich, wird zur Realität. Im Februar 1955 deutet Molotow plötzlich eine Änderung der russischen Haltung an. Er spricht von der Möglichkeit, den Staatsvertrag zu unterzeichnen, aber dieser Vertrag könne nicht ohne Berücksichtigung der „deutschen Frage“

Zum guten Ende

Ein Erinnerungsbuch kann nicht, ja soll nicht ohne den Dank an jene abgeschlossen werden, die mitgewirkt haben, den Unterbau zu schaffen. Noch dazu, wenn es sich um den Lebensbericht eines Menschen handelt, der später von Berufs wegen nicht zuletzt damit beschäftigt war, aus dem Leben anderer zu berichten (und was ist angewandter Journalismus anderes, als Berichte über das Leben zu schreiben und zu zeigen?) –, wenn es sich also um Erzählungen aus einer Zeit handelt, die für den einzelnen, sein Land und die Welt entscheidend waren.

Ich gedenke meiner Mutter, die mich lange Zeit an der Hand führte, als ich heranwuchs. Ich danke meiner Frau, die mein unstetes Leben all die Jahre lang liebevoll ertragen hat. Mein Bruder Otto Chorherr hat meinem Gedächtnis ebenso nachgeholfen wie meine Cousine Britta Eigner.

Über die Geschichte meiner Schule hat mir die Arbeit von Dr. Robert Winter viel erzählt, die Erlebnisse im Zweiten Weltkrieg hat Hofrat Dr. Manfried Rauchensteiner kompetent ergänzt. Sehr viel habe ich dem Archiv der „Presse“, dem besten Zeitungsarchiv, das ich kenne, und dessen Leiter Mag. Günther Haller sowie Christian Bender und Mag. Monika Prüller zu verdanken.

Nicht zuletzt aber danke ich meiner Nichte Veronika Chorherr, die nicht nur meine Erinnerungen einfühlsam in den Computer tippte, sondern mir auch mit klugem Rat zur Seite stand. Franz Schrapfeneder hat das Lektorat so besorgt, wie man es sich nur wünschen kann.

geschlossen werden. Diesmal ist es Österreich, das auf irgendwelche Bedingungen nicht eingehen will, die außerhalb seiner Einflußnahme liegen.

Und dann kommt die bekannte Einladung einer Regierungsdelegation nach Moskau, kommt die Einigung zwischen den Sowjets und den Österreichern, kommt die Botschaft, die Bundeskanzler Raab noch von der sowjetischen Hauptstadt aus den Österreichern übermitteln läßt:

> „Österreich wird frei. Wir bekommen unseren Heimatboden in seiner Gänze zurück. Die Kriegsgefangenen und Inhaftierten werden die Heimat wiedersehen. Das hat die aufrechte Haltung des österreichischen Volkes erarbeitet und errungen. Wir freuen uns schon, unsere Heimat nach Abschluß der schweren Verhandlungen glücklich wiederzusehen."

Es gibt Augenblicke, es gibt Zeiten, da alle Menschen von einem Ereignis betroffen sind. Das Scheitern der Verhandlungen 1954 ist so ein Augenblick gewesen. Da war nichts als Bestürzung, Traurigkeit, Enttäuschung, und zwar quer durch unser Land. Es gibt andererseits Freude, die uns erfaßt, alle erfaßt, wenn es Anlaß dazu gibt, auch politischen Anlaß. Julius Raab kehrt an der Spitze der Delegation nach Österreich zurück, steigt in Vöslau, dem sowjetischen Flugplatz, aus der Maschine, umdrängt von Journalisten, und dankt dem Herrgott. Dann rollt die Kolonne von schwarzen Limousinen – welch bittere Erinnerungen knüpfen sich an solche großen schwarzen Autos! – über die Triester Straße. Ich stehe im Spalier. Dieses zieht sich hin bis in die Innenstadt. Wieder einmal jubeln die Menschen, diesmal aus einem Anlaß, der ihnen nachher nicht vorgehalten wird – oder zumindest nicht vorgehalten werden sollte.

Ich stehe eingekeilt bei der Spinnerin am Kreuz, soll berichten, wie die Menschen reagieren. Wieder einmal teilt sich mein Gemüt – in das des Journalisten und das des jungen Österreichers. Der Notizblock bleibt in der Tasche. Was sich rundum tut, muß in diesem Augenblick nicht aufgezeichnet werden. Auch das Pathos, das sich dann durch meinen Artikel zieht, ist verständlich. Es wird sich in allen Berichten äußern, die ich über die Ereignisse in Wien im April und Mai 1955 schreibe. Ich meine, daß dies verzeihlich ist.

Indessen gewinnt der Journalist wieder die Oberhand. Er berichtet über die Konferenz der alliierten Botschafter, dieser einstigen Hochkommissare, die auf Wunsch der Westmächte stattfindet; Molotow hat ein sofortiges Treffen der Außenminister gewollt. Die Botschafterkonferenz Anfang Mai, sie dauert rund anderthalb Wochen, erzielt am Ende volle Einigkeit über den Text des Vertrags. Am Sonntag dazwischen nehme ich an einem lange vorher geplant gewesenen Empfang in der Residenz des amerikanischen Botschafters in Hietzing teil, als ehemaliger Fulbright- Student. Hausherr ist Llewellyn Thompson, jener Diplomat, den ich bei der Heimreise aus den USA kennengelernt hatte. Ich bin der einzige Journalist und frage natürlich nach den bisherigen Ergebnissen des Botschaftertreffens. Thompson lächelt – und sagt nichts. Aber seine Laune zeigt, wohin der Hase läuft.

Die Außenminister kommen nach Wien. Wieder drängen sich die Journalisten, die wie schon vorher Ausnahmegenehmigungen zum Betreten des sowjetischen Militärflughafens in Vöslau erhalten haben, auf der Rollbahn. Sie warten auf Molotow. Molotow kommt aus Warschau. Er hat dort an der Gründungssitzung jenes Paktes teilgenommen, der den Namen der polnischen Hauptstadt trägt. Sowjetische Offiziere stehen in der

Menge der österreichischen Zeitungsleute. Eine Szene ist bemerkenswert: Während sich fast alle uniformierten Russen unter die heimischen Journalisten gemischt haben, sitzen abseits zwei höhere Offiziere an einem kleinen Tisch – und spielen Schach. Was skurril anmutet, gibt doch zum Nachdenken Anlaß. Sind die Russen dabei, über das Schachspiel hinaus die nächsten Züge der sowjetischen Politik zu überlegen?

Molotow kommt, Dulles aus Washington, MacMillan aus London und Pinay aus Paris sind schon da. An ihrer Konferenz, im Gebäude des Alliierten Rats am Schwarzenbergplatz, das dann wieder wie ehedem Sitz der Industriellenvereinigung wird, nimmt auch Österreichs Außenminister Figl, diesmal als Partner, teil. Ich stehe vor dem Haus und warte gemeinsam mit den Kollegen der anderen Zeitungen. Dann tritt Figl als erster vor die Tür – und lacht. Alles erledigt!

Erst später erfahren wir, was meiner Meinung nach eines der wichtigsten Ergebnis dieser Außenministerkonferenz ist. Die sogenannte Kriegsschuldklausel ist im letzten Augenblick aus dem Vertrag gestrichen worden, Molotow hat zugestimmt.

Die Kriegsschuldklausel – jener Absatz, der bisher immer im Vertragsentwurf gestanden hatte und heute noch Anlaß gibt zur Meinung, Österreich habe sich „aus der Geschichte hinausgeschlichen". Die Klausel lautete:

> „... Im Hinblick darauf, daß Hitler-Deutschland am 13. März 1938 Österreich mit Gewalt annektierte und sein Gebiet dem deutschen Reich einverleibte ... daß nach dieser Annektion Österreich als integrierender Teil Hitler-Deutschlands am Kriege gegen die Alliierten und Assoziierten und gegen andere vereinte Nationen teilnahm und daß Deutschland sich zu diesem Zwecke österreichischen Gebietes, österrei-

chischer Truppen und materieller Hilfsmittel bediente und daß Österreich eine Verantwortlichkeit, die sich aus dieser Teilnahme am Kriege ergibt, nicht vermeiden kann ..."

Leopold Figl beantragte die Streichung, die Klausel wurde tatsächlich eliminiert. Wie konnte denn auch Österreich, das „mit Gewalt annektiert" wurde, für den Krieg eine Mitverantwortung tragen?

An dieser Frage der Mitverantwortung scheiden sich indes bis heute die Gemüter. Sie ist eine Kernfrage bei der Betrachtung der neueren österreichischen Geschichte. Haben die Österreicher mit Begeisterung am Krieg mitgewirkt? Oder haben sie nur „ihre Pflicht erfüllt", wie es Bundespräsident Waldheim von sich selbst gesagt hat? In der Euphorie von 1955 taucht diese Frage nie auf. Das Kapitel Kriegsschuld wird in dem Augenblick nicht mehr beachtet, als der betreffende Absatz aus dem Staatsvertrag gestrichen wird. Die Frage nach der politischen Schuld insgesamt wird gleichfalls in einer Welle des Patriotismus und der rot-weiß-roten Begeisterung hinweggewischt. Keiner der Jungen in diesem Land kommt in dieser Zeit auf die Idee, man könnte den Vätern vorwerfen, daß sie taten, was sie nicht hätten tun sollen.

Schuldig? Es herrscht ein Rausch in Rot-Weiß-Rot. Gäbe es eine Debatte, wäre der Freispruch selbstverständlich. Ich stehe am 15. Mai 1955 im Park des Belvedere, während im Marmorsaal die fünf Außenminister den Staatsvertrag unterzeichnen, jenes ersehnte Dokument, auf das die Österreicher seit Jahr und Tag gewartet haben, für das sie, wie es Bundeskanzler Raab bei seiner Rückkehr aus Moskau sinngemäß formuliert hat, gelitten und gearbeitet haben. Ich stehe im Park unter den zehntausend anderen und muß mich diesmal nicht fragen, ob ich mehr Journalist oder mehr Österreicher bin. Aller Zynismus des Berufes fällt ab. Fast muß ich Goethe zu Wort kommen lassen: Das Unaussprechliche, hier wird's Ereignis. Das Unaussprechliche: die wirkliche, echte Freiheit. Nicht nur Pax.

Um mich herum schwenken die Menschen ihre Fahnen. Drinnen spricht Leopold Figl seine historischen Worte: „Österreich ist frei!". Die Legende will es, daß er den Satz auf dem Balkon gesprochen habe. Mitnichten: er sagte es, nachdem alle Minister den Staatsvertrag unterzeichnet hatten. Er sagte es zehn Jahre, nachdem er gleichfalls historische Worte gesprochen hatte: „Glaubt an dieses Österreich!" Es war die Weihnachtsansprache 1945.

Die vielen Menschen im Park des Belvedere wissen aber nicht nur, daß Österreich jetzt frei ist. Sie wissen auch, daß diese Freiheit nicht zuletzt mit dem Versprechen der Neutralität erkauft worden ist. Sie nehmen es zur Kenntnis. Mehr als das: sie sehen die Neutralität als Existenzberechtigung dieser Freiheit. Als den Preis, den sie willig, ja begeistert zu zahlen bereit sind. Sie wissen nicht, daß diese Neutralität einmal zur Diskussion stehen wird. Sie ahnen nichts von dem ungeheuren Wandel, der sich zu Ende des Jahrhunderts in Europa und der Welt ergeben wird. Sie ahnen nichts vom Ende des Kommunismus, nichts von der Demokratisierung der zu dieser Zeit noch so genannten Satellitenstaaten der Sowjetunion, vom Zerbrechen dieses Riesenstaats. Sie können sich nicht vorstellen, daß einige dieser Satellitenstaaten einmal der NATO angehören werden und daß sich auch Österreich mit dieser Frage befassen wird. Sie wissen auch noch nichts davon, daß ein Japano-Amerikaner einen Essay über das „Ende der Geschichte" schreiben wird, weil sich, wie er fälschlich annimmt, nichts historisch Wichtiges mehr ereignen könne.

Sie haben den Staatsvertrag – und sie sind glücklich.

Sie haben ihn gleichsam erzittert. Oder erzithert? Da sind immer wieder der „Dritte Mann", der Ruinen-Thriller, und die weltberühmte Zither-Melodie. Da ist aber auch die nicht minder weltberühmt gewordene Karikatur in der „Süddeutschen Zeitung", ein wenig neidisch anmutend, die Bundeskanzler Raab Zither spielend beim Heurigen zeigt. Über ihn beugt sich Außenminister Figl, und rundherum sitzen weinende Russen, alle in Uniform, nur Molotow in Zivil. Der Text lautet: „Und jetzt, Raab, jetzt no die Reblaus – dann san's waach!"

Ist das ein Vorgeschmack dessen, was noch kommen wird in den achtziger und neunziger Jahren? Soll das heißen, daß die Österreicher sich den Staatsvertrag, demnach auch die Freiheit, „ersoffen" haben? Heurigenpolitik als wichtigstes Instrument unserer bilateralen Beziehungen? Auch im erwähnten „Österreich-Film", diesem „1. April 2000"-Streifen, sind die Soldaten der „Weltpräsidentin" ja beim Wein „waach" gemacht worden. Also schon damals: politische Lebenslüge, diese welthistorische, weltpolitische Unterstellung? Diese angeblich so sehr zu Unrecht gepflogene „Opferrolle"? Erst den Spätgeborenen bleibt es vorbehalten, dem Land und seinen Bewohnern mißgünstig einreden zu wollen, daß sie eigentlich und im Grunde genommen zum Kreis der Täter gehören und wir, die 1932er, demnach Täterkinder sind.

Am Abend dieses 15. Mai 1955 stehe ich dann im Stephansdom, zusammen mit vielen Menschen, von denen keineswegs alle zu den Gläubigen gezählt werden dürfen. Sie alle feiern mit Kardinal Innitzer ein Tedeum. Aber nicht der Dank an den Herrgott, von dem Julius Raab vor einem Monat schon gesprochen hat, macht auf mich den größten Eindruck. Es ist – ich habe die Szene schon beschrieben – der alte Mann, der in der ersten Reihe sitzt, nachdem er, vom Alter gebeugt und doch hellwach, in den Dom geführt worden ist. Es ist Wilhelm Miklas, der letzte Bundespräsident des unabhängigen Österreich.

Da sind Kerzen und Weihrauchduft und Gesang. Aber da sind auch die Erinnerungen: das letzte Friedensjahr, Dalmatien, die Tränen bei Kriegsausbruch, die Bomben, die Ruinen, die Toten, das Flüchtlingslager, das Wien des Dritten Mannes. Und über allem die Frage: Wie kam, wie komme ich dazu – der jüdische Mischling zweiten Grades?

Ich komme dazu, weil ich ein Bürger dieses Landes bin. Zwar einer, der eine Zeitlang als zweitklassig galt. Aber einer, der dieses Land liebt, trotz aller Widrigkeiten. Sic erat in fatis, schrieb Ovid. So stand es im Buche des Schicksals.

Epilog

Das Langzeitgedächtnis ist eine geistige Fundgrube. Es führt uns zu der Erkenntnis, daß es – eine Binsenweisheit! – keine objektive Geschichtsschreibung geben kann, nicht über ein Volk, nicht über eine Nation.

Man glaubt immer, uns vorwerfen zu müssen, wir hätten unsere Geschichte nicht bewältigt. Wir hätten uns geweigert, diese Geschichte aufzuarbeiten. Dieses Buch wollte erzählen und gleichzeitig Fragen stellen. Sind wir denn wirklich Täterkinder gewesen, verstanden als Angehörige einer Generation, deren Eltern sich von Kollektivschuld nicht freimachen konnten, wenngleich dieser Begriff längst nicht mehr akzeptiert wird? Sind unsere Väter und Mütter Täter gewesen? „Täterkinder" – in der Kinderpsychologie ist dies ein Fachausdruck für Kinder, die mißbraucht worden sind. Trifft dies auch, wenngleich in übertragenem Sinn, auf uns zu?

Das erwähnte Langzeitgedächtnis wurde aktiviert, um zu erkunden, ob und wofür wir, die Kinder vermeintlicher Täter (Goldhagen: „Hitlers willige Vollstrecker"), uns entschuldigen müssen. Entschuldigungen sind wohlfeil in diesen Jahren. Ich möchte wissen, ob wir, die wir noch Kinder waren, als der Krieg zu Ende ging, uns schämen müssen. Dafür, daß unsere Väter nicht gewußt haben, wie verbrecherisch das Regime war, das dieses Land 1938 geknebelte? Ich weiß schon: Heldenplatz! Jubel, Trubel, heiseres Geschrei. Alle waren sie dabei, alle. Oder? „Wie kann ich meinen Vätern weniger als du den deinen glauben?", sagt Lessings Nathan.

Dieses Buch wollte zeigen, wie einer aus dem Jahrgang 1932 die Geschichte erlebt hat. Als Geschichte, nicht als Story. Es soll keine Entschuldigung sein. Wir dürfen uns schuldlos fühlen, weil wir keine Schuld auf uns geladen haben – auch die nicht, die keinen Nürnberger „Webfehler“ hatten, also jenen Gesetzen entsprachen, welche vorschrieben, wer sich reinen Blutes rühmen durfte.

Wie kann ich meinen Vätern weniger als du den deinen glauben? Gewiß, unsere Väter haben uns wenig erzählt. Es war nicht zuletzt Ziel dieses Buches, Versäumtes gutzumachen, soll heißen: nicht in den gleichen Fehler zu verfallen. Mein Urgroßvater Nathan, der weise aussah, hätte gesagt, daß die Geschichte lehre, aber kein Gehör fände. Mir fällt da immer eine Anekdote ein, die Friedrich Torberg aufgeschrieben hat. Er habe, erzählte er, in New York während des Krieges einen Freund, der über die Siege Hitlers verzweifelt war, zu beruhigen versucht: „Wenigstens erleben wir Geschichte“. Er möchte, sagte der Freund, lieber Geografie erleben.

Auch wir haben Geschichte erlebt. Unseren Kindern und Enkelkindern ist sie nicht so geläufig, wie wir glauben sollten. Wie war das damals, was habt ihr getan, erlebt, auch erlitten? Ich wollte versuchen, einige Antworten zu geben, indem ich erzählte, nichts weiter. Dieses Buch ist ein Bericht, ein persönlicher und daher ein subjektiver. Aber kann einer Geschichte erzählen und objektiv sein? Vielleicht hätte es mein Urgroßvater Nathan getan. Aber der ist schon lange tot.

Schließlich ist meinem Verleger Fritz Molden zu danken, der mich in meinem späteren Berufsleben ein gutes Stück Weges begleitet hat. Von ihm kann man, Grillparzer variierend, sagen: „Hast Du als Journalist das Land ringsum beseh'n, dann wirst Du, was ich bin und was ich schrieb, versteh'n".

Wien, im September 2001. Thomas Chorherr